I0007479

Linux Entschlüsselt

Ein Umfassendes Handbuch zur Linux-Kommandozeile und zum Shell-Scripting

Robert Frangias

Inhaltsverzeichnis

1 Willkommen auf der Kommandozeile   **1**

Was ist Linux wirklich? 1

Warum sich mit der Kommandozeile beschäftigen? 2

Die Shell verstehen 3

Ihr erstes Terminalfenster öffnen 4

Die Anatomie eines Befehls 5

Hilfe bekommen, wenn Sie nicht weiterwissen 6

Kapitelzusammenfassung 9

2 Navigieren in Ihrem Linux-Dateisystem   **10**

Der Linux-Verzeichnisbaum 10

Sich zurechtfinden 12

Sich bewegen 12

Dateien und Verzeichnisse auflisten 16

Dinge beschleunigen 19

Kapitelzusammenfassung 21

3 Dateien und Verzeichnisse verwalten   **22**

Leere Dateien erstellen 23

Verzeichnisse erstellen 24

Dinge kopieren 25

Verschieben und Umbenennen 27

Sicher löschen 29

Verwendung von Wildcards für Massenoperationen 31

Verlorene Dinge finden 33

Kapitelzusammenfassung 36

4   In Dateien hineinschauen   37

Schnelle Einblicke 38

Seitenweise anzeigen 40

Den Anfang sehen 42

Das Ende sehen 43

Eine sanfte Einführung in die Textbearbeitung 45

Kapitelzusammenfassung 47

5   Benutzer und Berechtigungen verstehen   49

Wer sind Sie? 50

Wer ist noch hier? 51

Benutzer vs. Gruppen 52

Dateibesitz 53

Dateiberechtigungen 55

Berechtigungen ändern 58

Befehle als Superuser ausführen 61

Kapitelzusammenfassung 63

6   Ein- und Ausgabe umleiten   65

Die drei Standardströme 65

Ausgabe an einen anderen Ort senden 66

Ausgabe anhängen 69

Eingabe aus Dateien nehmen 71

Here Documents (<<) und Here Strings (<<<) 72

Befehle verbinden 74

Ausgabe aufteilen 76

Kapitelzusammenfassung 78

7   Laufende Prozesse verwalten   79

Was ist ein Prozess? 79

Prozesse anzeigen 80

Interaktive Prozessanzeige 83

Signale an Prozesse senden 85

Befehle im Hintergrund ausführen 88

Job-Kontrolle 89
Kapitelzusammenfassung 91

8 Ihre Shell-Umgebung anpassen 92
Shell-Variablen vs. Umgebungsvariablen 92
Variablen anzeigen 93
Variablen erstellen und setzen 95
Variablen global machen 97
Der Befehlssuchpfad 98
Shell-Startdateien 99
Abkürzungen erstellen 102
Vorherige Befehle abrufen 104
Ihren Prompt zu Ihrem eigenen machen 106
Kapitelzusammenfassung 107

9 Essentielle Textverarbeitungswerkzeuge 109
Textmuster finden 110
Textströme bearbeiten 113
Ein mächtiger Textprozessor 115
Dinge in Ordnung bringen 117
Zeilen, Wörter, Zeichen zählen 119
Duplikate entfernen 120
Zeichen übersetzen 121
Unterschiede finden 122
Spalten extrahieren 124
Dateien zeilenweise verbinden 125
Kapitelzusammenfassung 127

10 Dein erstes Skript schreiben 128
Was ist ein Shell-Skript? Warum sie schreiben? 128
Eine Skriptdatei erstellen 129
Die Shebang-Zeile erklärt 130
Kommentare hinzufügen 131
Grundlegende Befehle in einem Skript ausführen 132

Dein Skript ausführen 132

Ein etwas komplexeres Beispiel 135

Kapitelzusammenfassung 137

11 Variablen verwenden und Eingaben lesen   138

Variablen in Skripten definieren und verwenden 139

Variablen-Gültigkeitsbereich verstehen 141

Anführungszeichen sind wichtig 142

Befehlssubstitution 144

Arithmetische Expansion 145

Daten vom Benutzer erhalten 146

Kommandozeilenargumente 148

Kapitelzusammenfassung 150

12 Entscheidungen treffen   151

Die if-Anweisung 151

Bedingungen testen 153

Der moderne Test 158

Verzweigen 160

Tests kombinieren 163

Aus vielen Optionen wählen 164

Kapitelzusammenfassung 166

13 Sich wiederholen   167

Die for-Schleife 167

Die while-Schleife 173

Die until-Schleife 177

Schleifenausführung steuern 178

Kapitelzusammenfassung 181

14 Code mit Funktionen organisieren   183

Warum Funktionen verwenden? 183

Eine einfache Funktion definieren 184

Eine Funktion aufrufen 186

Argumente an Funktionen übergeben 187

Werte von Funktionen zurückgeben 189

Variablen-Gültigkeitsbereich erneut betrachtet 193

Code aus anderen Dateien einbinden 195

Kapitelzusammenfassung 197

15 Skripte debuggen und Fehler behandeln   198

Fehler finden 198

Debugging-Techniken 200

Exit-Status verstehen 204

Befehlserfolg in Skripten prüfen 205

Fehler elegant behandeln 206

Signale abfangen (trap) zum Aufräumen 208

Kapitelzusammenfassung 210

16 Reguläre Ausdrücke (Regex)   211

Was sind reguläre Ausdrücke? 211

Basic vs. Extended Regular Expressions (BRE vs. ERE) 212

Wichtige Metazeichen (ERE-Fokus) 213

Regex mit grep verwenden 217

Regex mit sed verwenden 218

Regex mit awk verwenden 219

Praktische Regex-Beispiele 220

Fallstricke und Tipps 221

Kapitelzusammenfassung 221

17 Bessere Skripte schreiben   223

Lesbarkeit zählt 223

Sinnvolle Variablen- und Funktionsnamen 226

Effektive Kommentierungsstrategien 227

Wann man kein Shell-Skript verwenden sollte 227

Portabilitätsbedenken 228

Sicherheitsaspekte beim Shell-Skripting 230

Skripte wartbar halten 231

Kapitelzusammenfassung. 232

18 Die Zukunft automatisieren   234

cron vorstellen. 235
Die Crontab-Datei. 235
Deine Crontab bearbeiten. 238
Cron-Jobs auflisten und entfernen. 239
Die Cron-Umgebung verstehen. 239
Ausgabe von Cron-Jobs umleiten. 241
Gängige Automatisierungsbeispiele. 242
Cron-Jobs debuggen. 243
Kapitelzusammenfassung. 244

19 Jenseits der Grundlagen   246

Mit Archiven arbeiten. 246
Grundlegende Netzwerkbefehle. .249
Dateien herunterladen. 252
Eine kurze Einführung in die Versionskontrolle mit git. 254
Wohin von hier aus?. 256
Kapitelzusammenfassung / Buchfazit. 257

1

Willkommen auf der Kommandozeile

Obwohl grafische Oberflächen mit Symbolen und Menüs vertraut sind, ist die Kommandozeile das wahre Herz von Linux und bietet eine direkte Verbindung zum Kern des Systems. Sie mag anfangs etwas mysteriös erscheinen, vielleicht sogar einschüchternd, aber bleiben Sie bei mir. Am Ende dieser Reise werden Sie die Kommandozeile souverän beherrschen, Aufgaben automatisieren und Linux auf einer viel tieferen Ebene verstehen. Dieses Kapitel ist Ihr erster Schritt und hilft Ihnen, sich mit dieser faszinierenden Umgebung vertraut zu machen.

Was ist Linux wirklich?

Bevor wir uns mit Befehlen beschäftigen, lassen Sie uns kurz über Linux selbst sprechen. Was *ist* es? Im Kern ist Linux technisch gesehen nur der **Kernel** – der zentrale Teil des Betriebssystems, der die Hardware des Computers verwaltet und die Ausführung von Software ermöglicht. Stellen Sie sich den Kernel als den Motor eines Autos vor.

Wenn Leute jedoch von „Linux" sprechen, meinen sie normalerweise ein komplettes Betriebssystem, das *um* den Linux-Kernel herum aufgebaut ist. Dazu gehören der Kernel sowie eine Sammlung von Systemsoftware, Dienstprogrammen und oft auch eine grafische Desktop-Umgebung. Diese Gesamtpakete werden **Linux-Distribu-tionen** (oder „Distros") genannt. Beliebte Beispiele sind Ubuntu, Fedora, Debian, CentOS, Arch Linux und viele mehr.

Linux hat eine reiche Geschichte, die in den frühen 1990er Jahren wurzelt und von Linus Torvalds als persönliches Projekt begonnen wurde. Es wurde stark von einem älteren Betriebssystem namens UNIX inspiriert. Ein wichtiger Teil der Linux-Geschichte ist seine Verbindung zum **GNU-Projekt**, das viele der wesentlichen Kom-mandozeilenwerkzeuge und Systembibliotheken bereitstellte, die benötigt wurden, um ein nutzbares Betriebssystem um den Linux-Kernel herum zu schaffen.

Das vielleicht prägendste Merkmal von Linux ist seine **Open-Source**-Natur. Das bedeutet, dass sein zugrunde liegender Quellcode für jedermann frei verfügbar ist, um ihn anzusehen, zu modifizieren und weiterzugeben. Diese Philosophie hat eine riesige globale Gemeinschaft von Entwicklern und Benutzern gefördert, die zusammenarbeiten, um das System zu verbessern und zu erweitern. Es basiert auf Prinzipien der Freiheit, des Teilens und der Transparenz, was ein wichtiger Grund dafür ist, warum viele Menschen so leidenschaftlich dabei sind.

Warum sich mit der Kommandozeile beschäftigen?

In einer Welt ausgefeilter grafischer Benutzeroberflächen (GUIs), warum sollte man die Kommandozeile lernen? Das ist eine berechtigte Frage! GUIs sind oft intuitiv für einfache Aufgaben wie das Öffnen einer Datei oder das Surfen im Internet. Die Kom-mandozeile bietet jedoch deutliche Vorteile, insbesondere wenn Sie tiefer in Linux eintauchen:

1. **Mächtigkeit und Flexibilität:** Sie können oft komplexe Aufgaben mit einem einzigen Befehl ausführen, die in einer GUI viele Klicks erfordern würden. Die Kombination von Befehlen ermöglicht komplizierte Operationen.
2. **Effizienz:** Für erfahrene Benutzer ist das Eingeben von Befehlen häufig schneller als das Navigieren durch Menüs und das Klicken auf Symbole. Tastenkombinationen und die Befehlshistorie beschleunigen die Arbeit zusätzlich.
3. **Automatisierung:** Das ist ein riesiger Vorteil! Die Kommandozeile ist die Grundlage des **Shell-Skriptings** (das wir später in diesem Buch ausführlich untersuchen werden). Sie können Skripte schreiben, um sich wiederholende

Aufgaben zu automatisieren und so immense Mengen an Zeit und Mühe zu sparen.

4. **Fernzugriff:** Wenn Sie Server oder Systeme remote verwalten, verbinden Sie sich fast immer über eine Kommandozeilenschnittstelle (wie SSH, das wir später ansprechen werden). GUIs sind in diesen Szenarien nicht immer verfügbar oder praktisch.

5. **Ressourcennutzung:** Kommandozeilenschnittstellen verbrauchen im Allgemeinen weniger Systemressourcen (Speicher, CPU) als grafische Umgebungen. Dies ist entscheidend auf Systemen mit begrenzten Ressourcen oder wenn Sie maximale Leistung für andere Aufgaben benötigen.

6. **Tieferes Verständnis:** Die Arbeit auf der Kommandozeile gibt Ihnen ein viel klareres Bild davon, wie das Betriebssystem tatsächlich unter der Haube funktioniert.

Stellen Sie es sich wie das Fahren eines Autos vor. Eine GUI ist wie ein Automatikgetriebe – leicht zu erlernen und handhabt viele Situationen gut. Die Kommandozeile ist wie ein Schaltgetriebe – sie erfordert anfangs etwas mehr Geschick, gibt Ihnen aber feinere Kontrolle, bessere Leistung (in manchen Kontexten) und eine tiefere Verbindung zur Maschine. Beide haben ihren Platz, aber die Beherrschung des manuellen Getriebes (der Kommandozeile) eröffnet neue Möglichkeiten.

Die Shell verstehen

Wenn Sie ein Terminalfenster öffnen, interagieren Sie nicht direkt mit dem Linux-Kernel. Stattdessen interagieren Sie mit einem Programm namens **Shell**.

Die Shell fungiert als **Interpreter**. Sie nimmt die von Ihnen eingegebenen Befehle entgegen, findet heraus, was Sie meinen, und bittet dann den Kernel oder andere Programme, die Aktionen auszuführen. Sie nimmt auch die Ausgabe dieser Programme entgegen und zeigt sie Ihnen im Terminal an. Sie ist der entscheidende Vermittler zwischen Ihnen und dem Kern des Betriebssystems.

Stellen Sie sich vor, Sie besuchen ein fremdes Land, dessen Sprache (die Sprache des Kernels) Sie nicht sprechen. Die Shell ist Ihr fließender Dolmetscher, der Ihre Anfragen in die lokale Sprache übersetzt und die Antworten an Sie zurückmeldet.

Lernen Sie die beliebten Shells kennen

Es gibt nicht nur eine Shell; Linux bietet mehrere Optionen, jede mit leicht unterschiedlichen Funktionen und Verhaltensweisen. Hier sind einige der häufigsten:

- **Bash (Bourne Again SHell):** Dies ist die am weitesten verbreitete und die Standard-Shell auf der überwiegenden Mehrheit der Linux-Distributionen und sogar unter macOS. Sie ist leistungsstark, funktionsreich und das, worauf wir uns in diesem Buch wegen ihrer Verbreitung konzentrieren werden. Wenn Sie Bash lernen, werden Sie sich auf fast jedem Linux-System wohlfühlen.
- **Zsh (Z Shell):** Eine sehr beliebte Alternative zu Bash, bekannt für ihre umfangreichen Anpassungsoptionen, verbesserte Tab-Vervollständigung, Rechtschreibkorrektur und Plugin-Unterstützung (wie das berühmte „Oh My Zsh"-Framework).
- **Fish (Friendly Interactive SHell):** Zielt darauf ab, von Haus aus besonders benutzerfreundlich zu sein, mit Funktionen wie Syntaxhervorhebung und Autosuggestionen, die weniger Konfiguration als Bash oder Zsh erfordern.
- **Ksh (KornShell):** Eine ältere Shell, die die Entwicklung von Bash beeinflusst hat und in einigen Enterprise-UNIX-Umgebungen noch verwendet wird.
- **Csh / Tcsh:** Shells mit einer Syntax, die der Programmiersprache C ähnlicher ist. Heutzutage weniger verbreitet für den interaktiven Gebrauch im Vergleich zu Bash oder Zsh.

Obwohl diese anderen existieren und ihre Fans haben, **werden wir uns ausschließlich auf Bash konzentrieren**. Ihre Befehle und Skriptsyntax sind in vielen Kontexten der De-facto-Standard, was sie zur praktischsten Wahl für eine umfassende Einführung macht. Die Kernkonzepte, die Sie mit Bash lernen, sind auch übertragbar, falls Sie sich später entscheiden, andere Shells zu erkunden.

Ihr erstes Terminalfenster öffnen

Okay, genug Theorie! Machen wir uns die Hände schmutzig. Wie startet man eigentlich eine Terminalsitzung? Die genaue Methode hängt von der Linux-Distribution und der von Ihnen verwendeten Desktop-Umgebung ab (wie GNOME, KDE, XFCE usw.), aber hier sind die gängigen Wege:

1. **Nach einem Symbol suchen:** Die meisten grafischen Desktops haben ein Symbol, das wie ein schwarzer Bildschirm oder Monitor aussieht, oft mit einem >- oder $-Symbol darauf. Es könnte sich in Ihrem Anwendungsmenü befinden (oft unter „Systemwerkzeuge", „Dienstprogramme" oder „Zubehör") oder an einem Dock oder Panel angeheftet sein. Gebräuchliche Namen sind „Terminal", „Konsole", „Konsole" (KDE) oder „GNOME Terminal".
2. **Eine Tastenkombination verwenden:** Viele Systeme haben eine Tastenkombination wie Strg+Alt+T konfiguriert, um sofort ein Terminal zu starten. Probieren Sie es aus!

3. **Die Suchfunktion nutzen:** Die meisten modernen Desktops haben eine Suchleiste (oft erreichbar durch Drücken der Super-Taste, die auf den meisten Tastaturen die Windows-Taste ist). Tippen Sie einfach „Terminal" ein und es sollte erscheinen.

Sobald Sie es starten, sehen Sie normalerweise ein Fenster mit einem **Prompt** (Eingabeaufforderung). Er könnte etwa so aussehen:

```
ihr_benutzername@ihr_rechnername:~$
```

Oder vielleicht:

```
[ihr_benutzername@ihr_rechnername ~]$
```

Dieser Prompt ist die Art der Shell zu sagen: „Ich bin bereit für Ihren Befehl." Das genaue Aussehen variiert, zeigt aber normalerweise Ihren Benutzernamen, den Namen des Systems (Hostname) und Ihren aktuellen Standort im Dateisystem an (das ~-Symbol behandeln wir im nächsten Kapitel). Das $-Symbol zeigt im Allgemeinen an, dass Sie als normaler Benutzer angemeldet sind (ein #-Symbol bedeutet normalerweise, dass Sie der mächtige *root*-Benutzer sind – mehr dazu in Kapitel 5).

Machen Sie weiter, tippen Sie etwas Einfaches wie date ein und drücken Sie Enter.

```
$ date
Di Jul 23 10:30:15 CEST 2024
```

Sehen Sie? Sie haben der Shell gerade einen Befehl gegeben (date), sie hat ihn verstanden, das entsprechende Programm ausgeführt und Ihnen die Ausgabe (das aktuelle Datum und die Uhrzeit) angezeigt. Sie befehligen Linux!

Die Anatomie eines Befehls

Sie haben gerade den date-Befehl ausgeführt. Das war ein sehr einfacher. Die meisten Befehle folgen einer Standardstruktur:

```
befehl [optionen] [argumente]
```

Lassen Sie uns das aufschlüsseln:

1. **Befehl:** Dies ist der Name des Programms, das Sie ausführen möchten (wie `date`, `ls`, `cd`, `cp`). Es steht fast immer am Anfang der Zeile und die **Groß-/ Kleinschreibung wird beachtet** (`ls` ist anders als `LS`).
2. **Optionen (oder Flags):** Diese ändern das Verhalten des Befehls. Sie beginnen normalerweise mit einem Bindestrich (-) für kurze Ein-Buchstaben-Optionen (z. B. `-l`) oder zwei Bindestrichen (--) für längere, beschreibendere Optionen (z. B. `--human-readable`). Sie können oft mehrere kurze Optionen kombinieren (z. B. ist `-la` dasselbe wie `-l -a`). Optionen sind, nun ja, *optional*.
3. **Argumente:** Diese geben an, *worauf* der Befehl angewendet werden soll, z. B. ein Dateiname, ein Verzeichnisname oder ein Text. Nicht alle Befehle erfordern Argumente. Zum Beispiel benötigt `date` keine.

Schauen wir uns ein etwas komplexeres Beispiel mit dem `ls`-Befehl an (der Verzeichnisinhalte auflistet):

```
$ ls -l /home/ihr_benutzername
```

- `ls`: Dies ist der **Befehl**.
- `-l`: Dies ist eine **Option**, die `ls` anweist, ein „langes" Listenformat zu verwenden, das mehr Details anzeigt.
- `/home/ihr_benutzername`: Dies ist das **Argument**, das das Verzeichnis angibt, dessen Inhalt `ls` auflisten soll. (Ersetzen Sie `ihr_benutzername` durch Ihren tatsächlichen Benutzernamen).

Das Verständnis dieser Struktur ist fundamental. Wenn Sie neue Befehle lernen, achten Sie auf die Optionen und Argumente, die sie akzeptieren.

Hilfe bekommen, wenn Sie nicht weiterwissen

Niemand erinnert sich an jeden Befehl und jede Option – nicht einmal erfahrene Veteranen! Glücklicherweise bietet Linux hervorragende eingebaute Hilfesysteme. Zu wissen, wie man Hilfe findet, ist eine der wichtigsten Fähigkeiten, die Sie lernen können.

Das Handbuch (`man`)

Die primäre Dokumentationsquelle sind die Handbuchseiten (Manual Pages), die mit dem `man`-Befehl aufgerufen werden. Um Hilfe für einen bestimmten Befehl zu erhalten, tippen Sie einfach `man` gefolgt vom Befehlsnamen ein.

```
$ man ls
```

Dies öffnet die Handbuchseite für den `ls`-Befehl in einem Pager-Programm (normalerweise `less`, das wir in Kapitel 4 richtig kennenlernen werden). Sie werden sehen:

- **NAME:** Der Befehlsname und eine kurze Beschreibung.
- **ÜBERSICHT (SYNOPSIS):** Wie der Befehl verwendet wird, mit Optionen und Argumenten. Eckige Klammern `[]` kennzeichnen normalerweise optionale Elemente.
- **BESCHREIBUNG (DESCRIPTION):** Eine detaillierte Erklärung dessen, was der Befehl tut.
- **OPTIONEN (OPTIONS):** Eine Liste der verfügbaren Optionen und ihrer Funktion.
- **BEISPIELE (EXAMPLES):** Praktische Anwendungsbeispiele.
- **SIEHE AUCH (SEE ALSO):** Verwandte Befehle oder Themen.
- ...und manchmal weitere Abschnitte wie Dateien (Files), Autor (Author), Fehler (Bugs).

Navigieren in `man`-Seiten:

- Verwenden Sie die **Pfeiltasten** (Auf/Ab) oder die **Bild auf/Bild ab**-Tasten zum Scrollen.
- Tippen Sie / gefolgt von einem Schlüsselwort ein und drücken Sie `Enter`, um vorwärts nach diesem Schlüsselwort zu suchen. Tippen Sie n ein, um das nächste Vorkommen zu finden.
- Tippen Sie ? gefolgt von einem Schlüsselwort ein und drücken Sie `Enter`, um rückwärts zu suchen.
- Drücken Sie h für einen Hilfebildschirm, der Navigationsbefehle zusammenfasst.
- Drücken Sie q, um den `man`-Seiten-Betrachter zu **verlassen** (quit) und zu Ihrem Shell-Prompt zurückzukehren.

Machen Sie es sich zur Gewohnheit, die `man`-Seiten zu konsultieren, wann immer Sie auf einen neuen Befehl stoßen oder vergessen, wie eine Option funktioniert. Es ist Ihr bester Freund auf der Kommandozeile.

Info-Seiten (`info`)

Einige Programme, insbesondere die aus dem GNU-Projekt, bieten Dokumentation im `info`-Format an, das wie ein Hypertext-Dokument strukturiert ist.

```
$ info coreutils 'ls invocation'
```

Info-Seiten können detaillierter oder anders strukturiert sein als man-Seiten. Die Navigation ist etwas anders (mit Befehlen wie n für den nächsten Knoten, p für den vorherigen, u für nach oben, m für Menüauswahl). Ehrlich gesagt finden viele Leute info anfangs weniger intuitiv als man, aber es ist gut zu wissen, dass es existiert, da einige Befehle dort umfangreichere Dokumentation haben. Drücken Sie q, um zu beenden.

Die Hilfe-Option (--help)

Viele Befehle bieten auch eine schnelle Zusammenfassung ihrer Optionen direkt über eine --help-Option. Dies ist oft schneller als das Öffnen der vollständigen man-Seite, wenn Sie nur eine kurze Erinnerung benötigen.

```
$ ls --help
Aufruf: ls [OPTION]... [DATEI]...
Informationen über die DATEIen auflisten (Standard ist das aktuelle
Verzeichnis).
Einträge alphabetisch sortieren, wenn keine der Optionen -cftuvSUX oder --sort
angegeben ist.

Die obligatorischen Argumente für lange Optionen sind auch für kurze Optionen
obligatorisch.
  -a, --all                  Einträge nicht ignorieren, die mit . beginnen
  -A, --almost-all           Implizite Einträge . und .. nicht auflisten
      --author               Mit -l: Autor jeder Datei ausgeben
  -b, --escape               Nicht druckbare Zeichen als Escape-Sequenzen im
                               C-Stil ausgeben
      --block-size=GRÖSSE    mit -l, Größen durch GRÖSSE skalieren, bevor sie
                               ausgegeben werden; z.B. „--block-size=M"; siehe
                               GRÖSSE-Format unten
  -B, --ignore-backups       Implizite Einträge, die mit ~ enden, nicht
                               auflisten
  -c                         mit -lt: nach ctime (Zeit der letzten Änderung der
                               Datei-Statusinformationen) sortieren und
anzeigen;

                               mit -l: ctime anzeigen und nach Namen sortieren;
                               andernfalls: nach ctime sortieren, neueste zuerst
...
*Ausgabe aus Gründen der Kürze abgeschnitten*
```

Die Ausgabe ist normalerweise weniger detailliert als man, bietet aber eine praktische Übersicht und Optionsliste direkt in Ihrem Terminal.

Fühlen Sie sich nicht überfordert! Der Schlüssel ist zu wissen, *wie* Sie die benötigten Informationen mit man oder --help finden.

Kapitelzusammenfassung

Wir haben unsere ersten aufregenden Schritte in die Linux-Kommandozeile gemacht! Sie verstehen nun, dass Linux mehr als nur ein Kernel ist; es ist ein komplettes Betriebssystem, das oft als Distribution verpackt wird. Wir haben untersucht, *warum* die Kommandozeile im Vergleich zu grafischen Oberflächen so relevant und mächtig bleibt. Sie haben die **Shell** kennengelernt, insbesondere **Bash**, die als Ihr Interpreter fungiert und Ihre eingegebenen Befehle in Aktionen übersetzt. Wir haben gesehen, wie man ein Terminalfenster öffnet und mit dem Prompt interagiert. Entscheidend ist, dass Sie die Grundstruktur eines Befehls (befehl [optionen] [argumente]) gelernt haben und, was am wichtigsten ist, wie Sie man, info und --help verwenden, um Unterstützung zu erhalten, wenn Sie sie benötigen.

Sie haben das Fundament gelegt. Nun, da Sie wissen, wie man grundlegende Befehle ausgibt und Hilfe findet, ist es Zeit zu lernen, wie man sich innerhalb des Linux-Systems bewegt. Im nächsten Kapitel werden wir die Struktur des Linux-Dateisystems erkunden und die wesentlichen Befehle zur Navigation in Verzeichnissen lernen.

## 2

Navigieren in Ihrem Linux-Dateisystem

Im vorherigen Kapitel haben Sie einen ersten Eindruck von der Kommandozeile bekommen, gelernt, wie man Befehle eingibt und bei Bedarf Hilfe sucht. Jetzt ist es an der Zeit, die Landschaft zu erkunden, in der diese Befehle operieren: das Linux-Dateisystem. Stellen Sie sich das Dateisystem wie einen riesigen, organisierten digitalen Aktenschrank vor. Zu wissen, wie man sich in dieser Struktur zurechtfindet, ist fundamental für die effektive Nutzung von Linux. In diesem Kapitel werden wir zu digitalen Entdeckern, lernen unseren aktuellen Standort zu bestimmen, uns zwischen verschiedenen Bereichen zu bewegen und zu sehen, was sich darin befindet.

Der Linux-Verzeichnisbaum

Im Gegensatz zu Betriebssystemen, die möglicherweise separate Laufwerksbuchstaben verwenden (wie C: oder D:), organisiert Linux alles unter einer einzigen, vereinheitlichten Struktur, die als **Verzeichnisbaum** bezeichnet wird. Alles beginnt ganz oben, einem speziellen Verzeichnis, das einfach als **Wurzelverzeichnis** (root) bekannt ist und durch einen Schrägstrich (/) dargestellt wird. Jede einzelne Datei und jedes Verzeichnis auf Ihrem Linux-System befindet sich irgendwo unterhalb dieses Wurzelverzeichnisses.

Stellen Sie sich einen umgedrehten Baum vor. Der / ist die Basis des Stammes, und alle anderen Verzeichnisse zweigen davon ab. Diese Zweige können Dateien oder weitere Unterverzeichnisse (mehr Zweige) enthalten. Diese hierarchische Struktur ist der Schlüssel zur Organisation.

Während des Erkundens werden Sie auf viele Standardverzeichnisse direkt unter / stoßen. Ihre Existenz ist nicht zufällig; sie folgt einer Konvention namens **Filesystem Hierarchy Standard (FHS)**, die sicherstellt, dass Programme wissen, wo sie Dinge über verschiedene Linux-Distributionen hinweg finden können. Sie müssen nicht jedes Detail sofort auswendig lernen, aber sich mit dem Zweck einiger wichtiger Verzeichnisse der obersten Ebene vertraut zu machen, ist unglaublich hilfreich:

- / (Root): Die oberste Ebene, der Ausgangspunkt für alles.
- /bin: Enthält essentielle **bin**äre ausführbare Dateien (Grundbefehle wie ls, cp, mv), die sowohl vom Systemadministrator als auch von regulären Benutzern benötigt werden und verfügbar sind, selbst wenn nichts anderes eingehängt (gemountet) ist.
- /sbin: Enthält essentielle **System-Bin**ärdateien, die hauptsächlich für System-administrationsaufgaben verwendet werden (wie fdisk, reboot). Reguläre Benutzer führen diese möglicherweise nicht direkt aus.
- /etc: Das Konfigurationszentrum. Dieses Verzeichnis enthält systemweite Konfigurationsdateien (**etc**etera) für das Betriebssystem und viele installierte Anwendungen. Sie werden oft Dateien hier bearbeiten (vorsichtig!), um das Systemverhalten anzupassen.
- /home: Hier befinden sich die Benutzer-**Home**-Verzeichnisse. Jeder Benutzer erhält normalerweise sein eigenes Verzeichnis hier (z. B. /home/alice, /home/bob), um persönliche Dateien, Dokumente und benutzerspezifische Konfigurationen zu speichern. Hier werden Sie wahrscheinlich die meiste Zeit verbringen.
- /var: Enthält **var**iable Datendateien. Dazu gehören Dinge, die sich häufig ändern, wie Systemprotokolle (/var/log), Mail-Spools, Druckerwarteschlangen und temporäre Dateien, die von Datenbanken verwendet werden.
- /tmp: Ein Ort für **temp**oräre Dateien. Programme (und Benutzer) können hier Dateien speichern, die nicht langfristig benötigt werden. Oft wird der Inhalt von /tmp beim Neustart des Systems gelöscht.
- /usr: Enthält **U**nix **S**ystem **R**essourcen. Dies ist eine große Verzeichnishierarchie, die nicht-essentielle Benutzerprogramme (/usr/bin), Bibliotheken (/usr/lib), Dokumentation (/usr/share/doc) und Quellcode (/usr/src) enthält. Betrachten Sie es als den Ort für installierte Software und ihre unterstützenden Dateien.

- /boot: Enthält Dateien, die für den **Boot**-Prozess des Systems benötigt werden, einschließlich des Linux-Kernels selbst. Sie müssen hier normalerweise keine Dateien anfassen, es sei denn, Sie führen fortgeschrittene Systemkonfigurationen durch.
- /dev: Enthält Gerätedateien (**dev**ice files). Linux behandelt Hardwaregeräte (wie Festplatten, Tastaturen, Drucker) als Dateien. Diese speziellen Dateien bieten Programmen eine Möglichkeit, mit Hardware zu interagieren.

Dies ist keine erschöpfende Liste, aber sie deckt die wichtigsten Verzeichnisse ab, denen Sie anfangs begegnen werden. Merken Sie sich einfach die Kernidee: Alles beginnt bei / und verzweigt sich logisch nach außen.

Sich zurechtfinden

Wenn Sie sich in einer großen Stadt bewegen, müssen Sie gelegentlich auf eine Karte schauen, um zu sehen: „Sie sind hier". Im Linux-Dateisystem lautet der Befehl dafür pwd, was für **p**rint **w**orking **d**irectory (Arbeitsverzeichnis ausgeben) steht.

Die Verwendung ist unglaublich einfach. Tippen Sie einfach pwd ein und drücken Sie Enter:

```
$ pwd
/home/ihr_benutzername
```

Die Shell antwortet, indem sie den **vollständigen Pfad** zu dem Verzeichnis ausgibt, in dem Sie sich gerade befinden. Der Pfad zeigt die Abfolge von Verzeichnissen beginnend vom Wurzelverzeichnis (/) bis zu Ihrem aktuellen Standort, getrennt durch Schrägstriche. In diesem Beispiel befinden Sie sich im Verzeichnis ihr_benutzername, das sich im Verzeichnis /home befindet, welches direkt unter dem Wurzelverzeichnis (/) liegt.

Verwenden Sie pwd, wann immer Sie sich über Ihren aktuellen Standort im Verzeichnisbaum unsicher fühlen. Es ist Ihr zuverlässiger Kompass.

Sich bewegen

Zu wissen, wo Sie sind, ist nützlich, aber Sie müssen sich auch bewegen können! Der Befehl zum Ändern Ihres aktuellen Standorts ist cd, was für **c**hange **d**irectory (Verzeichnis wechseln) steht. Es ist einer der am häufigsten verwendeten Befehle.

Der cd-Befehl benötigt ein Hauptargument: das Verzeichnis, zu dem Sie wechseln möchten. Die Art und Weise, wie Sie dieses Zielverzeichnis angeben, ist entscheidend, und es gibt zwei primäre Methoden: die Verwendung von absoluten Pfaden und relativen Pfaden.

Absolute Pfade

Ein **absoluter Pfad** gibt einen Ort an, beginnend ganz oben – vom Wurzelverzeichnis (/). Es ist wie die Angabe einer vollständigen Straßenadresse, einschließlich Land, Stadt, Straße und Hausnummer. Er funktioniert unabhängig davon, wo Sie sich gerade im Dateisystem befinden, da er immer vom bekannten Anfang (/) ausgeht.

Um beispielsweise zum Systemkonfigurationsverzeichnis /etc zu wechseln, würden Sie dessen absoluten Pfad verwenden:

```
$ pwd
/home/ihr_benutzername
$ cd /etc
$ pwd
/etc
```

Beachten Sie, wie der pwd-Befehl nach Ausführung von cd /etc bestätigt, dass Sie sich jetzt im /etc-Verzeichnis befinden.

Um mit seinem absoluten Pfad zu Ihrem Home-Verzeichnis zurückzukehren (angenommen, Ihr Benutzername ist jana):

```
$ pwd
/etc
$ cd /home/jana
$ pwd
/home/jana
```

Absolute Pfade sind eindeutig, können aber manchmal lang zu tippen sein.

Relative Pfade

Ein **relativer Pfad** gibt einen Ort *relativ* zu Ihrem aktuellen Arbeitsverzeichnis an. Es ist, als würde man Wegbeschreibungen basierend auf dem aktuellen Standort geben: „Gehen Sie den Flur entlang und nehmen Sie die erste Tür links." Relative Pfade beginnen *nicht* mit einem Schrägstrich (/).

Angenommen, Sie befinden sich in Ihrem Home-Verzeichnis (/home/jana) und es enthält ein Unterverzeichnis namens Dokumente. Um in Dokumente zu wechseln, können Sie einen relativen Pfad verwenden:

```
$ pwd
/home/jana
$ ls
Desktop  Dokumente  Downloads  Musik  Bilder  Öffentlich  Vorlagen  Videos
$ cd Dokumente
$ pwd
/home/jana/Dokumente
```

Sie haben einfach den Namen des Unterverzeichnisses innerhalb Ihres aktuellen Standorts angegeben.

Stellen Sie sich nun vor, Dokumente enthält ein weiteres Unterverzeichnis namens Projekte. Sie können auf ähnliche Weise dorthin wechseln:

```
$ pwd
/home/jana/Dokumente
$ ls
datei1.txt  bericht.odt  Projekte
$ cd Projekte
$ pwd
/home/jana/Dokumente/Projekte
```

Relative Pfade sind oft kürzer zu tippen als absolute Pfade, insbesondere beim Wechseln in nahegelegene Verzeichnisse. **Sie funktionieren jedoch nur korrekt basierend auf Ihrem aktuellen Standort.** Wenn Sie versuchen würden, cd Dokumente auszuführen, während Sie sich in /etc befinden, würde es nicht funktionieren, da es (wahrscheinlich) kein Unterverzeichnis namens Dokumente innerhalb von /etc gibt.

Spezielle Verzeichnisse

Um die Navigation noch einfacher zu machen, versteht die Shell mehrere spezielle Verzeichnisnotationen:

- . (Ein einzelner Punkt): Repräsentiert das **aktuelle Verzeichnis** selbst. Es mag redundant erscheinen, ist aber gelegentlich in Befehlen und Skripten nützlich. Zum Beispiel wechselt cd . technisch gesehen in das Verzeichnis, in dem Sie sich bereits befinden – an sich nicht sehr nützlich, aber das Konzept ist wichtig.

- **..** (Zwei Punkte): Repräsentiert das **Elternverzeichnis** – das Verzeichnis eine Ebene *über* Ihrem aktuellen Standort. Dies ist unglaublich nützlich, um im Baum zurück nach oben zu navigieren.

```
$ pwd
/home/jana/Dokumente/Projekte
$ cd ..
$ pwd
/home/jana/Dokumente
$ cd ..
$ pwd
/home/jana
```

Jedes `cd ..` bewegt Sie eine Ebene höher in der Hierarchie.

- **~** (Tilde): Dies ist eine Abkürzung für Ihr **Home-Verzeichnis**. Egal wo Sie sich im Dateisystem befinden, die Eingabe von `cd ~` bringt Sie immer zurück zu Ihrem persönlichen Home-Verzeichnis. Noch einfacher ist es, `cd` ganz **ohne Argumente** einzugeben – das bewirkt normalerweise dasselbe!

```
$ pwd
/var/log
$ cd ~
$ pwd
/home/jana
$ cd /tmp
$ pwd
/tmp
$ cd
$ pwd
/home/jana
```

Die Tilde (~) ist eine fantastische Zeitersparnis. Sie können sie auch als Teil eines längeren Pfades verwenden, zum Beispiel `cd ~/Dokumente/Projekte`.

- **-** (Bindestrich): Dieses Sonderzeichen repräsentiert das **vorherige Arbeitsverzeichnis**, in dem Sie sich befunden haben. Es ist wie der „Zurück"-Button in einem Webbrowser für Ihre Verzeichnishistorie.

```
$ pwd
/home/jana/Dokumente
$ cd /etc
$ pwd
/etc
```

```
$ cd -
/home/jana/Dokumente
$ pwd
/home/jana/Dokumente
$ cd -
/etc
$ pwd
/etc
```

Jedes cd - wechselt Sie zurück zu dem Verzeichnis, in dem Sie sich direkt vor dem aktuellen befanden. Die Shell gibt sogar den Namen des Verzeichnisses aus, zu dem sie Sie bringt.

Die Beherrschung von cd mit absoluten Pfaden, relativen Pfaden und diesen speziellen Abkürzungen (.., ~, -) ist essentiell für eine effiziente Kommandozeilennavigation. Üben Sie das Wechseln zwischen /, Ihrem Home-Verzeichnis, /etc und allen Unterverzeichnissen, die Sie erstellen.

Dateien und Verzeichnisse auflisten

Sobald Sie mit cd zu einem Verzeichnis navigiert sind, möchten Sie sehen, was sich darin befindet. Der Befehl dafür ist ls, was für **list** (Verzeichnisinhalt auflisten) steht.

In seiner einfachsten Form tippen Sie einfach ls:

```
$ pwd
/home/jana
$ ls
Desktop Dokumente Downloads Musik Bilder Öffentlich Vorlagen Videos
```

Standardmäßig listet ls die Namen von Dateien und Unterverzeichnissen im aktuellen Arbeitsverzeichnis auf, normalerweise alphabetisch sortiert. Oft werden Farben zur Unterscheidung von Dateitypen verwendet (z. B. Blau für Verzeichnisse, Weiß für reguläre Dateien), dies hängt jedoch von Ihrer Terminalkonfiguration ab.

Wie die meisten Linux-Befehle wird ls mit Optionen viel informativer. Hier sind einige der häufigsten und nützlichsten:

- -l (Langes Listenformat): Diese Option liefert viel mehr Details zu jedem Eintrag.

    ```
    $ ls -l
    ```

```
insgesamt 32
drwxr-xr-x 2 jana users 4096 Jul 20 11:15 Desktop
drwxr-xr-x 3 jana users 4096 Jul 23 09:40 Dokumente
drwxr-xr-x 2 jana users 4096 Jul 20 11:15 Downloads
drwxr-xr-x 2 jana users 4096 Jul 20 11:15 Musik
drwxr-xr-x 2 jana users 4096 Jul 20 11:15 Bilder
drwxr-xr-x 2 jana users 4096 Jul 20 11:15 Öffentlich
drwxr-xr-x 2 jana users 4096 Jul 20 11:15 Vorlagen
drwxr-xr-x 2 jana users 4096 Jul 20 11:15 Videos
```

Wir werden diese Ausgabe im nächsten Abschnitt aufschlüsseln.

- -a (Alle): Standardmäßig verbirgt ls Dateien und Verzeichnisse, deren Namen mit einem Punkt (.) beginnen. Dies sind oft Konfigurationsdateien oder spezielle Verzeichnisse. Die Option -a weist ls an, *alle* Einträge anzuzeigen, einschließlich der versteckten.

```
$ ls -a
.            .bash_history  .config   Dokumente  Musik    Öffentlich  Videos
..           .bash_logout   Desktop   Downloads  Bilder   Vorlagen    .viminfo
.bashrc      .cache         .local    .profile
```

Beachten Sie das Erscheinen von . (aktuelles Verzeichnis) und .. (Elternverzeichnis) sowie mehrerer versteckter Konfigurationsdateien wie .bashrc und .profile.

- -h (Human-Readable / Menschenlesbar): In Verbindung mit -l zeigt diese Option Dateigrößen in einem benutzerfreundlicheren Format an (z. B. 4.0K für Kilobytes, 1.2M für Megabytes) anstelle von reinen Bytes. Dies erleichtert das schnelle Einschätzen von Dateigrößen erheblich.

```
$ # Erstellen wir zuerst eine etwas größere Datei zur Demonstration
$ head -c 5000000 /dev/urandom > grosse_datei.dat
$ ls -lh
insgesamt 4,9M
-rw-r--r-- 1 jana users 4,8M Jul 23 11:05 grosse_datei.dat
drwxr-xr-x 2 jana users 4,0K Jul 20 11:15 Desktop
drwxr-xr-x 3 jana users 4,0K Jul 23 09:40 Dokumente
drwxr-xr-x 2 jana users 4,0K Jul 20 11:15 Downloads
drwxr-xr-x 2 jana users 4,0K Jul 20 11:15 Musik
drwxr-xr-x 2 jana users 4,0K Jul 20 11:15 Bilder
drwxr-xr-x 2 jana users 4,0K Jul 20 11:15 Öffentlich
drwxr-xr-x 2 jana users 4,0K Jul 20 11:15 Vorlagen
```

```
drwxr-xr-x 2 jana users 4,0K Jul 20 11:15 Videos
```

Sehen Sie, wie grosse_datei.dat 4,8M anzeigt statt einer großen Zahl wie 5000000? Viel leichter zu lesen!

- -t (Zeit): Sortiert die Ausgabe nach Änderungszeit, wobei die neuesten Einträge zuerst angezeigt werden.

- -r (Reverse / Umgekehrt): Kehrt die Sortierreihenfolge um. Zum Beispiel zeigt ls -ltr die *ältesten* Einträge zuletzt in einem langen, nach Zeit sortierten Format an (eine sehr häufige Kombination).

Sie können Optionen kombinieren. Zum Beispiel zeigt ls -alh alle Dateien (einschließlich versteckter), im langen Format, mit menschenlesbaren Größen an. Experimentieren Sie mit diesen Optionen, um zu sehen, wie sie die Ausgabe ändern. Denken Sie daran, man ls ist Ihr Freund, wenn Sie die vielen anderen verfügbaren Optionen erkunden möchten!

Die Ausgabe von ls -l verstehen

Das lange Listenformat (ls -l) liefert eine Fülle von Informationen. Lassen Sie uns eine typische Zeile aufschlüsseln:

```
drwxr-xr-x 3 jana users 4096 Jul 23 09:40 Dokumente
```

1. **Dateityp und Berechtigungen** (drwxr-xr-x):

   - Das allererste Zeichen gibt den Dateityp an:
     - d: Verzeichnis (Directory)
     - -: Reguläre Datei
     - l: Symbolischer Link (eine Verknüpfung zu einer anderen Datei/Verzeichnis)
     - Andere existieren (c, b für Geräte), aber dies sind die häufigsten.
   - Die nächsten neun Zeichen repräsentieren die **Berechtigungen** für die Datei, unterteilt in drei Dreiergruppen:
     - rwx: Berechtigungen für den **Besitzer** (Lesen (Read), Schreiben (Write), Ausführen (Execute))
     - r-x: Berechtigungen für die **Gruppe** (Lesen, Ausführen, kein Schreiben)

- r-x: Berechtigungen für **Andere** (Lesen, Ausführen, kein Schreiben)
  - Machen Sie sich jetzt keine Sorgen, die Berechtigungen auswendig zu lernen; wir werden einen bedeutenden Teil von **Kapitel 5** dem Verständnis und der Änderung dieser widmen.

2. **Anzahl der Hardlinks (3):** Bei Dateien ist dies normalerweise 1. Bei Verzeichnissen ist es die Anzahl der Unterverzeichnisse plus . und .. (Hardlinks sind ein fortgeschrittenes Thema, auf das wir uns jetzt nicht konzentrieren werden).

3. **Besitzer (jana):** Der Benutzername des Benutzers, dem die Datei oder das Verzeichnis gehört.

4. **Gruppe (users):** Der Name der Gruppe, der die Datei oder das Verzeichnis gehört.

5. **Größe (4096):** Die Größe der Datei in Bytes (oder in einem menschenlesbaren Format, wenn -h verwendet wird). Bei Verzeichnissen bezieht sich diese Größe oft auf den Platz, der zum Speichern der Liste der darin enthaltenen Dateien benötigt wird, nicht auf die Gesamtgröße ihres Inhalts.

6. **Zeit der letzten Änderung (Jul 23 09:40):** Das Datum und die Uhrzeit, zu der der Inhalt der Datei zuletzt geändert wurde.

7. **Name (Dokumente):** Der Name der Datei oder des Verzeichnisses.

Ein sorgfältiger Blick auf die Ausgabe von ls -l verrät Ihnen viel mehr über die Einträge in einem Verzeichnis als nur ihre Namen.

Dinge beschleunigen

Okay, all diese Verzeichnis- und Befehlsnamen einzutippen kann mühsam werden, und Tippfehler sind leicht gemacht. Hier kommt eine der hilfreichsten Funktionen der Shell ins Spiel: die **Tab-Vervollständigung**.

Bash (und die meisten modernen Shells) können Befehle, Dateinamen und Verzeichnisnamen automatisch für Sie vervollständigen. Beginnen Sie, den Anfang eines Namens einzutippen, und drücken Sie dann die Tab-Taste.

- **Eindeutige Vervollständigung:** Wenn es nur eine mögliche Vervollständigung für das gibt, was Sie eingegeben haben, füllt die Shell den Rest des Namens automatisch aus.

```
$ pwd
/home/jana
$ ls
Desktop  Dokumente  Downloads  Musik  Bilder  Öffentlich  Vorlagen
Videos
$ cd Doku<Tab>
```

Nach dem Drücken von Tab vervollständigt die Shell es zu:

```
$ cd Dokumente/
```

Beachten Sie, dass sie sogar den abschließenden Schrägstrich für ein Verzeichnis hinzufügt!

- **Mehrere Möglichkeiten:** Wenn mehrere Namen mit dem beginnen, was Sie eingegeben haben, bewirkt das einmalige Drücken von Tab möglicherweise nichts oder gibt nur einen Piepton aus. Drücken Sie Tab ein *zweites* Mal, und die Shell listet alle möglichen Vervollständigungen auf.

```
$ pwd
/home/jana
$ cd D<Tab><Tab>
Desktop/    Dokumente/ Downloads/
$ cd D
```

Nach zweimaligem Drücken von Tab zeigt sie die Optionen an, die mit D beginnen. Sie können dann einen weiteren Buchstaben eingeben (z. B. o) und erneut Tab drücken, um eine eindeutige Vervollständigung zu erhalten.

```
$ cd Do<Tab>
$ cd Dokumente/
```

- **Befehlsvervollständigung:** Die Tab-Vervollständigung funktioniert auch für Befehlsnamen selbst.

```
$ mkd<Tab><Tab>
mkdep     mkdir     mkdict    mkfifo    mkfontdir
$ mkd
```

Die Tab-Vervollständigung ist mehr als nur eine Bequemlichkeit; sie ist eine fundamentale Technik für effizientes und genaues Arbeiten auf der Kommandozeile. Sie reduziert Tipparbeit, verhindert Fehler durch falsch geschriebene Namen und hilft Ihnen, Dateien oder Befehle zu entdecken, wenn Sie sich nur an den ersten Teil ihres Namens erinnern. **Nutzen Sie sie ständig!** Machen Sie das Drücken der Tab-Taste zu einer reflexartigen Aktion, wann immer Sie Pfade oder Befehle tippen.

Kapitelzusammenfassung

Sie sind nun ein Navigator des Linux-Dateisystems geworden! Wir haben den hierarchischen Verzeichnisbaum erkundet, der vom Wurzelverzeichnis (/) ausgeht, und den Zweck wichtiger Standardverzeichnisse wie /etc, /home und /bin gelernt. Sie haben gelernt, Ihren aktuellen Standort mit pwd zu bestimmen und, was entscheidend ist, sich mit cd unter Verwendung von absoluten und relativen Pfaden sowie den praktischen Abkürzungen .., ~ und - zu bewegen. Anschließend haben wir behandelt, wie man Verzeichnisinhalte mit ls und seinen mächtigen Optionen wie -l, -a und -h auflistet und sogar die detaillierte Ausgabe von ls -l entschlüsselt. Schließlich haben Sie den unverzichtbaren Zeitsparer entdeckt: die Tab-Vervollständigung.

Mit der Fähigkeit, zu navigieren und das Dateisystem zu betrachten, sind Sie bereit für den nächsten logischen Schritt. Nachdem Sie sich nun zurechtfinden und sehen können, was vorhanden ist, werden Sie Ihre eigenen Dateien und Verzeichnisse erstellen, organisieren und verwalten wollen. Im nächsten Kapitel werden wir uns mit Befehlen wie touch, mkdir, cp, mv und rm beschäftigen – den essentiellen Werkzeugen für die Dateimanipulation.

3

Dateien und Verzeichnisse verwalten

In Ordnung, Sie haben gelernt, wie Sie sich im Linux-Dateisystem wie ein erfahrener Entdecker mit `pwd`, `cd` und `ls` bewegen, wie wir in Kapitel 2 gesehen haben. Sie können sich zurechtfinden und sehen, was sich in Verzeichnissen befindet. Aber was ist mit dem Erstellen Ihrer eigenen Orientierungspunkte? Wie organisieren Sie Ihren digitalen Raum, kopieren wichtige Dokumente, benennen Dateien um oder räumen Unordnung auf? Genau darum geht es in diesem Kapitel. Wir werden Sie mit den essentiellen Werkzeugen zur Verwaltung von Dateien und Verzeichnissen ausstatten – dem Erstellen, Kopieren, Verschieben, Umbenennen und ja, sogar dem (vorsichtigen!) Löschen. Wir werden auch ein mächtiges Konzept namens Wildcards einführen, um mehrere Dateien gleichzeitig zu handhaben.

Um diese Befehle sicher zu üben, lassen Sie uns einen eigenen Bereich erstellen. Navigieren Sie zu Ihrem Home-Verzeichnis (`cd ~`) und erstellen Sie ein neues Verzeichnis namens `spielwiese`:

```
$ pwd
/home/ihr_benutzername
$ mkdir spielwiese
$ cd spielwiese
$ pwd
```

```
/home/ihr_benutzername/spielwiese
```

Jetzt haben Sie eine sichere Sandbox, in der Sie experimentieren können, ohne wichtige Systemdateien oder Ihre persönlichen Dokumente zu beeinträchtigen. Legen wir los!

Leere Dateien erstellen

Manchmal braucht man nur eine Datei, die existiert, vielleicht als Platzhalter, bevor man Inhalt hinzufügt, oder vielleicht, um ihren Zeitstempel zu aktualisieren. Der Befehl dafür ist touch.

Wenn Sie touch einen Dateinamen geben, der nicht existiert, wird eine leere Datei mit diesem Namen erstellt.

```
$ ls -l
insgesamt 0
$ touch meine_erste_datei.txt
$ ls -l
insgesamt 0
-rw-r--r-- 1 ihr_benutzername users 0 Jul 23 14:10 meine_erste_datei.txt
```

Sehen Sie? meine_erste_datei.txt existiert nun, und ls -l zeigt, dass ihre Größe 0 Bytes beträgt.

Sie können auch mehrere Dateien auf einmal erstellen:

```
$ touch bericht.log entwurfsnotizen projektplan.doc
$ ls
entwurfsnotizen  meine_erste_datei.txt  projektplan.doc  bericht.log
```

Was passiert, wenn die Datei bereits existiert? In diesem Fall aktualisiert touch den **Zeitstempel der letzten Änderung** der Datei auf die aktuelle Zeit, ohne ihren Inhalt zu verändern. Dies kann aus verschiedenen Gründen nützlich sein, z. B. um Build-Systemen zu signalisieren, dass eine Datei neu kompiliert werden muss, oder einfach um zu markieren, wann Sie zuletzt damit gearbeitet haben.

```
$ ls -l meine_erste_datei.txt
-rw-r--r-- 1 ihr_benutzername users 0 Jul 23 14:10 meine_erste_datei.txt
$ # Warte eine Minute oder zwei...
$ touch meine_erste_datei.txt
```

```
$ ls -l meine_erste_datei.txt
-rw-r--r-- 1 ihr_benutzername users 0 Jul 23 14:12 meine_erste_datei.txt
```

Beachten Sie, wie der Zeitstempel aktualisiert wurde. `touch` ist ein einfaches, aber praktisches Dienstprogramm.

Verzeichnisse erstellen

Genauso wie Sie Dateien benötigen, brauchen Sie Ordner oder **Verzeichnisse**, wie sie in Linux genannt werden, um sie zu organisieren. Der Befehl zum Erstellen von Verzeichnissen (**make dir**ectories) ist `mkdir`.

Wie bei `touch` geben Sie `mkdir` den Namen (oder die Namen) der Verzeichnisse an, die Sie erstellen möchten.

```
$ pwd
/home/ihr_benutzername/spielwiese
$ mkdir Textdateien Tabellen Notizen
$ ls -l
insgesamt 12
drwxr-xr-x 2 ihr_benutzername users 4096 Jul 23 14:15 Notizen
drwxr-xr-x 2 ihr_benutzername users 4096 Jul 23 14:15 Tabellen
drwxr-xr-x 2 ihr_benutzername users 4096 Jul 23 14:15 Textdateien
-rw-r--r-- 1 ihr_benutzername users    0 Jul 23 14:12 entwurfsnotizen
-rw-r--r-- 1 ihr_benutzername users    0 Jul 23 14:12 meine_erste_datei.txt
-rw-r--r-- 1 ihr_benutzername users    0 Jul 23 14:12 projektplan.doc
-rw-r--r-- 1 ihr_benutzername users    0 Jul 23 14:10 bericht.log
```

Sie haben nun drei neue Unterverzeichnisse innerhalb von `spielwiese`. Erinnern Sie sich, dass das `d` am Anfang der Berechtigungszeichenfolge in `ls -l` ein Verzeichnis anzeigt.

Was ist, wenn Sie verschachtelte Verzeichnisse erstellen möchten, wie `spielwiese/Archiv/2024/Berichte`? Wenn `Archiv` oder `2024` noch nicht existieren, schlägt ein einfaches `mkdir Archiv/2024/Berichte` fehl.

```
$ mkdir Archiv/2024/Berichte
mkdir: cannot create directory 'Archiv/2024/Berichte': No such file or directory
```

Um dies zu handhaben, verwenden Sie die Option -p (parents / Eltern). Dies weist `mkdir` an, alle notwendigen übergeordneten Verzeichnisse auf dem Weg zu erstellen.

```
$ mkdir -p Archiv/2024/Berichte
$ ls
Archiv  entwurfsnotizen     meine_erste_datei.txt  bericht.log     Textdateien
Notizen     projektplan.doc     Tabellen
$ ls Archiv/
2024
$ ls Archiv/2024/
Berichte
```

Erfolg! Die Option -p ist sehr praktisch, um schnell tiefere Verzeichnisstrukturen zu erstellen.

Dinge kopieren

Nachdem Sie nun Dateien und Verzeichnisse erstellen können, werden Sie unweigerlich das Bedürfnis haben, sie zu duplizieren. Der Befehl dafür ist cp, kurz für **c**opy (kopieren).

Die grundlegende Syntax lautet:

```
cp [optionen] quelle ziel
```

Dateien kopieren

Um eine Datei zu kopieren, geben Sie die Quelldatei und den Zieldateinamen oder das Zielverzeichnis an.

Lassen Sie uns meine_erste_datei.txt in eine neue Datei namens meine_zweite_datei.txt kopieren:

```
$ ls
Archiv  entwurfsnotizen     meine_erste_datei.txt  bericht.log     Textdateien
Notizen     projektplan.doc     Tabellen
$ cp meine_erste_datei.txt meine_zweite_datei.txt
$ ls
Archiv          entwurfsnotizen     meine_zweite_datei.txt  bericht.log
Textdateien
Notizen         meine_erste_datei.txt  projektplan.doc     Tabellen
```

Jetzt haben Sie zwei identische (wenn auch in diesem Fall leere) Dateien.

Sie können eine Datei auch *in* ein Verzeichnis kopieren. Wenn das Ziel ein vorhandenes Verzeichnis ist, platziert cp eine Kopie der Quelldatei in diesem Verzeichnis und behält den ursprünglichen Dateinamen bei.

```
$ cp bericht.log Textdateien/
$ ls Textdateien/
bericht.log
```

Sie können mehrere Dateien auf einmal in ein Verzeichnis kopieren, indem Sie alle Quelldateien vor dem Zielverzeichnis auflisten:

```
$ cp entwurfsnotizen projektplan.doc Textdateien/
$ ls Textdateien/
entwurfsnotizen  projektplan.doc  bericht.log
```

Was ist, wenn die Zieldatei bereits existiert? Standardmäßig überschreibt cp sie kommentarlos! Das kann gefährlich sein. Um vor dem Überschreiben gefragt zu werden, verwenden Sie die Option -i (interaktiv):

```
$ cp -i meine_erste_datei.txt Textdateien/bericht.log
cp: overwrite 'Textdateien/bericht.log'? y  # Tippen Sie 'y' und Enter zur
Bestätigung
$ # Oder tippen Sie 'n' und Enter zum Abbrechen
```

Viele Linux-Distributionen richten tatsächlich einen *Alias* ein, sodass cp sich automatisch wie cp -i verhält. Ein Alias ist eine Abkürzung oder Ersetzung für einen Befehl (wir behandeln Aliase in Kapitel 8). Dies ist eine Sicherheitsfunktion. Wenn Sie jemals ein Überschreiben erzwingen möchten, ohne gefragt zu werden (mit Vorsicht verwenden!), müssen Sie möglicherweise \cp verwenden, um den Alias zu umgehen, oder die Option -f (force / erzwingen) verwenden, obwohl -i im Allgemeinen sicherer ist.

Verzeichnisse kopieren

Wenn Sie versuchen, ein Verzeichnis mit cp wie eine Datei zu kopieren, erhalten Sie einen Fehler:

```
$ cp Textdateien/ KopierteTextdateien
cp: -r not specified; omitting directory 'Textdateien/'
```

26

Die Fehlermeldung gibt Ihnen den Hinweis: Um ein Verzeichnis und seinen gesamten Inhalt (einschließlich Unterverzeichnissen) zu kopieren, müssen Sie die Option -r oder -R verwenden, was für **rekursiv** steht.

```
$ cp -r Textdateien KopierteTextdateien
$ ls
Archiv            KopierteTextdateien      meine_erste_datei.txt   bericht.log
Notizen            entwurfsnotizen          meine_zweite_datei.txt  Tabellen
Textdateien        projektplan.doc
$ ls KopierteTextdateien/
entwurfsnotizen projektplan.doc bericht.log
```

Jetzt ist KopierteTextdateien ein vollständiges Duplikat des Verzeichnisses Textdateien und seines Inhalts. Die Option -r ist essentiell für die Arbeit mit Verzeichnissen.

Eine gängige und nützliche Kombination ist cp -ar. Die Option -a (Archiv) wird oft für Backups verwendet. Sie impliziert -r (rekursiv) und bewahrt außerdem Berechtigungen, Eigentümerschaft, Zeitstempel und symbolische Links, wodurch die Kopie dem Original so ähnlich wie möglich wird. Mehr über Berechtigungen und Eigentümerschaft erfahren wir in Kapitel 5.

Verschieben und Umbenennen

Manchmal möchten Sie nicht kopieren; Sie möchten eine Datei oder ein Verzeichnis an einen anderen Ort verschieben (move) oder einfach umbenennen. Der Befehl für beide Aktionen ist mv, kurz für **move** (verschieben). Seine Syntax ist cp sehr ähnlich:

```
mv [optionen] quelle ziel
```

Dateien und Verzeichnisse verschieben

Wenn das Ziel ein vorhandenes Verzeichnis ist, verschiebt mv die Quelldatei oder das Quellverzeichnis *in* dieses Zielverzeichnis.

```
$ pwd
/home/ihr_benutzername/spielwiese
$ ls
Archiv            KopierteTextdateien      meine_erste_datei.txt   bericht.log
Notizen            entwurfsnotizen          meine_zweite_datei.txt  Tabellen
Textdateien        projektplan.doc
```

```
$ mv meine_zweite_datei.txt Notizen/  # Datei in Verzeichnis Notizen verschieben
$ mv Tabellen Archiv/2024/ # Verzeichnis in Archiv/2024 verschieben
$ ls
Archiv          KopierteTextdateien  meine_erste_datei.txt  bericht.log
Notizen         entwurfsnotizen      projektplan.doc        Textdateien
$ ls Notizen/
meine_zweite_datei.txt
$ ls Archiv/2024/
Berichte  Tabellen
```

Im Gegensatz zu cp benötigen Sie keine spezielle Option wie -r, um Verzeichnisse zu verschieben; mv behandelt sowohl Dateien als auch Verzeichnisse natürlich.

Dateien und Verzeichnisse umbenennen

Wie benennt man etwas um? Man verwendet mv! Wenn das Ziel ein *neuer Dateiname* ist (im selben Verzeichnis) und kein vorhandener Verzeichnisname, benennt mv die Quelldatei oder das Quellverzeichnis um.

```
$ ls Notizen/
meine_zweite_datei.txt
$ mv Notizen/meine_zweite_datei.txt Notizen/wichtige_notizen.txt
$ ls Notizen/
wichtige_notizen.txt
```

Die Datei meine_zweite_datei.txt heißt jetzt wichtige_notizen.txt. Sie können Verzeichnisse auf die gleiche Weise umbenennen:

```
$ ls
Archiv          KopierteTextdateien  meine_erste_datei.txt  bericht.log
Notizen         entwurfsnotizen      projektplan.doc        Textdateien
$ mv KopierteTextdateien TextdateienSicherung
$ ls
Archiv              Notizen          meine_erste_datei.txt  bericht.log
TextdateienSicherung entwurfsnotizen      projektplan.doc        Textdateien
```

Stellen Sie sich das Umbenennen als Verschieben einer Datei oder eines Verzeichnisses zu einem neuen Namen *am selben Ort* vor.

Wie cp überschreibt mv standardmäßig vorhandene Dateien am Zielort ohne Warnung. Verwenden Sie die Option -i (interaktiv), um vor dem Überschreiben gefragt zu werden:

```
$ touch datei_A
$ touch datei_B
$ mv -i datei_A datei_B
mv: overwrite 'datei_B'?
```

Auch hier könnte Ihre Distribution einen Alias für mv haben, um -i automatisch einzuschließen. Verwenden Sie \mv oder mv -f, um ein Überschreiben zu erzwingen, falls erforderlich, aber seien Sie vorsichtig!

Sicher löschen

Irgendwann müssen Sie aufräumen und Dateien oder Verzeichnisse entfernen, die Sie nicht mehr benötigen. Seien Sie bei diesen Befehlen besonders vorsichtig, da **gelöschte Dateien in Linux im Allgemeinen endgültig weg sind** – es gibt keinen standardmäßigen „Papierkorb" auf der Kommandozeile!

Leere Verzeichnisse entfernen

Der sicherste Löschbefehl ist rmdir, was für **re**move **dir**ectories (Verzeichnisse entfernen) steht. Entscheidend ist, dass rmdir nur bei **leeren** Verzeichnissen funktioniert.

Versuchen wir, das zuvor erstellte Verzeichnis Textdateien zu entfernen (das nicht leer ist):

```
$ rmdir Textdateien
rmdir: failed to remove 'Textdateien': Directory not empty
```

Wie erwartet, schlägt es fehl. Erstellen wir ein leeres Verzeichnis und entfernen es:

```
$ mkdir LeererOrdner
$ ls
Archiv            Notizen              meine_erste_datei.txt  bericht.log
LeererOrdner      TextdateienSicherung entwurfsnotizen            projektplan.doc
Textdateien
$ rmdir LeererOrdner
$ ls
Archiv            Notizen              meine_erste_datei.txt  bericht.log
TextdateienSicherung entwurfsnotizen       projektplan.doc   Textdateien
```

Es hat funktioniert, weil LeererOrdner nichts enthielt. rmdir ist sicher, da es verhindert, dass Sie versehentlich ein Verzeichnis löschen, das noch Dateien enthält.

Dateien und Verzeichnisse entfernen

Der mächtigere (und daher gefährlichere) Befehl zum Entfernen von Dateien ist rm, kurz für **rem**ove (entfernen).

Um eine einzelne Datei zu entfernen:

```
$ ls
Archiv          Notizen              meine_erste_datei.txt  bericht.log
TextdateienSicherung  entwurfsnotizen      projektplan.doc    Textdateien
$ rm entwurfsnotizen
$ ls
Archiv          Notizen              meine_erste_datei.txt  bericht.log
TextdateienSicherung  projektplan.doc Textdateien
```

Um mehrere Dateien zu entfernen, listen Sie deren Namen auf:

```
$ rm meine_erste_datei.txt projektplan.doc bericht.log
$ ls
Archiv  Notizen  Textdateien  TextdateienSicherung
```

Ähnlich wie cp und mv hat rm oft einen Alias, um die Option -i (interaktiv) einzuschließen, die Sie vor dem Löschen jeder Datei fragt. Dies wird dringend empfohlen.

```
$ touch temp_datei
$ rm temp_datei # Annahme: rm ist als Alias für rm -i definiert
rm: remove regular empty file 'temp_datei'? y
$ ls
Archiv  Notizen  Textdateien  TextdateienSicherung
```

Um ein Verzeichnis und *seinen gesamten Inhalt* (Dateien, Unterverzeichnisse, alles darin) zu entfernen, benötigen Sie die Option -r (rekursiv). Hier müssen Sie äußerst vorsichtig sein.

```
$ ls TextdateienSicherung/
entwurfsnotizen  projektplan.doc  bericht.log
$ rm -r TextdateienSicherung/
$ ls
Archiv  Notizen  Textdateien
```

Das Verzeichnis TextdateienSicherung und alles, was es enthielt, ist nun weg.

Ein Wort der Vorsicht

Sie werden oft den Befehl `rm -rf verzeichnisname` oder `rm -rf *` in Online-Beispielen oder von erfahrenen Benutzern sehen.

- `-r`: Rekursiv (Verzeichnisse und deren Inhalt löschen).
- `-f`: Force (erzwingen) (versucht zu entfernen, ohne zu fragen, ignoriert nicht existierende Dateien, fragt nie nach).

Die Kombination dieser beiden Optionen, `rm -rf`, weist das System an, das angegebene Verzeichnis (oder die Dateien) und alles darin, rekursiv, **zwangsweise zu löschen, ohne nach irgendeiner Bestätigung zu fragen.**

Dieser Befehl ist unglaublich gefährlich, wenn er falsch verwendet wird! Ein kleiner Tippfehler, wie das Hinzufügen eines zusätzlichen Leerzeichens (`rm -rf / meinverzeichnis` statt `rm -rf /meinverzeichnis`) oder die Ausführung im falschen Verzeichnis (`rm -rf *` in `/` statt `~/spielwiese`), könnte potenziell **Ihr gesamtes System oder alle Ihre persönlichen Dateien auslöschen.**

Überprüfen Sie immer Ihr `pwd` (aktuelles Verzeichnis) und das Ziel Ihres `rm -rf`-Befehls, bevor Sie Enter drücken. Es gibt kein Rückgängigmachen. Die Verwendung von `-i`, wann immer möglich, ist eine viel sicherere Gewohnheit, besonders beim Lernen. Verwenden Sie `rm -rf` nur, wenn Sie absolut sicher sind, was Sie tun und was Sie löschen.

Verwendung von Wildcards für Massenoperationen

Jeden einzelnen Dateinamen für `cp`, `mv` oder `rm` auszuschreiben, kann mühsam sein, wenn Sie viele Dateien haben. Die Shell bietet spezielle Zeichen namens **Wildcards** (oder Globbing-Muster), mit denen Sie mehrere Dateien basierend auf Mustern in ihren Namen angeben können.

- `*` (Sternchen): Passt auf **null oder mehr** Zeichen. Dies ist der mächtigste und häufigste Wildcard.
  - `*.txt`: Passt auf alle Dateien, die auf `.txt` enden.
  - `bericht*`: Passt auf alle Dateien, die mit `bericht` beginnen.
  - `*daten*`: Passt auf alle Dateien, die `daten` irgendwo im Namen enthalten.
- `?` (Fragezeichen): Passt auf genau **ein** Zeichen.

- datei?.log: Passt auf datei1.log, dateiA.log, aber nicht auf datei10.log oder datei.log.
- ???: Passt auf jeden Dateinamen, der genau drei Zeichen lang ist.

- [] (Eckige Klammern): Passt auf genau **ein** Zeichen aus dem Satz, der in den Klammern angegeben ist.

  - [abc].txt: Passt auf a.txt, b.txt oder c.txt.
  - [0-9].log: Passt auf 0.log, 1.log, …, 9.log (unter Verwendung eines Bereichs).
  - [a-zA-Z]*.dat: Passt auf jede Datei, die mit einem Groß- oder Kleinbuchstaben beginnt und auf .dat endet.
  - [!abc].txt oder [^abc].txt: Passt auf jedes einzelne Zeichen *außer* a, b oder c, gefolgt von .txt.

Sehen wir uns einige Beispiele in unserem Verzeichnis spielwiese/Textdateien an. Erstellen wir zuerst einige Beispieldateien:

```
$ cd Textdateien/
$ touch bericht_jan.log bericht_feb.log entwurf_v1.txt entwurf_v2.txt
zusammenfassung.txt
$ ls
entwurfsnotizen          entwurf_v2.txt  bericht_feb.log  bericht.log
zusammenfassung.txt
entwurf_v1.txt           projektplan.doc bericht_jan.log
```

Nun verwenden wir Wildcards:

```
$ # Liste alle Dateien auf, die auf .log enden
$ ls *.log
bericht_feb.log  bericht_jan.log  bericht.log

$ # Liste alle Dateien auf, die mit entwurf_ beginnen
$ ls entwurf_*
entwurfsnotizen  entwurf_v1.txt  entwurf_v2.txt

$ # Liste Dateien auf mit 'v' gefolgt von genau einem Zeichen, dann .txt
$ ls entwurf_v?.txt
entwurf_v1.txt  entwurf_v2.txt

$ # Erstelle ein Sicherungsverzeichnis und kopiere alle .log-Dateien hinein
$ mkdir ../LogsSicherung
$ cp *.log ../LogsSicherung/
$ ls ../LogsSicherung/
bericht_feb.log  bericht_jan.log  bericht.log
```

```
$ # Entferne alle Dateien, die mit entwurf_ beginnen
$ rm -i entwurf_* # Verwende -i zur Sicherheit!
rm: remove regular empty file 'entwurfsnotizen'? y
rm: remove regular empty file 'entwurf_v1.txt'? y
rm: remove regular empty file 'entwurf_v2.txt'? y
$ ls
projektplan.doc  bericht_feb.log  bericht_jan.log  bericht.log
zusammenfassung.txt
```

Wichtig: Die Shell erweitert die Wildcards, *bevor* der Befehl ausgeführt wird. Wenn Sie cp *.log ../LogsSicherung/ eingeben, findet die Shell zuerst alle passenden Dateinamen (bericht_feb.log, bericht_jan.log, bericht.log) und führt dann effektiv cp bericht_feb.log bericht_jan.log bericht.log ../LogsSicherung/ aus. Diese Erweiterung geschieht zuerst. Seien Sie vorsichtig, wenn Sie Wildcards mit zerstörerischen Befehlen wie rm verwenden! Verwenden Sie zuerst ls mit dem Wildcard-Muster, um zu sehen, welche Dateien übereinstimmen *werden*, bevor Sie sie tatsächlich löschen.

Verlorene Dinge finden

Manchmal wissen Sie, dass eine Datei existiert, haben aber vergessen, wo Sie sie abgelegt haben. Linux bietet leistungsstarke Werkzeuge zur Durchsuchung des Dateisystems.

Das Kraftpaket

Der find-Befehl ist unglaublich vielseitig (und kann anfangs komplex erscheinen). Er durchsucht Verzeichnisbäume rekursiv nach Dateien, die bestimmten Kriterien entsprechen. Die grundlegende Syntax lautet:

```
find [pfad...] [ausdruck]
```

- [pfad...]: Wo die Suche beginnen soll (z. B. /, ~, .). Wenn weggelassen, wird das aktuelle Verzeichnis durchsucht.
- [ausdruck]: Die Kriterien zum Finden von Dateien (z. B. nach Name, Typ, Größe, Änderungszeit).

Versuchen wir einige gängige Anwendungen:

- **Nach Namen suchen:** Verwenden Sie die Option -name (Groß-/Kleinschreibung beachten) oder -iname (Groß-/Kleinschreibung ignorieren). Wildcards können verwendet werden, aber Sie **müssen sie in Anführungszeichen setzen**, um zu verhindern, dass die Shell sie erweitert, *bevor* find ausgeführt wird.

```
$ # Finde alle Dateien namens 'bericht.log' ab spielwiese
$ find ~/spielwiese -name bericht.log
/home/ihr_benutzername/spielwiese/LogsSicherung/bericht.log
/home/ihr_benutzername/spielwiese/Textdateien/bericht.log

$ # Finde alle Dateien, die auf .log enden (Groß-/Kleinschreibung
ignorieren) im aktuellen Verz. (.)
$ find . -iname '*.log'
./LogsSicherung/bericht_feb.log
./LogsSicherung/bericht_jan.log
./LogsSicherung/bericht.log
./Textdateien/bericht_feb.log
./Textdateien/bericht_jan.log
./Textdateien/bericht.log
```

Denken Sie an die Anführungszeichen um `*.log`*!*

- **Nach Typ suchen:** Verwenden Sie die Option -type. Gängige Typen sind f (reguläre Datei) und d (Verzeichnis).

```
$ # Finde alle Verzeichnisse innerhalb von spielwiese
$ find ~/spielwiese -type d
/home/ihr_benutzername/spielwiese
/home/ihr_benutzername/spielwiese/Textdateien
/home/ihr_benutzername/spielwiese/Notizen
/home/ihr_benutzername/spielwiese/Archiv
/home/ihr_benutzername/spielwiese/Archiv/2024
/home/ihr_benutzername/spielwiese/Archiv/2024/Berichte
/home/ihr_benutzername/spielwiese/Archiv/2024/Tabellen
/home/ihr_benutzername/spielwiese/LogsSicherung
```

- **Kriterien kombinieren:** Sie können Tests kombinieren. Standardmäßig werden sie durch ein logisches UND verknüpft.

```
$ # Finde Verzeichnisse namens 'Berichte'
$ find ~/spielwiese -type d -name Berichte
/home/ihr_benutzername/spielwiese/Archiv/2024/Berichte
```

- **Befehle auf gefundene Dateien ausführen:** Die Option -exec ermöglicht es Ihnen, einen Befehl auf jede gefundene Datei anzuwenden. {} wird durch den Dateinamen ersetzt, und der Befehl muss mit \; enden.

```
$ # Finde alle .log-Dateien in LogsSicherung und führe 'ls -l' darauf
aus
$ find ~/spielwiese/LogsSicherung -name '*.log' -exec ls -l {} \;
-rw-r--r-- 1 ihr_benutzername users 0 Jul 23 14:45
/home/ihr_benutzername/spielwiese/LogsSicherung/bericht_feb.log
-rw-r--r-- 1 ihr_benutzername users 0 Jul 23 14:45
/home/ihr_benutzername/spielwiese/LogsSicherung/bericht_jan.log
-rw-r--r-- 1 ihr_benutzername users 0 Jul 23 14:10
/home/ihr_benutzername/spielwiese/LogsSicherung/bericht.log
```

find hat viele, viele weitere Optionen (Suche nach Größe, Zeit, Berechtigungen usw.). Schauen Sie in man find nach, wenn Sie erweiterte Suchfunktionen benötigen. Es ist ein Werkzeug, in das es sich lohnt, Zeit zu investieren.

Die Schnellsuche

Die Suche mit find kann langsam sein, insbesondere wenn Sie große Teile des Dateisystems durchsuchen, da es die Verzeichnisse aktiv *zum Zeitpunkt der Befehlsausführung* durchläuft.

Eine Alternative ist locate. Dieser Befehl durchsucht eine vorab erstellte **Datenbank** von Dateinamen auf Ihrem System. Da er nur eine Datenbank abfragt, ist locate unglaublich schnell.

```
$ locate bericht.log
/home/ihr_benutzername/spielwiese/LogsSicherung/bericht.log
/home/ihr_benutzername/spielwiese/Textdateien/bericht.log
/var/log/irgendeinlog/bericht.log  # Könnte auch andere Dateien finden!
```

Der Haken? Die Datenbank ist möglicherweise nicht perfekt aktuell. Sie wird normalerweise automatisch nach einem regelmäßigen Zeitplan (z. B. einmal täglich) durch einen Befehl namens updatedb aktualisiert. Wenn Sie gerade eine Datei erstellt haben, findet locate sie möglicherweise nicht sofort, bis die Datenbank aktualisiert wurde. Sie können normalerweise sudo updatedb manuell ausführen, um eine Aktualisierung zu erzwingen (Sie benötigen möglicherweise sudo, da die Datenbank systemweit ist).

Also, `locate` ist großartig für schnelle Suchen, wenn Sie den Dateinamen (oder einen Teil davon) kennen und die Datei nicht brandneu ist. Verwenden Sie `find` für komplexere Kriterien oder wenn Sie Echtzeit-Ergebnisse benötigen.

Kapitelzusammenfassung

Sie sind jetzt mit dem grundlegenden Werkzeugkasten zur Verwaltung von Dateien und Verzeichnissen ausgestattet! Wir begannen mit der Erstellung leerer Dateien mit `touch` und Verzeichnissen mit `mkdir` (unter Verwendung von `-p` zur Vereinfachung). Sie haben gelernt, wie man Dateien und Verzeichnisse mit `cp` dupliziert (denken Sie an `-r` für Verzeichnisse) und wie man sie mit `mv` verschiebt oder umbenennt. Wir haben uns mit dem Löschen beschäftigt, unter Verwendung des sicheren `rmdir` für leere Verzeichnisse und des mächtigen `rm` für Dateien und gefüllte Verzeichnisse (immer unter Beachtung der Optionen `-r` und `-f` und der extremen Vorsicht, die bei `rm -rf` geboten ist). Dann haben wir die Effizienz von Wildcards (`*`, `?`, `[]`) erschlossen, um Operationen auf mehreren Dateien durchzuführen, die bestimmten Mustern entsprechen. Schließlich haben Sie gelernt, wie Sie mit dem schnellen, datenbankgestützten `locate` und den leistungsstarken Echtzeit-Suchfunktionen von `find` nach Dateien im System suchen können.

Sie können nun nicht nur im Dateisystem navigieren, sondern es auch aktiv gestalten. Im nächsten Kapitel konzentrieren wir uns darauf, wie Sie den Inhalt der Dateien, die Sie erstellt und verwaltet haben, tatsächlich *anzeigen* können, indem wir essentielle Werkzeuge wie `cat`, `less`, `more`, `head` und `tail` verwenden.

4
In Dateien hineinschauen

Bisher sind Sie geschickt darin geworden, durch das Dateisystem zu navigieren (Kapitel 2) und dessen Inhalte zu verwalten – Dateien und Verzeichnisse erstellen, kopieren, verschieben und löschen (Kapitel 3). Aber was ist mit den tatsächlichen *Informationen*, die in diesen Dateien gespeichert sind? Es ist Zeit, einen Blick hineinzuwerfen! Ob Sie schnell eine Konfigurationseinstellung überprüfen, eine Protokollnachricht lesen oder ein selbst geschriebenes Skript durchsehen müssen – zu wissen, wie man Dateiinhalte anzeigt, ohne sie notwendigerweise zu ändern, ist eine grundlegende Fähigkeit. In diesem Kapitel erkunden wir die essentiellen Linux-Befehle, die speziell dafür entwickelt wurden, Dateiinhalte auf verschiedene Arten anzuzeigen: von der Anzeige der gesamten Datei auf einmal über die Ansicht nur des Anfangs oder Endes bis hin zum bequemen Blättern durch große Dateien. Wir werden auch unsere ersten zaghaften Schritte in die Welt der Textbearbeitung machen.

Erstellen wir eine Beispieltextdatei, mit der wir arbeiten können. Wir verwenden einen Befehl namens `echo` zusammen mit der Ausgabeumleitung (die wir in Kapitel 6 vollständig behandeln werden), um schnell etwas Text in eine Datei namens `planeten.txt` in Ihrem `spielwiese`-Verzeichnis zu schreiben.

```
$ cd ~/spielwiese
$ echo "Merkur" > planeten.txt
$ echo "Venus" >> planeten.txt
$ echo "Erde" >> planeten.txt
$ echo "Mars" >> planeten.txt
```

```
$ echo "Jupiter" >> planeten.txt
$ echo "Saturn" >> planeten.txt
$ echo "Uranus" >> planeten.txt
$ echo "Neptun" >> planeten.txt
$ # Vielleicht sollten wir Pluto der alten Zeiten willen hinzufügen?
$ echo "Pluto (Zwergplanet)" >> planeten.txt
```

Jetzt haben wir eine einfache Datei mit einer Liste von Planeten, bereit zur Inspektion.

Schnelle Einblicke

Der einfachste Befehl zum Anzeigen des *gesamten* Inhalts einer Datei (oder mehrerer Dateien) ist cat, was für con**cat**enate (verketten) steht. Er liest die angegebene(n) Datei(en) und gibt ihren Inhalt direkt auf Ihrem Terminalbildschirm (Standardausgabe) aus.

Um unsere Datei planeten.txt anzuzeigen:

```
$ cat planeten.txt
Merkur
Venus
Erde
Mars
Jupiter
Saturn
Uranus
Neptun
Pluto (Zwergplanet)
```

Einfach! cat gibt einfach den gesamten Dateiinhalt aus.

Wie der Name schon sagt, kann cat auch mehrere Dateien verketten (miteinander verbinden). Wenn Sie ihm mehr als einen Dateinamen geben, zeigt er sie nacheinander an.

Erstellen wir eine weitere kleine Datei:

```
$ echo "Unser Mond" > monde.txt
$ echo "Phobos" >> monde.txt
$ echo "Deimos" >> monde.txt
```

Nun, lassen Sie uns beide Dateien mit cat ausgeben:

```
$ cat planeten.txt monde.txt
Merkur
Venus
Erde
Mars
Jupiter
Saturn
Uranus
Neptun
Pluto (Zwergplanet)
Unser Mond
Phobos
Deimos
```

Sie können diese Verkettungsfunktion mit Umleitung (>) verwenden, um Dateien zu kombinieren:

```
$ cat planeten.txt monde.txt > himmelskoerper.txt
$ cat himmelskoerper.txt
Merkur
Venus
Erde
Mars
Jupiter
Saturn
Uranus
Neptun
Pluto (Zwergplanet)
Unser Mond
Phobos
Deimos
```

Eine nützliche Option für cat ist -n, die alle Ausgabezeilen nummeriert:

```
$ cat -n planeten.txt
     1  Merkur
     2  Venus
     3  Erde
     4  Mars
     5  Jupiter
     6  Saturn
     7  Uranus
     8  Neptun
     9  Pluto (Zwergplanet)
```

Mögliche Falle: cat ist großartig für kurze Dateien. Wenn Sie cat jedoch auf eine sehr lange Datei anwenden (wie eine große Protokolldatei oder einen lengthy Programm-quellcode), wird der *gesamte* Inhalt unkontrolliert auf Ihren Bildschirm ausgegeben und scrollt möglicherweise schneller an den Informationen vorbei, die Sie sehen wollten, als Sie lesen können. Für größere Dateien benötigen Sie einen Pager.

Seitenweise anzeigen

Wenn cat zu viel ist, weil die Datei zu lang ist, benötigen Sie einen **Pager** – ein Pro-gramm, das Text bildschirmweise (oder „seitenweise") anzeigt. Die beiden klassischen Pager unter Linux sind more und less.

more

more ist der ursprüngliche UNIX-Pager. Er ist einfach: Er zeigt den Dateiinhalt bild-schirmweise an. Sie drücken die Leertaste, um zur nächsten Seite zu gelangen, und q, um zu beenden.

```
$ # Stellen wir uns vor, himmelskoerper.txt wäre sehr lang
$ more himmelskoerper.txt
Merkur
Venus
Erde
Mars
Jupiter
Saturn
Uranus
Neptun
Pluto (Zwergplanet)
Unser Mond
Phobos
Deimos
--Mehr--(%)  # Drücken Sie die Leertaste, um mehr zu sehen (falls vorhanden)
oder q zum Beenden
```

more ist funktional, aber ziemlich grundlegend. Man kann im Allgemeinen nicht ein-fach rückwärts scrollen.

less

less wurde später als signifikante Verbesserung gegenüber more entwickelt. Sein Name ist eine spielerische Anspielung: **„less** is **more"** („weniger ist mehr"). less ermöglicht es Ihnen, sowohl vorwärts *als auch rückwärts* zu scrollen, nach Text innerhalb der Datei zu suchen, Zeilennummern anzuzeigen und vieles mehr, alles ohne die gesamte Datei zuerst in den Speicher laden zu müssen (was es effizient für riesige Dateien macht). `less` **ist der Pager, den Sie generell bevorzugen sollten.**

Sehen wir uns unsere Datei mit `less` an:

```
$ less himmelskoerper.txt
```

Ihr Terminalbildschirm füllt sich mit dem Anfang der Datei. Sie sehen den Inhalt und normalerweise einen Doppelpunkt (:) oder den Dateinamen unten links, was anzeigt, dass `less` aktiv ist und auf Ihre Befehle wartet.

Navigieren in `less`

Hier sind die wesentlichen Befehle zum Navigieren in `less` (Sie drücken nach diesen keine Enter-Taste):

- **Scrollen:**
    - `Leertaste` oder `BildAb`: Eine Bildschirmseite vorwärts scrollen.
    - `b` oder `BildAuf`: Eine Bildschirmseite rückwärts (backward) scrollen.
    - `Pfeil nach unten` oder `j`: Eine Zeile vorwärts scrollen.
    - `Pfeil nach oben` oder `k`: Eine Zeile rückwärts scrollen.
    - `g`: Zum Anfang der Datei gehen (go).
    - `G`: Zum Ende der Datei gehen (Go).
- **Suchen:**
    - `/muster`: Tippen Sie / gefolgt von dem Text, nach dem Sie suchen möchten, und drücken Sie dann `Enter`. `less` springt zum ersten Vorkommen *nach* Ihrer aktuellen Position.
    - `?muster`: Tippen Sie ? gefolgt von dem Text, dann `Enter`. `less` springt zum ersten Vorkommen *vor* Ihrer aktuellen Position.
    - `n`: Das nächste Vorkommen des letzten Suchmusters finden (in derselben Richtung).
    - `N`: Das nächste Vorkommen des letzten Suchmusters finden (in entgegengesetzter Richtung).
- **Andere nützliche Befehle:**
    - `-N` (Option beim Start): `less -N dateiname` zeigt Zeilennummern an.

- = (Während der Ausführung): Zeigt Ihre aktuelle Position in der Datei an (Zeilennummer, Prozentsatz).
- h: Zeigt einen **Hilfebildschirm** an, der Befehle zusammenfasst.
- q: `less` **b**eenden (**q**uit) und zum Shell-Prompt zurückkehren.

Versuchen wir, nach „Mars" zu suchen:

```
$ less himmelskoerper.txt
Merkur
Venus
Erde
Mars        # <-- Cursor springt nach der Suche hierher
Jupiter
...
/Mars       # <-- Tippen Sie /Mars und drücken Sie Enter am unteren Rand
```

Üben Sie die Verwendung von `less` mit verschiedenen Dateien (probieren Sie `/etc/services` oder eine Protokolldatei in `/var/log`, wenn Sie die Berechtigung haben – seien Sie vorsichtig, nichts zu ändern!). Sich mit der Navigation in `less` vertraut zu machen, ist der Schlüssel zum effizienten Lesen von Dateien auf der Kommandozeile.

Den Anfang sehen

Manchmal benötigen Sie nicht die gesamte Datei, sondern nur die ersten paar Zeilen. Dies ist nützlich, um die Kopfzeilen einer Protokolldatei, den Anfang eines Skripts oder die ersten Einträge in einer Datendatei zu überprüfen. Der Befehl dafür ist `head`.

Standardmäßig zeigt `head` die ersten **10 Zeilen** einer Datei an.

```
$ head himmelskoerper.txt
Merkur
Venus
Erde
Mars
Jupiter
Saturn
Uranus
Neptun
Pluto (Zwergplanet)
Unser Mond
```

Sie können eine andere Anzahl von Zeilen mit der Option `-n` oder kompakter nur mit einem Bindestrich gefolgt von der Zahl angeben.

```
$ # Zeige die ersten 3 Zeilen
$ head -n 3 himmelskoerper.txt
Merkur
Venus
Erde

$ # Dasselbe, mit der kürzeren Syntax
$ head -3 himmelskoerper.txt
Merkur
Venus
Erde
```

head ist einfach und effektiv, um den oberen Teil jeder Textdatei zu erfassen.

Das Ende sehen

Umgekehrt möchten Sie oft die *letzten* paar Zeilen einer Datei sehen. Dies ist unglaublich häufig beim Überprüfen von Protokolldateien, da die neuesten Nachrichten normalerweise am Ende angehängt werden. Der Befehl dafür ist `tail`.

Standardmäßig zeigt `tail` die letzten **10 Zeilen** einer Datei an.

```
$ tail himmelskoerper.txt
Erde
Mars
Jupiter
Saturn
Uranus
Neptun
Pluto (Zwergplanet)
Unser Mond
Phobos
Deimos
```

Genau wie `head` können Sie die Anzahl der anzuzeigenden Zeilen mit `-n` oder der Bindestrich-Syntax angeben:

```
$ # Zeige die letzten 4 Zeilen
$ tail -n 4 himmelskoerper.txt
Pluto (Zwergplanet)
Unser Mond
Phobos
Deimos
```

```
$ # Dasselbe, kürzere Syntax
$ tail -4 himmelskoerper.txt
Pluto (Zwergplanet)
Unser Mond
Phobos
Deimos
```

Dateiänderungen verfolgen

Eine der mächtigsten Funktionen von `tail` ist seine Fähigkeit, eine Datei zu **verfolgen** (follow). Mit der Option `-f` zeigt `tail` die letzten paar Zeilen an (standardmäßig 10) und wartet dann. Wenn neue Zeilen von einem anderen Prozess am Ende der Datei hinzugefügt werden, gibt `tail -f` sie automatisch in Echtzeit auf Ihrem Bildschirm aus.

Dies ist von unschätzbarem Wert für die Überwachung von Protokolldateien oder der Ausgabe von lang laufenden Prozessen. Stellen Sie sich einen Webserver vor, der Zugriffsanfragen in `/var/log/nginx/access.log` schreibt. Sie könnten neue Anfragen live beobachten:

```
$ # Hypothetisches Beispiel - Sie benötigen möglicherweise 'sudo' für
Systemprotokolle
$ sudo tail -f /var/log/syslog
Jul 23 15:01:01 meinpc CRON[12345]: (root) CMD (Befehl ausgeführt von cron)
Jul 23 15:01:10 meinpc kernel: [HardwareEvent] Irgendeine Nachricht...
# <-- Cursor wartet hier. Wenn neue Zeilen zu syslog hinzugefügt werden,
erscheinen sie -->

# Um tail -f zu stoppen, drücken Sie Strg+C
```

Um `tail -f` zu beenden, müssen Sie es durch Drücken von `Strg+C` unterbrechen. Dies sendet ein Interrupt-Signal, das dem `tail`-Prozess mitteilt, zu stoppen. `tail -f` ist ein Befehl, den Sie häufig bei der Fehlersuche oder Überwachung von Systemaktivitäten verwenden werden.

Eine sanfte Einführung in die Textbearbeitung

Die Werkzeuge, die wir bisher gesehen haben (`cat`, `less`, `head`, `tail`), eignen sich hervorragend zum *Anzeigen* von Dateien. Aber was ist, wenn Sie den Inhalt *ändern* müssen? Einen Tippfehler in `planeten.txt` korrigieren? Eine Konfigurationsdatei ändern? Ein Shell-Skript schreiben (was wir später im Buch beginnen werden)? Dafür benötigen Sie einen **Texteditor**.

Die Kommandozeile bietet mehrere Texteditoren, die von sehr einfach bis unglaublich mächtig (und komplex) reichen. Wir werden hier nicht tief in Bearbeitungstechniken eintauchen, da dies ein riesiges Thema ist, aber lassen Sie uns zwei gängige Editoren vorstellen, denen Sie wahrscheinlich begegnen werden.

Erste Schritte mit nano

Für Anfänger ist nano oft der zugänglichste Kommandozeilen-Texteditor. Er ist moduslos, was bedeutet, dass Sie Text einfach direkt eingeben, ähnlich wie bei einfachen grafischen Editoren wie Notepad oder TextEdit. Gängige Befehle werden direkt am unteren Bildschirmrand angezeigt, wobei ^ normalerweise die `Strg`-Taste repräsentiert.

Um eine Datei mit nano zu bearbeiten (oder zu erstellen):

```
$ nano planeten.txt
```

Sie sehen den Dateiinhalt im Editorfenster geladen.

```
  GNU nano 6.2                 planeten.txt
Merkur
Venus
Erde
Mars
Jupiter
Saturn
Uranus
Neptun
Pluto (Zwergplanet)
```

- **Bearbeiten:** Verwenden Sie einfach Ihre Pfeiltasten, um den Cursor zu bewegen, und tippen Sie wie gewohnt. Verwenden Sie Rücktaste oder Entf, um Zeichen zu entfernen.
- **Speichern:** Drücken Sie Strg+O (Speichern, Output). nano fragt Sie nach dem Dateinamen, unter dem gespeichert werden soll (standardmäßig der aktuelle Name). Drücken Sie Enter zum Speichern.
- **Beenden:** Drücken Sie Strg+X (Beenden, Exit). Wenn Sie Ihre Änderungen nicht gespeichert haben, fragt nano, ob Sie sie vor dem Beenden speichern möchten (drücken Sie J für Ja, N für Nein oder Strg+C, um das Beenden abzubrechen).
- **Ausschneiden/Einfügen:** Strg+K schneidet die aktuelle Zeile (oder den markierten Text) aus. Strg+U fügt den zuletzt ausgeschnittenen Text ein.
- **Suchen:** Strg+W (Wo ist) ermöglicht die Suche nach Text.

nano ist darauf ausgelegt, intuitiv zu sein. Erkunden Sie die unten aufgeführten Befehle (^G für Hilfe ist nützlich!). Es ist ein großartiger Editor für den Einstieg und schnelle Bearbeitungen.

Ein Blick auf vim

Man kann nicht über Linux-Texteditoren sprechen, ohne vim (Vi IMproved) oder seinen Vorfahren vi zu erwähnen. vim ist ein extrem leistungsfähiger, hocheffizienter Editor, der von vielen erfahrenen Programmierern und Systemadministratoren bevorzugt wird. Er ist auf fast jedem Linux- oder UNIX-ähnlichen System, dem Sie begegnen, garantiert verfügbar.

vim hat jedoch eine deutlich steilere Lernkurve als nano, da er ein **modaler** Editor ist. Das bedeutet, er arbeitet in verschiedenen Modi, hauptsächlich:

- **Normalmodus:** Der Standardmodus, wenn Sie vim starten. Tastenanschläge werden hier als Befehle interpretiert (z. B. d zum Löschen, y zum Kopieren (yank), p zum Einfügen, x zum Löschen eines Zeichens, Pfeiltasten oder h/j/k/l zum Navigieren). Sie tippen im Normalmodus keinen Text einfach ein.
- **Einfügemodus:** Wird durch Drücken von i (oder a, o usw.) im Normalmodus aktiviert. Jetzt fügen Tastenanschläge Text in die Datei ein, ähnlich wie bei

nano oder grafischen Editoren. Sie drücken die `Esc`-Taste, um zum Normalmodus zurückzukehren.

- **Kommandozeilenmodus**: Wird durch Drücken von `:` im Normalmodus aufgerufen. Ermöglicht die Eingabe von Befehlen wie Speichern (`:w`), Beenden (`:q`), Speichern und Beenden (`:wq`) oder Beenden ohne Speichern (`:q!`). Drücken Sie `Enter`, um den Befehl auszuführen.

Die modale Natur macht `vim` unglaublich effizient, sobald man es gelernt hat, da man komplexe Bearbeitungen durchführen kann, ohne ständig zur Maus oder zu Modifikatortasten greifen zu müssen. Aber es kann für Neulinge verwirrend sein – das häufigste Anfängerproblem ist, in `vim` „stecken zu bleiben", oft weil sie im Normalmodus versuchen, Text einzugeben, oder im Einfügemodus versuchen, einen Befehl einzugeben.

Um mit `vim` zu bearbeiten:

```
$ vim planeten.txt
```

Denken Sie daran:

1. Sie starten im Normalmodus.
2. Drücken Sie `i`, um in den Einfügemodus zu gelangen und Text einzugeben.
3. Drücken Sie `Esc`, um zum Normalmodus zurückzukehren.
4. Geben Sie im Normalmodus `:wq` ein, um zu speichern und zu beenden, oder `:q!`, um ohne Speichern der Änderungen zu beenden.

`vim` zu meistern ist eine Fähigkeit für sich, die oft spezielle Tutorials oder Bücher erfordert. Wir werden es hier nicht ausführlich behandeln, aber es ist wichtig zu wissen, dass es existiert, sein grundlegendes modales Konzept zu verstehen und, entscheidend, zu wissen, wie man es beendet (`Esc`, dann `:q!` ist der Panikknopf!). Wenn Sie ernsthafte Entwicklung oder Systemadministration unter Linux planen, ist das Erlernen von `vim` oft eine lohnende Investition.

Kapitelzusammenfassung

In diesem Kapitel haben wir den Fokus von der Verwaltung von Dateien auf das Anzeigen ihres Inhalts verlagert. Sie haben gelernt, wie Sie ganze Dateien schnell mit `cat` anzeigen und dessen Einschränkungen bei großen Dateien erkannt. Wir haben den unverzichtbaren Pager `less` (und seinen älteren Bruder `more`) erkundet und seine Navigations- und Suchbefehle gemeistert, um lange Dateien bequem seitenweise zu betrachten. Sie haben auch gelernt, wie Sie mit head nur den Anfang von Dateien und mit tail das Ende betrachten können. Entscheidend ist, dass Sie die Leistungsfähigkeit von tail -f zur Echtzeitüberwachung von Dateien wie Protokollen entdeckt haben. Schließlich haben wir einen ersten Blick auf die Kommandozeilen-Textbearbeitung geworfen und den benutzerfreundlichen nano sowie den leistungsstarken, allgegenwärtigen, aber modalen vim vorgestellt, was Ihnen die grundlegenden Werkzeuge gibt, um Änderungen vorzunehmen, wenn das Anzeigen nicht ausreicht.

Nachdem Sie nun navigieren, verwalten, anzeigen und sogar grundlegende Änderungen an Dateien vornehmen können, ist es Zeit, einen kritischen Aspekt von Linux zu verstehen: Benutzer und Berechtigungen. Wem gehören diese Dateien? Wer darf sie lesen, schreiben oder ausführen? Dies zu verstehen ist entscheidend für Sicherheit und Zusammenarbeit. Im nächsten Kapitel werden wir uns mit Benutzern, Gruppen, Dateibesitz und dem Berechtigungssystem befassen, das den Zugriff auf alles auf Ihrem Linux-System steuert.

5

Benutzer und Berechtigungen verstehen

Sie haben gelernt, im Dateisystem zu navigieren (Kapitel 2), Dateien und Verzeichnisse zu verwalten (Kapitel 3) und deren Inhalte anzuzeigen (Kapitel 4). Nun müssen wir uns einem grundlegenden Konzept widmen, das allem zugrunde liegt, was Sie unter Linux tun: **Berechtigungen**. Linux ist von Natur aus ein Mehrbenutzersystem, das von Grund auf dafür konzipiert wurde, dass mehrere Personen (oder Prozesse) denselben Computer gleichzeitig nutzen können, ohne sich gegenseitig zu stören oder auf Dinge zuzugreifen, auf die sie keinen Zugriff haben sollten. Dies wird durch ein System von Benutzern, Gruppen und Berechtigungen erreicht, die jeder Datei und jedem Verzeichnis zugewiesen sind. Das Verständnis dieses Systems ist nicht nur für die Sicherheit wichtig; es ist essentiell für die Zusammenarbeit, die Softwareinstallation und die Sicherstellung, dass Ihr System reibungslos läuft. Dieses Kapitel entschlüsselt das „Wer", „Was" und „Wie" des Dateizugriffs.

Wer sind Sie?

Zuerst einmal wollen wir herausfinden, für wen das System *Sie* gerade hält. Dafür gibt es zwei primäre Befehle:

whoami

Dieser Befehl tut genau das, was er sagt: Er gibt den Benutzernamen aus, mit dem Sie aktuell angemeldet sind.

```
$ whoami
jana
```

Einfach und direkt. Es bestätigt Ihre aktuelle Benutzeridentität.

id

Der id-Befehl gibt Ihnen ein detaillierteres Bild Ihrer Identität, einschließlich Ihres Benutzernamens, Ihrer eindeutigen numerischen **Benutzer-ID (UID)**, Ihrer primären **Gruppen-ID (GID)** und einer Liste aller **Gruppen**, denen Sie angehören.

```
$ id
uid=1001(jana) gid=1001(jana) groups=1001(jana),10(wheel),998(docker)
```

Schlüsseln wir das auf:

- uid=1001(jana): Ihr Benutzername ist jana, und das System identifiziert Sie intern mit der Nummer 1001. Jeder Benutzer hat eine eindeutige UID. Der root-Benutzer, der Superuser mit allen Privilegien, hat traditionell die UID 0.
- gid=1001(jana): Ihre primäre Gruppe heißt ebenfalls jana (dies ist auf vielen modernen Distributionen üblich) und hat die GID 1001. Wenn Sie eine neue Datei erstellen, gehört sie standardmäßig typischerweise zu Ihrer UID und dieser primären GID.
- groups=1001(jana),10(wheel),998(docker): Dies listet alle Gruppen auf, deren Mitglied Sie sind, einschließlich Ihrer primären Gruppe. Gruppenmitgliedschaft gewährt Ihnen Zugriffsberechtigungen, die mit dieser Gruppe verbunden sind. In diesem Beispiel ist jana auch Teil der wheel-Gruppe (oft verwendet, um zu steuern, wer sudo verwenden darf, wie wir später sehen werden) und der docker-Gruppe (gewährt wahrscheinlich Berechtigungen zur Interaktion mit Docker-Containern).

Jeder Benutzer und jede Gruppe auf einem Linux-System hat sowohl einen Namen (wie `jana` oder `wheel`) als auch eine entsprechende eindeutige Nummer (UID oder GID). Während Sie normalerweise mit den Namen interagieren, arbeitet der Kernel intern primär mit den Nummern.

Wer ist noch hier?

Da Linux mehrbenutzerfähig ist, möchten Sie vielleicht sehen, wer sonst noch aktuell am System angemeldet ist.

who

Der `who`-Befehl liefert eine einfache Liste der aktuell angemeldeten Benutzer und zeigt deren Benutzernamen, das Terminal, von dem aus sie verbunden sind, und die Anmeldezeit.

```
$ who
jana      tty1         2024-07-23 09:15 (:0)
peter     pts/0        2024-07-23 14:50 (192.168.1.105)
root      pts/1        2024-07-23 15:01 (server.local)
```

Dies zeigt `jana`, die lokal an einer virtuellen Konsole (`tty1`) angemeldet ist, `peter`, der remote über SSH angemeldet ist (erkennbar an `pts/0` und einer IP-Adresse), und `root`, der ebenfalls remote angemeldet ist. `pts` steht für Pseudo-Terminal-Slave, typischerweise verwendet für Fernverbindungen oder Terminalemulatorfenster.

w

Der `w`-Befehl gibt Ihnen mehr Informationen als `who`. Er zeigt an, wer angemeldet ist, fügt aber auch Details hinzu wie deren **Leerlaufzeit** (idle time), wie viel CPU-Zeit sie kürzlich verbraucht haben (JCPU, PCPU) und den **aktuellen Befehl**, den sie ausführen.

```
$ w
 15:10:30 up 5:55,  3 users,  load average: 0.05, 0.15, 0.11
USER      TTY      FROM            LOGIN@   IDLE   JCPU   PCPU WHAT
jana      tty1     :0              09:15    5:55m  1.20s  0.15s
/usr/libexec/gsd-xsettings
peter     pts/0    192.168.1.105   14:50    3.00s  0.05s  0.01s -bash
root      pts/1    server.local    15:01    9:20   0.02s  0.02s -bash
```

Die erste Zeile gibt die Systemlaufzeit (Uptime), die Anzahl der Benutzer und die Lastauslastung (Load Averages - ein Maß für die Systemaktivität) an. Die nachfolgenden Zeilen zeigen Details für jeden Benutzer. Beachten Sie die IDLE-Spalte (wie lange ist es her, dass sie zuletzt etwas getippt haben) und die WHAT-Spalte, die ihre aktuelle Aktivität zeigt. w ist großartig, um einen schnellen Überblick über die Systemnutzung und wer was tut zu bekommen.

Benutzer vs. Gruppen

Wir haben Benutzer und Gruppen in der id-Ausgabe gesehen. Lassen Sie uns dieses Konzept festigen.

- **Benutzer:** Repräsentiert ein individuelles Konto, das sich anmelden, Dateien besitzen und Prozesse ausführen kann. Jeder Benutzer hat eine eindeutige UID. Stellen Sie sich dies als Ihren persönlichen Mitarbeiterausweis vor.
- **Gruppe:** Eine Sammlung von Benutzern. Gruppen werden verwendet, um Berechtigungen für mehrere Benutzer gleichzeitig zu verwalten. Ein Benutzer kann mehreren Gruppen angehören. Stellen Sie sich Gruppen wie Abteilungen in einem Unternehmen vor (Vertrieb, Technik, Marketing).

Warum Gruppen? Stellen Sie sich ein Projektverzeichnis vor, das Dateien enthält, auf die mehrere Teammitglieder zugreifen und sie ändern müssen. Anstatt jedem Benutzer einzeln Berechtigungen zu erteilen, könnten Sie:

1. Eine Gruppe erstellen (z. B. projekt_alpha_team).
2. Alle relevanten Teammitglieder zu dieser Gruppe hinzufügen.
3. Die Berechtigungen für das Projektverzeichnis so festlegen, dass Mitglieder der projekt_alpha_team-Gruppe Dateien darin lesen und schreiben können.

Wenn nun ein neues Mitglied dem Team beitritt, müssen Sie es nur zur Gruppe hinzufügen, und es erhält sofort den notwendigen Zugriff. Wenn jemand das Team verlässt, entzieht das Entfernen aus der Gruppe dessen Zugriff auf die geteilten Dateien. Es vereinfacht die Verwaltung im Vergleich zur Verwaltung von Berechtigungen pro Benutzer immens.

Jeder Benutzer hat eine **primäre Gruppe** (diejenige, die durch id's gid= angezeigt wird). Wenn Sie eine Datei erstellen, wird sie normalerweise Ihrem Benutzer und Ihrer primären Gruppe zugewiesen. Sie gehören auch zu **supplementären Gruppen** (aufgelistet im groups=-Teil von id), die Ihnen zusätzliche Privilegien basierend auf diesen Gruppenmitgliedschaften gewähren.

Dateibesitz

Jede Datei und jedes Verzeichnis in Linux hat genau einen **Besitzer** (einen Benutzer) und eine **Gruppe**, die damit verbunden sind. Diese bestimmen die ersten beiden Ebenen der Berechtigungsprüfung.

Betrachten wir noch einmal die `ls -l`-Ausgabe aus Kapitel 3 und konzentrieren uns auf die Spalten für Besitzer und Gruppe (Spalten 3 und 4):

```
$ ls -l ~/spielwiese/planeten.txt
-rw-r--r-- 1 jana jana 114 Jul 23 14:05 /home/jana/spielwiese/planeten.txt
#          ^  ^^^^ ^^^^
#          |  |    |
# Berechtigungen | Gruppe (jana)
#             Besitzer (jana)
```

In diesem Fall gehört die Datei `planeten.txt` dem Benutzer `jana` und zur Gruppe `jana`.

Manchmal müssen Sie den Besitzer oder die Gruppe einer Datei oder eines Verzeichnisses ändern. Zum Beispiel, wenn eine Datei vom falschen Benutzer erstellt wurde oder wenn Sie eine Projektdatei einer bestimmten Projektgruppe zuweisen möchten. **Wichtig:** Sie müssen im Allgemeinen der **root-Benutzer** sein (oder sudo verwenden, wie später erläutert), um den Besitz einer Datei zu ändern, die Ihnen nicht bereits gehört. Sie können normalerweise die Gruppe einer Datei, die Ihnen gehört, in jede Gruppe ändern, deren Mitglied Sie sind.

Besitz ändern

Der Befehl `chown` (**ch**ange **own**er / Besitzer ändern) ändert den Benutzer- und/oder Gruppenbesitz einer Datei oder eines Verzeichnisses.

Syntax:

```
chown [optionen] NEUER_BESITZER[:NEUE_GRUPPE] datei_oder_verzeichnis...
```

- NEUER_BESITZER: Der Benutzername (oder die UID) des neuen Besitzers.
- NEUE_GRUPPE (Optional): Wenn ein Doppelpunkt (:) vorangestellt ist, gibt dies auch die neue Gruppe an. Wenn der Doppelpunkt vorhanden ist, aber kein Gruppenname folgt (z. B. `chown jana:`), wird die Gruppe der Datei auf die primäre Gruppe des neuen Besitzers geändert.

Beispiele:

Angenommen, wir haben einen weiteren Benutzer peter und eine Gruppe wissenschaftsprojekt.

```
$ # Datei als jana erstellen
$ touch projektdaten.dat
$ ls -l projektdaten.dat
-rw-r--r-- 1 jana jana 0 Jul 23 15:30 projektdaten.dat

$ # Besitzer auf peter ändern (erfordert root/sudo)
$ sudo chown peter projektdaten.dat
$ ls -l projektdaten.dat
-rw-r--r-- 1 peter jana 0 Jul 23 15:30 projektdaten.dat

$ # Besitzer auf peter UND Gruppe auf wissenschaftsprojekt ändern (erfordert
root/sudo)
$ sudo chown peter:wissenschaftsprojekt projektdaten.dat
$ ls -l projektdaten.dat
-rw-r--r-- 1 peter wissenschaftsprojekt 0 Jul 23 15:30 projektdaten.dat

$ # Gruppe zurück auf janas primäre Gruppe ändern (erfordert root/sudo)
$ sudo chown peter: projektdaten.dat
$ ls -l projektdaten.dat
-rw-r--r-- 1 peter jana 0 Jul 23 15:30 projektdaten.dat
```

Um den Besitz rekursiv für ein Verzeichnis und seinen gesamten Inhalt zu ändern, verwenden Sie die Option -R:

```
$ mkdir ProjektX
$ touch ProjektX/datei1 ProjektX/datei2
$ # Besitz von Verzeichnis und Inhalt ändern (erfordert root/sudo)
$ sudo chown -R peter:wissenschaftsprojekt ProjektX/
$ ls -lR ProjektX/ # -R mit ls verwenden, um rekursiv hineinzusehen
ProjektX/:
insgesamt 0
-rw-r--r-- 1 peter wissenschaftsprojekt 0 Jul 23 15:35 datei1
-rw-r--r-- 1 peter wissenschaftsprojekt 0 Jul 23 15:35 datei2
```

Gruppenbesitz ändern

Wenn Sie nur den Gruppenbesitz ändern möchten, können Sie den Befehl chgrp (**change group** / Gruppe ändern) verwenden. Die Syntax ist einfacher:

```
chgrp [optionen] NEUE_GRUPPE datei_oder_verzeichnis...
```

Sie müssen im Allgemeinen der Besitzer der Datei *und* Mitglied der NEUEN_GRUPPE sein, um chgrp ohne sudo verwenden zu können. Andernfalls benötigen Sie wahrscheinlich sudo.

```
$ # Angenommen, 'jana' besitzt projektdaten.dat und ist Mitglied von
'wissenschaftsprojekt'
$ ls -l projektdaten.dat
-rw-r--r-- 1 jana jana 0 Jul 23 15:30 projektdaten.dat
$ chgrp wissenschaftsprojekt projektdaten.dat
$ ls -l projektdaten.dat
-rw-r--r-- 1 jana wissenschaftsprojekt 0 Jul 23 15:30 projektdaten.dat

$ # Gruppe rekursiv für ein Verzeichnis ändern
$ sudo chgrp -R wissenschaftsprojekt ProjektX/ # Benötigt sudo, wenn jana es
nicht besitzt
$ ls -lR ProjektX/
ProjektX/:
insgesamt 0
-rw-r--r-- 1 peter wissenschaftsprojekt 0 Jul 23 15:35 datei1
-rw-r--r-- 1 peter wissenschaftsprojekt 0 Jul 23 15:35 datei2
```

Obwohl chown benutzer:gruppe datei dasselbe tun kann wie chgrp, existiert chgrp als dedizierter Befehl nur zum Ändern der Gruppe.

Dateiberechtigungen

Wir haben den Besitz gesehen, nun wenden wir uns dem ersten Teil der ls -l-Ausgabe zu: der Berechtigungszeichenfolge wie -rw-r--r--. Diese Zeichenfolge definiert, wer was mit der Datei oder dem Verzeichnis tun darf.

Es gibt drei grundlegende Berechtigungstypen:

- **Lesen (r für Read):**
    - Für Dateien: Erlaubt das Anzeigen des Inhalts der Datei (z. B. mit cat, less).
    - Für Verzeichnisse: Erlaubt das Auflisten der Namen der Elemente *innerhalb* des Verzeichnisses (z. B. mit ls).
- **Schreiben (w für Write):**
    - Für Dateien: Erlaubt das Ändern oder Löschen des *Inhalts* der Datei (z. B. Bearbeiten mit nano, Überschreiben mit >). Hinweis: Das Löschen

der Datei *selbst* hängt oft von den Berechtigungen des *Verzeichnisses* ab, in dem sie sich befindet.

- Für Verzeichnisse: Erlaubt das Erstellen neuer Dateien/Unterverzeichnisse, das Löschen von Dateien/Unterverzeichnissen oder das Umbenennen von Dateien/Unterverzeichnissen *innerhalb* dieses Verzeichnisses (unabhängig von den Berechtigungen der Dateien selbst!). Dies ist ein entscheidender Unterschied. Schreibberechtigung für ein Verzeichnis ist mächtig.

- **Ausführen (x für Execute):**
  - Für Dateien: Erlaubt das Ausführen der Datei als Programm oder Skript (wenn sie ausführbar ist).
  - Für Verzeichnisse: Erlaubt das **Betreten** des Verzeichnisses (z. B. mit cd) und den Zugriff auf Dateien/Unterverzeichnisse darin (vorausgesetzt, Sie haben auch die entsprechenden Berechtigungen für die Elemente darin). Sie benötigen Ausführungsberechtigung für ein Verzeichnis, um hineinzuwechseln (cd) oder auf irgendetwas darin zuzugreifen, selbst wenn Sie dessen Inhalt auflisten können (Leseberechtigung).

Diese drei Berechtigungen (r, w, x) sind für drei verschiedene Benutzerkategorien definiert:

1. **Benutzer (u für User):** Der Besitzer der Datei.
2. **Gruppe (g):** Mitglieder der Gruppe, der die Datei gehört.
3. **Andere (o für Others):** Alle anderen im System (nicht der Besitzer und nicht in der Gruppe).

Berechtigungen entschlüsseln (ls -l erneut betrachtet)

Schauen wir uns diese Zeichenfolge noch einmal an: drwxr-xr-x

```
d | rwx | r-x | r-x
^ | ^^^ | ^^^ | ^^^
| |  |    |     |
| |  |    |     +-- Berechtigungen für Andere (Lesen, Ausführen)
| |  |    +-------- Berechtigungen für Gruppe (Lesen, Ausführen)
| |  +------------- Berechtigungen für Benutzer (Besitzer) (Lesen, Schreiben,
Ausführen)
| +---------------- Dateityp (d=Verzeichnis, -=Datei, l=Link, etc.)
```

- **Typ:** Das erste Zeichen (d) sagt uns, dass es ein Verzeichnis ist.

- **Benutzer/Besitzer**: Die nächsten drei Zeichen (rwx) bedeuten, dass der Besitzer Lese-, Schreib- und Ausführungsberechtigungen hat.
- **Gruppe**: Die nächsten drei (r-x) bedeuten, dass Mitglieder der Gruppe Lese- und Ausführungsberechtigungen haben, aber *nicht* Schreiben (angezeigt durch den Bindestrich -).
- **Andere**: Die letzten drei (r-x) bedeuten, dass alle anderen ebenfalls Lese- und Ausführungsberechtigungen haben, aber nicht Schreiben.

Hier sind einige gängige Beispiele:

- -rw-r--r--: Eine reguläre Datei (-), die der Besitzer lesen und schreiben kann (rw-), während die Gruppe und andere nur lesen können (r--). Typisch für Datendateien oder Dokumente.
- -rwxr-xr-x: Eine reguläre Datei (-), die der Besitzer lesen, schreiben und ausführen kann (rwx), während die Gruppe und andere lesen und ausführen können (r-x). Typisch für ausführbare Programme oder Skripte, die mit anderen geteilt werden.
- drwxr-x---: Ein Verzeichnis (d), das der Besitzer auflisten, betreten, darin erstellen/löschen/umbenennen kann (rwx). Gruppenmitglieder können auflisten und betreten (r-x). Andere haben keinerlei Berechtigungen (---). Nützlich für halbprivate Projektverzeichnisse.

Zusammenfassung der Verzeichnisberechtigungen

Das Verständnis von Verzeichnisberechtigungen ist entscheidend, da sie den Zugriff auf die darin enthaltenen Dateien steuern.

Berechtigung	Erlaubt Ihnen...	Benötigt für Befehle wie...
Lesen (r)	Auflisten der Namen von Dateien/Unterverzeichnissen (z.B. ls)	ls (nur Namen)
Schreiben (w)	Erstellen, Löschen, Umbenennen von Dateien/Unterverzeichnissen darin	touch, mkdir, rm, mv (innerhalb des Verz.)
Ausführen (x)	Betreten des Verzeichnisses (cd), Zugriff auf Elemente darin	cd, ls -l (um Details zu erhalten), cat datei_darin

Wichtige Kombination: Um eine Datei in einem Verzeichnis zu lesen, benötigen Sie **Ausführungsberechtigung (x)** für das Verzeichnis selbst *plus* **Leseberechtigung (r)** für die Datei. Um den detaillierten Inhalt mit ls -l aufzulisten, benötigen Sie **Lese- (r)** und **Ausführungsberechtigungen (x)** für das Verzeichnis.

Berechtigungen ändern

Wie ändern Sie nun diese Berechtigungen? Der Befehl lautet chmod (**change mode** / Modus ändern). Es gibt zwei Hauptmethoden, um die gewünschten Berechtigungen festzulegen: **Symbolischer Modus** und **Oktaler Modus**.

Symbolischer Modus (u, g, o, a, +, –, =)

Der symbolische Modus ist im Allgemeinen leichter zu verstehen und zu lesen. Sie geben an, *wer* (u, g, o oder a für alle), *welche Operation* (+ zum Hinzufügen, - zum Entfernen, = zum exakten Setzen) und *welche Berechtigungen* (r, w, x).

Syntax:

```
chmod [wer][operator][berechtigungen] datei_oder_verzeichnis...
```

- **Wer:**
    - u: Benutzer (Besitzer)
    - g: Gruppe
    - o: Andere
    - a: Alle (entspricht ugo) - Dies ist der Standard, wenn weggelassen.
- **Operator:**
    - +: Die angegebene(n) Berechtigung(en) hinzufügen.
    - –: Die angegebene(n) Berechtigung(en) entfernen.
    - =: Die Berechtigungen *genau* wie angegeben setzen (entfernt alle nicht aufgelisteten).
- **Berechtigungen:**
    - r: Lesen
    - w: Schreiben
    - x: Ausführen

Beispiele:

Erstellen wir eine Testdatei und ein Skript:

```
$ touch meinedaten.txt
$ echo '#!/bin/bash' > meinskript.sh
$ echo 'echo "Hallo vom Skript!"' >> meinskript.sh
$ ls -l
insgesamt 8
-rw-r--r-- 1 jana jana   0 Jul 23 16:00 meinedaten.txt
```

```
-rw-r--r-- 1 jana jana  39 Jul 23 16:01 meinskript.sh
```

- **Skript für den Besitzer ausführbar machen:**

```
$ chmod u+x meinskript.sh
$ ls -l meinskript.sh
-rwxr--r-- 1 jana jana 39 Jul 23 16:01 meinskript.sh
$ ./meinskript.sh # Jetzt können wir es ausführen
Hallo vom Skript!
```

- **Schreibberechtigung für Gruppe und Andere für die Datendatei entfernen:**

```
$ chmod go-w meinedaten.txt
$ ls -l meinedaten.txt
-rw-r--r-- 1 jana jana 0 Jul 23 16:00 meinedaten.txt # Noch keine
Änderung sichtbar, wenn sie kein w hatten
$ # Machen wir es zuerst für alle schreibbar, dann entfernen wir es
$ chmod a+w meinedaten.txt
$ ls -l meinedaten.txt
-rw-rw-rw- 1 jana jana 0 Jul 23 16:00 meinedaten.txt
$ chmod go-w meinedaten.txt
$ ls -l meinedaten.txt
-rw-r----- 1 jana jana 0 Jul 23 16:00 meinedaten.txt # Jetzt sind g und
o nicht schreibbar
```

- **Jedem erlauben, das Skript zu lesen, aber nur dem Besitzer, es zu schreiben/auszuführen:**

```
$ chmod u=rwx,go=r meinskript.sh # Berechtigungen exakt setzen
$ ls -l meinskript.sh
-rwxr--r-- 1 jana jana 39 Jul 23 16:01 meinskript.sh
```

- **Ein Verzeichnis nur für den Besitzer zugänglich machen:**

```
$ mkdir Privatkram
$ chmod u=rwx,go= Privatkram # '=Privatkram' entfernt alle
Berechtigungen für g und o
$ ls -ld Privatkram # -d verwenden, um das Verzeichnis selbst
aufzulisten, nicht den Inhalt
drwx------ 2 jana jane 4096 Jul 23 16:05 Privatkram
```

Sie können mehrere Spezifikationen durch Kommas trennen (z. B. `chmod u+x,g-w datei`). Der symbolische Modus ist beschreibend und gut geeignet, um spezifische Anpassungen vorzunehmen.

Oktaler (Numerischer) Modus

Der oktale Modus repräsentiert jeden Satz von Berechtigungen (Benutzer, Gruppe, Andere) als einzelne Ziffer, die durch Summieren der Werte für jede gewährte Berechtigung abgeleitet wird:

- Lesen (r) = **4**
- Schreiben (w) = **2**
- Ausführen (x) = **1**
- Keine Berechtigung (–) = **0**

Sie kombinieren diese, um den Wert für jedes Triplett zu erhalten:

- `rwx` = 4 + 2 + 1 = **7**
- `rw-` = 4 + 2 + 0 = **6**
- `r-x` = 4 + 0 + 1 = **5**
- `r--` = 4 + 0 + 0 = **4**
- `-wx` = 0 + 2 + 1 = **3** (Weniger gebräuchlich)
- `-w-` = 0 + 2 + 0 = **2** (Weniger gebräuchlich)
- `--x` = 0 + 0 + 1 = **1**
- `---` = 0 + 0 + 0 = **0**

Sie verwenden dann eine dreistellige Zahl, um die Berechtigungen für Benutzer, Gruppe bzw. Andere darzustellen.

Syntax:

```
chmod [optionen] OKTALMODUS datei_oder_verzeichnis...
```

Beispiele:

Verwendung unserer `meinedaten.txt` und `meinskript.sh`:

- **Typische Berechtigungen für ein Skript setzen (Besitzer: rwx, Gruppe: r-x, Andere: r-x):** `rwx r-x r-x` -> 7 5 5

```
$ chmod 755 meinskript.sh
$ ls -l meinskript.sh
```

```
-rwxr-xr-x 1 jana jana 39 Jul 23 16:01 meinskript.sh
```

- Typische Berechtigungen für eine private Datendatei setzen (Besitzer: rw-,
  Gruppe: r--, Andere: ---): rw- r-- --- ->6 4 0

  ```
  $ chmod 640 meinedaten.txt
  $ ls -l meinedaten.txt
  -rw-r----- 1 jana jana 0 Jul 23 16:00 meinedaten.txt
  ```

- Typische Berechtigungen für eine öffentliche Datendatei setzen (Besitzer:
  rw-, Gruppe: r--, Andere: r--): rw- r-- r-- ->6 4 4

  ```
  $ chmod 644 meinedaten.txt
  $ ls -l meinedaten.txt
  -rw-r--r-- 1 jana jana 0 Jul 23 16:00 meinedaten.txt
  ```

- Berechtigungen für ein privates Verzeichnis setzen (Besitzer: rwx, Gruppe:
  ---, Andere: ---): rwx --- --- ->7 0 0

  ```
  $ chmod 700 Privatkram/
  $ ls -ld Privatkram/
  drwx------ 2 jana jane 4096 Jul 23 16:05 Privatkram
  ```

Der oktale Modus ist prägnant und weit verbreitet, insbesondere in Dokumentationen
und Skripten. Er setzt die Berechtigungen absolut. Allerdings ist er anfangs weniger
intuitiv als der symbolische Modus, und es ist leichter, Fehler zu machen, wenn man
die Zahlen falsch berechnet. Wählen Sie den Modus, der sich für Sie angenehmer
anfühlt, aber machen Sie sich mit beiden vertraut, da Sie ihnen häufig begegnen werden.

Denken Sie daran, dass Sie die Option -R mit chmod verwenden können, um Berechtigungen rekursiv für Verzeichnisse und deren Inhalt zu ändern, genau wie bei chown
und chgrp.

Befehle als Superuser ausführen

In den Beispielen für chown, chgrp und manchmal sogar chmod oder updatedb
mussten wir gelegentlich den sudo-Befehl verwenden. Was ist das, und warum
brauchen wir es?

Linux arbeitet nach dem Prinzip der **geringsten Rechte** (least privilege). Das bedeutet, Benutzerkonten haben normalerweise eingeschränkte Berechtigungen – gerade genug, um ihre alltägliche Arbeit zu erledigen, aber nicht genug, um kritische System-dateien zu ändern oder andere Benutzer direkt zu beeinflussen. Dies verhindert versehentliche Schäden und erhöht die Sicherheit.

Manchmal benötigen Sie jedoch *erhöhte* Privilegien, typischerweise die des **root**-Be-nutzers (UID 0), der uneingeschränkte Macht über das System hat. Dies ist notwendig für Aufgaben wie die Installation von Software, das Ändern systemweiter Konfigura-tionen, die Verwaltung von Hardware oder das Ändern des Besitzes von Dateien, die Ihnen nicht gehören.

Anstatt sich direkt als root anzumelden (was für Routinearbeiten generell nicht empfohlen wird, da es zu leicht ist, katastrophale Fehler zu machen), verwenden die meisten modernen Distributionen den sudo-Befehl.

sudo steht für „superuser **do**" (oder manchmal „substitute user do" - als anderer Ben-utzer ausführen). Es erlaubt einem berechtigten Benutzer, einen *einzelnen* Befehl **als der root-Benutzer** (oder ein anderer angegebener Benutzer) auszuführen.

Wie es funktioniert:

1. Sie stellen dem Befehl, den Sie mit erhöhten Rechten ausführen müssen, sudo voran:

```
$ sudo irgendein_befehl argumente
```

2. sudo prüft eine Konfigurationsdatei (typischerweise /etc/sudoers), um zu sehen, ob *Ihr* Benutzerkonto berechtigt ist, *diesen speziellen Befehl* (oder jeden Befehl) als root auszuführen.
3. Wenn Sie berechtigt sind, fordert sudo Sie normalerweise zur Eingabe **Ihres eigenen Benutzerpassworts** (nicht des root-Passworts) auf, um Ihre Identität zu überprüfen.

```
[sudo] password for jana: ******
```

Hinweis: Oft erscheinen keine Sterne oder anderes Feedback, während Sie Ihr Passwort eingeben.

4. Wenn das Passwort korrekt ist und Sie die Berechtigung haben, führt sudo den Befehl (irgendein_befehl argumente) mit root-Rechten aus.

5. Für eine kurze Zeit (oft 5-15 Minuten) merkt sich sudo möglicherweise, dass Sie sich authentifiziert haben, sodass Sie nachfolgende sudo-Befehle ohne erneute Passworteingabe ausführen können.

Analogie: Stellen Sie sich Ihr reguläres Benutzerkonto als Schlüssel zu Ihrem eigenen Büro vor. Das root-Konto hat den Generalschlüssel für das gesamte Gebäude. Die Verwendung von sudo ist wie zum Sicherheitsdienst zu gehen (die /etc/sudoers-Datei), Ihre Identität nachzuweisen (Ihr Passwort) und den Wachmann (das sudo-Programm) zu bitten, kurzzeitig eine bestimmte gesperrte Tür für Sie mit dem Generalschlüssel zu öffnen, aber nur, wenn Sie auf der genehmigten Liste stehen. Sie behalten den Generalschlüssel nicht selbst.

Wann sudo verwenden:

- Installation oder Entfernung systemweiter Software (z. B. sudo apt install paket, sudo dnf remove paket).
- Bearbeitung von Systemkonfigurationsdateien (z. B. sudo nano /etc/fstab).
- Verwaltung von Diensten (z. B. sudo systemctl start nginx).
- Änderung von Besitz oder Berechtigungen von Dateien, die Ihnen nicht gehören (z. B. sudo chown root:root /etc/meinekonfig).
- Ausführung von Befehlen, die Low-Level-Hardwarezugriff erfordern.

Wann sudo NICHT verwenden:

- Verwenden Sie sudo **nicht** für alltägliche Aufgaben wie das Navigieren in Verzeichnissen (cd), das Auflisten von Dateien (ls), das Anzeigen von Dateien (cat, less), das Kopieren/Verschieben Ihrer eigenen Dateien (cp, mv) oder das Ausführen regulärer Anwendungen wie eines Webbrowsers oder Texteditors für Ihre eigenen Dokumente. Die unnötige Verwendung von sudo erhöht das Risiko versehentlicher Schäden.

Machen Sie es sich zur Gewohnheit, Befehle zuerst als normaler Benutzer auszuführen. Wenn Sie einen „Permission denied"-Fehler (Zugriff verweigert) erhalten und wissen, dass Sie für diese spezielle Aufgabe erhöhte Rechte benötigen, *dann* versuchen Sie es erneut mit sudo.

Kapitelzusammenfassung

Dieses Kapitel war entscheidend für das Verständnis, wie Linux die Zugriffskontrolle verwaltet. Sie haben gelernt, sich selbst zu identifizieren (whoami, id) und zu sehen, wer das System sonst noch benutzt (who, w). Wir haben die Kernkonzepte von **Ben-**

utzern und **Gruppen** entmystifiziert und ihre Rolle bei der Organisation von Berechtigungen erkannt. Wir haben die `ls -l`-Ausgabe erneut betrachtet, um den **Dateibesitz** (Besitzer und Gruppe) zu verstehen und gelernt, wie man ihn mit `chown` und `chgrp` ändert. Der Kern des Kapitels war die Erkundung der drei grundlegenden **Berechtigungen** – Lesen (r), Schreiben (w) und Ausführen (x) – und wie sie sich unterschiedlich auf Dateien und Verzeichnisse für die Kategorien Benutzer, Gruppe und Andere auswirken. Sie haben die Fähigkeit erworben, diese Berechtigungen mit `chmod` sowohl im beschreibenden **symbolischen Modus** als auch im prägnanten **oktalen Modus** zu ändern. Schließlich haben wir die Notwendigkeit erhöhter Rechte für bestimmte Aufgaben angesprochen und gelernt, wie man den `sudo`-Befehl sicher und effektiv verwendet, um Befehle als Superuser auszuführen, ohne das Prinzip der geringsten Rechte zu kompromittieren.

Mit einem soliden Verständnis von Benutzern, Gruppen und Berechtigungen verstehen Sie nun das grundlegende Sicherheits- und Organisationsmodell des Linux-Dateisystems. Sie wissen, wer worauf zugreifen kann und wie Sie diesen Zugriff steuern können. Dieses Wissen ebnet den Weg für den nächsten Teil unserer Reise, wo wir beginnen, die Leistungsfähigkeit der Shell direkter zu nutzen. In Kapitel 6 werden wir untersuchen, wie man den Informationsfluss zwischen Befehlen und Dateien mithilfe von Ein-/Ausgabeumleitung und Pipes lenkt – essentielle Techniken zum Erstellen leistungsstarker Kommandozeilen-Workflows.

## 6

Ein- und Ausgabe umleiten

Wir sind durch das Dateisystem gereist, haben gelernt, Dateien zu verwalten, und die entscheidenden Konzepte von Benutzern und Berechtigungen in Kapitel 5 entschlüsselt. Sie fühlen sich wohl dabei, Befehle zu erteilen. Aber bisher haben die meisten Befehle einfach Eingaben von Ihrer Tastatur entgegengenommen und ihre Ausgabe direkt auf Ihrem Terminalbildschirm angezeigt. Was aber, wenn Sie diese Ausgabe in einer Datei speichern möchten? Oder die Ausgabe eines Befehls als Eingabe für einen anderen verwenden wollen? Hier beginnt die wahre Stärke der Linux-Kommandozeile zu glänzen – durch **Umleitung** und **Pipes** (Datenröhren). Diese Mechanismen ermöglichen es Ihnen, den Datenfluss zu steuern, Befehle und Dateien wie Bausteine miteinander zu verbinden, um komplexe Aufgaben mit eleganter Einfachheit durchzuführen. Machen Sie sich bereit, zum Datenklempner auf der Kommandozeile zu werden!

Die drei Standardströme

Bevor wir Daten umleiten können, müssen wir verstehen, woher sie normalerweise kommen und wohin sie gehen. Wenn ein Befehl ausgeführt wird, stellt Linux ihm automatisch drei Standard-Kommunikationskanäle zur Verfügung, die oft als **Ströme** bezeichnet werden:

1. **Standardeingabe (stdin):** Hier *liest* ein Befehl normalerweise seine Eingabe. Standardmäßig ist `stdin` mit Ihrer **Tastatur** verbunden. Wenn ein Befehl darauf wartet, dass Sie etwas eingeben (wie der `cat`-Befehl ohne Argumente), liest er von `stdin`. Intern wird sie durch den **Dateideskriptor 0** repräsentiert.
2. **Standardausgabe (stdout):** Hier *schreibt* ein Befehl normalerweise seine erfolgreiche Ausgabe oder Ergebnisse hin. Standardmäßig ist `stdout` mit Ihrem **Terminalbildschirm** verbunden. Wenn `ls` Ihnen eine Liste von Dateien anzeigt oder `date` die Uhrzeit ausgibt, geht das an `stdout`. Intern wird sie durch den **Dateideskriptor 1** repräsentiert.
3. **Standardfehlerausgabe (stderr):** Hier schreibt ein Befehl normalerweise seine *Fehlermeldungen* oder Diagnoseausgaben hin. Standardmäßig ist `stderr` *ebenfalls* mit Ihrem **Terminalbildschirm** verbunden. Dies stellt sicher, dass Sie Fehlermeldungen sehen, auch wenn Sie die normale Ausgabe an einen anderen Ort umleiten. Intern wird sie durch den **Dateideskriptor 2** repräsentiert.

Stellen Sie sich einen Befehl als kleine Werkstatt vor. `stdin` (0) ist der **Posteingang**, wo Rohmaterialien (Daten) von der Tastatur ankommen. `stdout` (1) ist der **Postausgang** für fertige Waren (erfolgreiche Ergebnisse), die zum Bildschirm gehen. `stderr` (2) ist der **Abfalleimer**, der sich ebenfalls auf den Bildschirm leert, wo Fehlermeldungen oder Ausschussteile landen.

Zu wissen, dass diese drei Ströme existieren (und ihre entsprechenden Nummern 0, 1 und 2), ist der Schlüssel zum Verständnis der Umleitung.

Ausgabe an einen anderen Ort senden

Was ist, wenn Sie nicht möchten, dass die Ausgabe des Befehls Ihren Bildschirm überfüllt? Was ist, wenn Sie sie zur späteren Analyse oder Verwendung in einer Datei speichern möchten? Genau dafür ist die Ausgabeumleitung gedacht.

Der Operator > (Größer-als-Zeichen) leitet die **Standardausgabe (stdout)** in eine Datei um.

Syntax:

```
befehl > ausgabedatei.txt
```

Probieren wir es aus. Anstatt die Dateien nur auf dem Bildschirm aufzulisten, speichern wir die detaillierte Auflistung unseres `spielwiese`-Verzeichnisses in einer Datei:

```
$ pwd
/home/jana/spielwiese
$ ls -l
insgesamt 20
drwx------ 2 jana jana 4096 Jul 23 16:05 Archiv
drwxr-xr-x 2 jana wissenschaftsprojekt 4096 Jul 23 15:35 LogsSicherung
-rw-r--r-- 1 jana jana    0 Jul 23 16:00 meinedaten.txt
-rwxr-xr-x 1 jana jana   39 Jul 23 16:01 meinskript.sh
drwxr-xr-x 2 jana jana 4096 Jul 23 16:05 Notizen
drwx------ 2 jana jana 4096 Jul 23 16:05 Privatkram
drwxr-xr-x 2 jana wissenschaftsprojekt 4096 Jul 23 15:35 Textdateien
$ ls -l > spielwiese_inhalt.txt
$ # Beachten Sie: Keine Ausgabe erschien auf dem Bildschirm!
$ ls -l spielwiese_inhalt.txt # Prüfen, ob die Datei erstellt wurde
-rw-r--r-- 1 jana jana 349 Jul 23 16:45 spielwiese_inhalt.txt
$ cat spielwiese_inhalt.txt # Inhalt der Datei anzeigen
insgesamt 20
drwx------ 2 jana jana 4096 Jul 23 16:05 Archiv
drwxr-xr-x 2 jana wissenschaftsprojekt 4096 Jul 23 15:35 LogsSicherung
-rw-r--r-- 1 jana jana    0 Jul 23 16:00 meinedaten.txt
-rwxr-xr-x 1 jana jana   39 Jul 23 16:01 meinskript.sh
drwxr-xr-x 2 jana jana 4096 Jul 23 16:05 Notizen
drwx------ 2 jana jana 4096 Jul 23 16:05 Privatkram
drwxr-xr-x 2 jana wissenschaftsprojekt 4096 Jul 23 15:35 Textdateien
```

Die Ausgabe von ls -l, die normalerweise an stdout (den Bildschirm) geht, wurde durch > in die Datei spielwiese_inhalt.txt umgeleitet. Wenn die Datei nicht existierte, wurde sie erstellt.

Wichtige Falle: Wenn die Ausgabedatei *bereits existiert*, wird der Operator > ihren Inhalt ohne Warnung **überschreiben**!

```
$ echo "Ursprünglicher Inhalt" > wichtige_daten.txt
$ cat wichtige_daten.txt
Ursprünglicher Inhalt
$ date > wichtige_daten.txt # Überschreibt die Datei mit dem Datum
$ cat wichtige_daten.txt
Di Jul 23 16:50:15 CEST 2024
```

Der ursprüngliche Inhalt ist weg! Seien Sie sehr vorsichtig bei der Verwendung von >. (Einige Shells erlauben es Ihnen, eine Option wie set -o noclobber zu setzen, um versehentliches Überschreiben mit > zu verhindern, aber das ist nicht das Standardverhalten).

Standardfehlerausgabe (`stderr`) umleiten

Was ist mit Fehlermeldungen? Der Operator > leitet nur `stdout` (Dateideskriptor 1) um. Fehlermeldungen (`stderr`, Dateideskriptor 2) erscheinen weiterhin auf Ihrem Bildschirm. Manchmal ist das gewünscht, aber manchmal möchten Sie Fehler möglicherweise separat erfassen.

Um `stderr` umzuleiten, geben Sie seine Dateideskriptor-Nummer (2) vor dem >-Symbol an.

```
$ find /etc -name shadow # Dies verursacht wahrscheinlich Berechtigungsfehler
find: '/etc/cups/ssl': Keine Berechtigung
find: '/etc/polkit-1/rules.d': Keine Berechtigung
find: '/etc/audit': Keine Berechtigung
/etc/shadow
find: '/etc/ssl/private': Keine Berechtigung
... # Weitere Berechtigungsfehler und vielleicht die eigentliche Datei

$ # Nur stderr (2) in eine Datei umleiten
$ find /etc -name shadow 2> find_fehler.log
/etc/shadow # Normale Ausgabe (stdout) geht weiterhin auf den Bildschirm

$ # Nun die Fehlerdatei überprüfen
$ cat find_fehler.log
find: '/etc/cups/ssl': Keine Berechtigung
find: '/etc/polkit-1/rules.d': Keine Berechtigung
find: '/etc/audit': Keine Berechtigung
find: '/etc/ssl/private': Keine Berechtigung
...
```

Jetzt werden die Fehler sauber in `find_fehler.log` gespeichert, während das erfolgreiche Ergebnis `/etc/shadow` (falls gefunden und zugänglich) weiterhin auf dem Bildschirm ausgegeben wurde.

Sowohl `stdout` als auch `stderr` umleiten

Was ist, wenn Sie *alles* – normale Ausgabe und Fehler – in derselben Datei speichern möchten? Es gibt zwei gängige Methoden dafür:

1. **Die &>-Syntax (Bash/Zsh):** Dies ist eine bequeme Abkürzung, um sowohl `stdout` als auch `stderr` umzuleiten.

   ```
   $ find /etc -name shadow &> gesamte_ausgabe.log
   $ # Keine Ausgabe oder Fehler auf dem Bildschirm
   ```

```
$ cat gesamte_ausgabe.log
find: '/etc/cups/ssl': Keine Berechtigung
find: '/etc/polkit-1/rules.d': Keine Berechtigung
find: '/etc/audit': Keine Berechtigung
/etc/shadow
find: '/etc/ssl/private': Keine Berechtigung
...
```

2. **Die traditionelle `> datei 2>&1`-Syntax:** Diese ist etwas komplexer, funktioniert aber in mehr Shells (POSIX-Standard). Lassen Sie uns das aufschlüsseln:

   - `> gesamte_ausgabe.log`: Leitet `stdout` (Dateideskriptor 1) nach `gesamte_ausgabe.log` um.
   - `2>&1`: Leitet `stderr` (Dateideskriptor 2) an den *aktuellen Ort* von `stdout` (Dateideskriptor 1) um. Da `stdout` bereits auf die Datei `gesamte_ausgabe.log` zeigt, wird `stderr` ebenfalls dorthin gesendet. Die Reihenfolge ist wichtig! `2>&1 > datei` würde nicht auf die gleiche Weise funktionieren.

```
$ find /etc -name shadow > gesamte_ausgabe_v2.log 2>&1
$ # Keine Ausgabe oder Fehler auf dem Bildschirm
$ cat gesamte_ausgabe_v2.log # Enthält sowohl stdout als auch stderr
find: '/etc/cups/ssl': Keine Berechtigung
find: '/etc/polkit-1/rules.d': Keine Berechtigung
find: '/etc/audit': Keine Berechtigung
/etc/shadow
find: '/etc/ssl/private': Keine Berechtigung
...
```

Beide Methoden, `&>` und `> datei 2>&1`, erreichen dasselbe Ziel, nämlich die gesamte Ausgabe zu erfassen. Die erste wird oft wegen ihrer Kürze in Shells bevorzugt, die sie unterstützen.

Ausgabe anhängen

Wir haben gesehen, dass `>` vorhandene Dateien überschreibt. Was ist, wenn Sie Ausgabe an das Ende einer Datei *hinzufügen* möchten, ohne ihren aktuellen Inhalt zu löschen? Verwenden Sie den **Append**-Operator `>>` (zwei Größer-als-Zeichen).

Wenn die Datei nicht existiert, erstellt `>>` sie (genau wie `>`). Wenn die Datei *existiert*, wird die neue Ausgabe am Ende hinzugefügt.

Erstellen wir eine einfache Protokolldatei:

```
$ date > aktivitaet.log
$ cat aktivitaet.log
Di Jul 23 17:05:10 CEST 2024

$ # Warte ein paar Sekunden... dann anhängen
$ whoami >> aktivitaet.log
$ cat aktivitaet.log
Di Jul 23 17:05:10 CEST 2024
jana

$ # Nochmals anhängen
$ pwd >> aktivitaet.log
$ cat aktivitaet.log
Di Jul 23 17:05:10 CEST 2024
jana
/home/jana/spielwiese
```

Die Ausgabe jedes Befehls wurde als neue Zeile (oder Zeilen) an `aktivitaet.log` angehängt. Dies ist perfekt zum Erstellen von Protokollen oder zum Sammeln von Ergebnissen über die Zeit.

Sie können auch `stderr` mit `2>>` anhängen:

```
$ # Führen wir unseren find-Befehl erneut aus und hängen Fehler an das vorherige
Protokoll an
$ find /etc -name hosts 2>> find_fehler.log
/etc/hosts
/etc/avahi/hosts
$ cat find_fehler.log # Zeigt alte Fehler plus neue
find: '/etc/cups/ssl': Keine Berechtigung
... (alte Fehler) ...
find: '/etc/cups/ssl': Keine Berechtigung # Hinzugefügt durch den zweiten find-
Lauf
find: '/etc/polkit-1/rules.d': Keine Berechtigung
find: '/etc/audit/rules.d': Keine Berechtigung
find: '/etc/ssl/private': Keine Berechtigung
```

Und Sie können sowohl `stdout` als auch `stderr` mit `&>>` (Bash/Zsh) oder `>> datei 2>&1` anhängen:

```
$ # Hänge gesamte Ausgabe vom 'date'-Befehl an
$ date &>> kombiniertes_log.log
```

```
$ # Hänge gesamte Ausgabe vom 'find'-Befehl an
$ find /etc -name fstab >> kombiniertes_log.log 2>&1
$ cat kombiniertes_log.log # Enthält Ausgabe/Fehler von beiden Befehlen
Di Jul 23 17:15:01 CEST 2024
find: '/etc/cups/ssl': Keine Berechtigung
find: '/etc/polkit-1/rules.d': Keine Berechtigung
/etc/fstab
find: '/etc/audit/rules.d': Keine Berechtigung
find: '/etc/ssl/private': Keine Berechtigung
```

Verwenden Sie >>, wenn Sie vorhandenen Inhalt beibehalten und hinzufügen möchten.

Eingabe aus Dateien nehmen

Genauso wie Sie die Ausgabe *in* eine Datei umleiten können, können Sie die Eingabe *aus* einer Datei umleiten. Der Operator < (Kleiner-als-Zeichen) leitet die **Standardeingabe (stdin)** um und weist einen Befehl an, seine Eingabe aus einer angegebenen Datei anstelle der Tastatur zu lesen.

Syntax:

```
befehl < eingabedatei.txt
```

Viele Befehle können einen Dateinamen als Argument entgegennehmen (wie `cat planeten.txt`). Einige Befehle sind jedoch speziell dafür ausgelegt, von `stdin` zu lesen. Die Eingabeumleitung ist essentiell, um Daten an solche Befehle zu übergeben. Gängige Beispiele sind `sort`, `uniq`, `wc`, `tr`, `grep` (wenn keine Dateiargumente gegeben sind) und `cat` (wenn ohne Argumente ausgeführt).

Kehren wir zu unserer Datei `planeten.txt` aus Kapitel 4 zurück. Wir können die Zeilen, Wörter und Zeichen mit `wc` (word count) zählen:

```
$ # Methode 1: Dateiname als Argument geben
$ wc planeten.txt
   9  11 114 planeten.txt # Ausgabe enthält Dateinamen

$ # Methode 2: stdin aus der Datei umleiten
$ wc < planeten.txt
   9  11 114 # Ausgabe enthält KEINEN Dateinamen
```

Beide geben die gleichen Zählungen (9 Zeilen, 11 Wörter, 114 Zeichen), aber beachten Sie den feinen Unterschied: Beim Lesen von `stdin` über < weiß `wc` den ursprünglichen Dateinamen nicht und gibt ihn daher nicht aus.

Versuchen wir, die Planeten zu sortieren:

```
$ sort < planeten.txt
Erde
Jupiter
Mars
Merkur
Neptun
Pluto (Zwergplanet)
Saturn
Uranus
Venus
```

Der `sort`-Befehl las die Zeilen aus `planeten.txt` (weil wir `stdin` umgeleitet haben) und gab die sortierten Zeilen an seine `stdout` (den Bildschirm) aus.

Die Eingabeumleitung wird interaktiv seltener getippt als die Ausgabeumleitung, ist aber äußerst wichtig beim Schreiben von Skripten, die in Dateien gespeicherte Daten verarbeiten.

Here Documents (<<) und Here Strings (<<<)

Manchmal ist die Eingabe, die Sie einem Befehl geben möchten, nicht in einer separaten Datei gespeichert, aber Sie möchten sie direkt in Ihrer Befehlszeile oder Ihrem Skript einfügen. Hier kommen Here Documents und Here Strings ins Spiel.

Here Documents (<<)

Ein **Here Document** ermöglicht es Ihnen, mehrzeilige Eingaben für einen Befehl direkt nach dem Befehl selbst einzubetten. Sie geben ein Begrenzungswort an, und die Shell liest alle nachfolgenden Zeilen als `stdin`, bis sie auf dasselbe Begrenzungswort in einer Zeile allein stößt.

Syntax:

```
befehl << BEGRENZER
Zeile 1 der Eingabe
Zeile 2 der Eingabe
```

```
... Weitere Zeilen ...
BEGRENZER
```

Der `BEGRENZER` kann jedes beliebige Wort sein (oft `EOF` für End Of File, `ENDE` oder etwas Beschreibendes), stellen Sie nur sicher, dass es nicht im Eingabetext selbst vorkommt.

Füttern wir cat mit mehreren Zeilen über ein Here Document:

```
$ cat << MEIN_BEGRENZER
> Das ist die erste Zeile.
> Das ist die zweite Zeile, direkt bereitgestellt.
> Ist das nicht praktisch?
> MEIN_BEGRENZER
Das ist die erste Zeile.
Das ist die zweite Zeile, direkt bereitgestellt.
Ist das nicht praktisch?
```

Die >-Symbole in den Fortsetzungszeilen sind Prompts der Shell, die anzeigen, dass sie auf weitere Eingaben wartet, bis sie `MEIN_BEGRENZER` sieht.

Ein weiteres Beispiel, das Zählen der Eingabezeilen, die über ein Here Document bereitgestellt werden:

```
$ wc -l << EOF
> Merkur
> Venus
> Erde
> Mars
> EOF
      4
```

Here Documents sind besonders nützlich in Shell-Skripten (die wir in Kapitel 10 zu schreiben beginnen), um Konfigurationsdaten oder festen Texteingaben für Befehle bereitzustellen, ohne separate Dateien zu benötigen.

Here Strings (<<<)

Ein **Here String** ist eine einfachere Konstruktion (verfügbar in Bash, Zsh und einigen anderen modernen Shells, aber nicht streng POSIX-Standard), um einen *einzelnen Textstring* als Standardeingabe bereitzustellen.

Syntax:

```
befehl <<< "Irgendein Text"
```

Dies ist oft eine bequemere Alternative zur Verwendung von `echo` und einer Pipe (die wir als nächstes sehen werden).

```
$ # Zähle Wörter in einem bestimmten String
$ wc -w <<< "Dies ist ein Teststring."
      5

$ # Übersetze Leerzeichen in Zeilenumbrüche in einem String
$ tr ' ' '\n' <<< "Merkur Venus Erde Mars"
Merkur
Venus
Erde
Mars
```

Obwohl `echo "string" | befehl` ein ähnliches Ergebnis erzielt, ist `<<<` etwas effizienter, da es vermeidet, einen zusätzlichen Prozess nur für den `echo`-Befehl zu erstellen.

Befehle verbinden

Umleitung verbindet Befehle mit Dateien. **Pipes** (Datenröhren), dargestellt durch das vertikale Balkenzeichen |, verbinden die `stdout` eines Befehls direkt mit der `stdin` eines anderen Befehls. Dies ermöglicht es Ihnen, mächtige **Pipelines** zu bauen, indem Sie einfache Dienstprogramme aneinanderreihen, wobei die Ausgabe des einen zur Eingabe des nächsten wird, und so anspruchsvolle Datenverarbeitungs-Workflows erstellen.

Syntax:

```
befehl1 | befehl2 | befehl3 ...
```

Stellen Sie sich ein Fließband vor. `befehl1` erzeugt eine Ausgabe (seine `stdout`). Die Pipe | fungiert als Förderband, das diese Ausgabe direkt zum Eingabetrichter (`stdin`) von `befehl2` liefert. `befehl2` verarbeitet diese Eingabe und sendet seine Ausgabe (`stdout`) durch die nächste Pipe | zu `befehl3`, und so weiter. Nur der letzte Befehl in der Pipeline schreibt normalerweise seine Ausgabe auf den Terminalbildschirm (es sei denn, sie wird ebenfalls umgeleitet).

Versuchen wir einige Beispiele:

- **Lange Verzeichnisauflistung seitenweise anzeigen:** ls -l erzeugt viele Zeilen. Wir können seine Ausgabe an less pipen, sodass wir sie bildschirmweise betrachten können.

```
$ ls -l /etc | less
# Ausgabe von 'ls -l /etc' wird im 'less'-Pager angezeigt
# Verwenden Sie Leertaste/Pfeiltasten zum Navigieren, 'q' zum Beenden
von less
```

Hier schreibt ls nicht auf den Bildschirm; seine stdout geht direkt in die stdin von less.

- **Anzahl der Dateien im aktuellen Verzeichnis zählen:**

```
$ ls | wc -l # ls listet Dateien auf (normalerweise eine pro Zeile), wc
-l zählt Zeilen
     8
```

- **Anzahl der eindeutigen Planeten in unserer Datei finden:** (Angenommen, himmelskoerper.txt könnte Duplikate enthalten)

```
$ cat himmelskoerper.txt | sort | uniq | wc -l
    12 # Ausgabe hängt vom tatsächlichen Inhalt ab und ob Duplikate
existierten
```

  - cat: Liest die Datei nach stdout.
  - sort: Liest stdin (von cat), sortiert Zeilen, schreibt sortierte Zeilen nach stdout.
  - uniq: Liest stdin (von sort), entfernt benachbarte doppelte Zeilen, schreibt eindeutige Zeilen nach stdout.
  - wc -l: Liest stdin (von uniq), zählt Zeilen, schreibt die Anzahl nach stdout (den Bildschirm).

- **Alle laufenden Prozesse finden, die dem Benutzer** jana **gehören:**

```
$ ps aux | grep '^jana ' # ps aux listet alle Prozesse auf, grep filtert
Zeilen
jana     1234  0.0  0.1 ... irgendein_prozess
jana     5678  0.2  0.5 ... anderer_prozess
```

  - ps aux: Listet alle laufenden Prozesse detailliert nach stdout auf.

- `grep '^jana '`: Liest `stdin` (von ps), findet Zeilen, die mit (^) "jana " beginnen, und gibt diese übereinstimmenden Zeilen nach `stdout` (den Bildschirm) aus.

Wichtige Falle: Standardmäßig verbinden Pipes nur `stdout` (1) mit `stdin` (0). `stderr` (2) vom Befehl links wird *nicht* gepiped; es geht weiterhin auf den Bildschirm (oder wohin es sonst umgeleitet wurde).

```
$ find /etc -name hosts | grep avahi # Fehler von find gehen immer noch auf den
Bildschirm
find: '/etc/cups/ssl': Keine Berechtigung
find: '/etc/polkit-1/rules.d': Keine Berechtigung
...
/etc/avahi/hosts # Grep findet diese Zeile von finds stdout
```

Wenn Sie *sowohl* `stdout` als auch `stderr` zusammen pipen möchten, können Sie verwenden:

- `|&` **(Bash/Zsh-Abkürzung):** Piped sowohl `stdout` als auch `stderr`.

    ```
    $ find /etc -name hosts |& grep avahi # Piped stdout und stderr an grep
    /etc/avahi/hosts
    ```

    (Hinweis: Fehlermeldungen, die "avahi" enthalten, würden hier ebenfalls gefunden.)

- `2>&1 |` **(Traditionell):** Leitet `stderr` nach `stdout` um, *bevor* die Pipe erfolgt.

    ```
    $ find /etc -name hosts 2>&1 | grep avahi # Leite stderr um, dann pipe
    /etc/avahi/hosts
    ```

Pipes sind wohl eines der mächtigsten Konzepte in der Linux/UNIX-Philosophie: Erstellen Sie einfache Werkzeuge, die eine Sache gut machen, und verbinden Sie sie dann, um komplexe Probleme zu lösen.

Ausgabe aufteilen

Manchmal möchten Sie die Ausgabe eines Befehls in einer Datei speichern *und* gleichzeitig auf dem Bildschirm sehen, oder sie vielleicht weiter in einer Pipeline verarbeiten, während Sie auch eine Zwischenkopie speichern. Genau das tut der `tee`-Befehl.

Benannt nach einem T-förmigen Rohrformstück aus dem Sanitärbereich, liest `tee` von seiner Standardeingabe und schreibt diese Eingabe *sowohl* auf die Standardausgabe *als auch* in eine oder mehrere angegebene Dateien.

Syntax:

```
befehl | tee ausgabedatei.txt | anderer_befehl
```

Lassen Sie uns den Inhalt unserer Spielwiese auflisten, die Liste in `datei.log` speichern *und* sie mit `less` anzeigen:

```
$ ls -l
# (Ausgabe erscheint im less-Pager)
$ ls -l | tee spielwiese_liste.log | less
# Nun, nach dem Beenden von less ('q')...
$ cat spielwiese_liste.log # Die Datei enthält ebenfalls die ls-Ausgabe
insgesamt 20
drwx------ 2 jana jana 4096 Jul 23 16:05 Archiv
drwxr-xr-x 2 jana wissenschaftsprojekt 4096 Jul 23 15:35 LogsSicherung
-rw-r--r-- 1 jana jana    0 Jul 23 16:00 meinedaten.txt
...
```

Die Ausgabe von `ls -l` ging an `tee`. `tee` schrieb eine Kopie nach `spielwiese_liste.log` *und* schrieb auch eine Kopie an seine eigene `stdout`. Diese `stdout` wurde dann zur Anzeige an `less` gepiped.

Standardmäßig überschreibt `tee` die Ausgabedatei. Um stattdessen anzuhängen, verwenden Sie die Option `-a`:

```
$ date | tee -a systemereignisse.log
Di Jul 23 17:45:10 CEST 2024 # Ausgabe geht auch auf den Bildschirm
$ whoami | tee -a systemereignisse.log
jana # Ausgabe geht auch auf den Bildschirm
$ cat systemereignisse.log
Di Jul 23 17:45:10 CEST 2024
jana
```

`tee` ist von unschätzbarem Wert für die Überwachung lang laufender Prozesse bei gleichzeitiger Protokollierung ihrer Ausgabe oder zum Speichern von Zwischenergebnissen in komplexen Pipelines, ohne die Kette zu unterbrechen.

Kapitelzusammenfassung

Dieses Kapitel hat die Leistungsfähigkeit der Steuerung des Datenflusses auf der Kommandozeile erschlossen. Wir begannen mit dem Verständnis der drei **Standardströme**: stdin (0), stdout (1) und stderr (2). Sie haben gelernt, wie Sie stdout umleiten, um Dateien zu überschreiben (>) oder anzuhängen (>>), und wie Sie stderr separat (2>, 2>>) erfassen oder beide Ströme kombinieren (&>, > datei 2>&1, &>>, >> datei 2>&1). Dann haben wir die Münze umgedreht und stdin umgeleitet, um Eingaben *aus* Dateien mit < zu lesen. Wir haben bequeme Möglichkeiten erkundet, Eingaben direkt mit **Here Documents** (<< BEGRENZER) für mehrzeilige Eingaben und **Here Strings** (<<< "string") für einzelne Strings bereitzustellen. Der Höhepunkt war das Erlernen, wie man Befehle mit **Pipes** (|) verbindet und leistungsstarke **Pipelines** aufbaut, bei denen die Ausgabe eines Befehls die Eingabe des nächsten speist. Schließlich haben wir gesehen, wie tee es uns ermöglicht, einen Datenstrom aufzuteilen, ihn in einer Datei zu speichern und gleichzeitig an den Bildschirm oder den nächsten Befehl in einer Pipeline weiterzuleiten.

Die Beherrschung von Umleitung und Pipes verwandelt die Kommandozeile von einem einfachen Befehlsausführer in eine flexible Datenverarbeitungsumgebung. Sie können nun anspruchsvolle Workflows durch die Kombination einfacher Dienstprogramme erstellen. Mit dieser Fähigkeit, potenziell komplexe Befehlssequenzen zu erstellen, ist unser nächster Schritt, zu verstehen, wie Linux die Programme oder **Prozesse** verwaltet, die diese Befehle erzeugen. In Kapitel 7 werden wir uns mit der Verwaltung laufender Prozesse befassen – dem Anzeigen, Steuern und Ausführen im Hintergrund.

Laufende Prozesse verwalten

Im letzten Kapitel haben wir die Macht der Umleitung und Pipes erschlossen und gelernt, wie man Daten zwischen Befehlen und Dateien wie ein Meisterklempner leitet. Sie haben gesehen, wie die Kombination einfacher Befehle (ls | wc -l) eine komplexere Aufgabe schafft. Jeder Befehl, den Sie ausführen, ob einfach oder Teil einer ausgefeilten Pipeline, startet einen oder mehrere **Prozesse** auf Ihrem System. Ein Prozess ist im Wesentlichen ein Programm in Aktion. Wenn Sie längere Aufgaben starten, vielleicht eine komplexe Berechnung oder einen Dateidownload, werden Sie feststellen, dass Sie Möglichkeiten benötigen, diese laufenden Programme zu überprüfen, zu verwalten und zu steuern, ob sie Ihr Terminal blockieren oder leise im Hintergrund laufen. Dieses Kapitel ist Ihr Leitfaden, um ein Prozessmanager zu werden. Es lehrt Sie, wie Sie die verschiedenen auf Ihrem Linux-System laufenden Aufgaben anzeigen, steuern und jonglieren können.

Was ist ein Prozess?

Stellen Sie sich ein Programm wie ls oder firefox als ein Rezept vor, das in einem Kochbuch (einer Datei auf Ihrer Festplatte) gespeichert ist. Wenn Sie sich tatsächlich entscheiden, dieses Programm *auszuführen*, erstellt Linux einen **Prozess**. Der Prozess ist wie der Koch, der das Rezept aktiv in der Küche befolgt – es ist das Programm in

Ausführung, das Systemressourcen wie CPU-Zeit und Speicher verwendet, um die Arbeit zu erledigen.

Sie können mehrere Prozesse desselben Programms gleichzeitig ausführen. Zum Beispiel könnten Sie mehrere Terminalfenster öffnen; jedes Fenster führt eine Instanz Ihres Shell-Programms (wie Bash) aus, und jede Instanz ist ein separater Prozess. Sie könnten auch dasselbe Skript mehrmals gleichzeitig ausführen; jeder Lauf wäre ein eigener Prozess.

Um all diese aktiven „Köche" im Auge zu behalten, weist Linux jedem Prozess eine eindeutige Identifikationsnummer zu, die **Prozess-ID** oder **PID** genannt wird. Diese PID ist entscheidend für die Verwaltung spezifischer Prozesse, z. B. um einem bestimmten Koch mitzuteilen, dass er aufhören soll zu kochen. Wir werden PIDs in diesem Kapitel ausgiebig verwenden.

Prozesse anzeigen

Der grundlegende Befehl zum Anzeigen statischer Informationen über die aktuell laufenden Prozesse ist ps (kurz für process status / Prozessstatus). Die Ausführung von ps allein ist normalerweise nicht sehr informativ und zeigt typischerweise nur Prozesse an, die mit Ihrer aktuellen Terminalsitzung verbunden sind:

```
$ ps
  PID TTY          TIME CMD
 1234 pts/0    00:00:00 bash
 5678 pts/0    00:00:00 ps
```

Diese minimale Ausgabe zeigt die PID, das steuernde Terminal (TTY), die angesammelte verwendete CPU-Zeit und den Befehlsnamen (CMD). Um eine nützliche, systemweite Ansicht zu erhalten, müssen Sie Optionen verwenden. Es gibt zwei Hauptstile von Optionen für ps, die aus seinen historischen Wurzeln in verschiedenen UNIX-Varianten stammen: BSD-Stil und System-V-Stil.

Gängige ps-Optionen (BSD-Stil: aux)

Eine sehr beliebte und informative Art, ps aufzurufen, verwendet Optionen im BSD-Stil (die keinen führenden Bindestrich erfordern). Die Kombination ps aux wird häufig verwendet:

- a: Zeigt Prozesse für alle Benutzer an.

- u: Zeigt im **b**enutzerorientierten (**u**ser-oriented) Format an (zeigt den Besitzer).
- x: Schließt Prozesse ein, die nicht an ein Terminal gebunden sind (wie System-Daemons oder Hintergrundaufgaben).

```
$ ps aux
USER        PID %CPU %MEM    VSZ   RSS TTY      STAT START   TIME COMMAND
root          1  0.0  0.1 169412 11628 ?        Ss   10:15   0:02 /sbin/init
splash
root          2  0.0  0.0      0     0 ?        S    10:15   0:00 [kthreadd]
root          3  0.0  0.0      0     0 ?        I<   10:15   0:00 [rcu_gp]
... *viele Systemprozesse* ...
jana       1234  0.0  0.1  15880  7888 pts/0    Ss   11:20   0:00 /bin/bash
root       4501  0.1  0.2 350140 18140 ?        Sl   11:25   0:01
/usr/sbin/sshd -D
jana       5678  0.0  0.0  12345  3456 pts/0    R+   11:30   0:00 ps aux
```

Schauen wir uns einige wichtige Spalten an:

- **USER**: Der Benutzer, dem der Prozess gehört.
- **PID**: Die eindeutige Prozess-ID.
- **%CPU**: Ungefährer Prozentsatz der CPU-Zeit, die der Prozess aktuell verwendet.
- **%MEM**: Ungefährer Prozentsatz des physischen Speichers (RAM), den der Prozess aktuell verwendet.
- **VSZ**: Virtuelle Speichergröße (Virtual Memory Size - gesamter Speicher, den der Prozess *möglicherweise* verwenden könnte).
- **RSS**: Resident Set Size (wie viel physischen Speicher er *tatsächlich* gerade belegt).
- **TTY**: Steuerndes Terminal. ? bedeutet kein steuerndes Terminal.
- **STAT**: Prozessstatuscode (z. B. S=Schlafend (Sleeping), R=Laufend (Running), I=Untätig (Idle), Z=Zombie, +=im Vordergrund (foreground)).
- **START**: Zeit, zu der der Prozess gestartet wurde.
- **TIME**: Gesamte angesammelte CPU-Zeit, die vom Prozess verwendet wurde.
- **COMMAND**: Der Befehl, der den Prozess gestartet hat (kann abgeschnitten sein).

Dieses `ps aux`-Format gibt einen umfassenden Überblick über alles, was in diesem Moment auf Ihrem System läuft.

Gängige ps-Optionen (System-V-Stil: -ef)

Eine andere gängige Methode, alle Prozesse aufzulisten, verwendet Optionen im System-V-Stil (die einen führenden Bindestrich erfordern). Die Kombination ps -ef wird ebenfalls häufig verwendet:

- -e: Zeigt jeden (every) Prozess an.
- -f: Zeigt eine Auflistung im vollständigen (full-format) Format an (enthält mehr Details wie PPID).

```
$ ps -ef
UID         PID    PPID  C STIME TTY          TIME CMD
root          1       0  0 10:15 ?        00:00:02 /sbin/init splash
root          2       0  0 10:15 ?        00:00:00 [kthreadd]
root          3       2  0 10:15 ?        00:00:00 [rcu_gp]
... *viele Systemprozesse* ...
jana       1234    1200  0 11:20 pts/0    00:00:00 /bin/bash
root       4501       1  0 11:25 ?        00:00:01 /usr/sbin/sshd -D
jana       5680    1234  0 11:32 pts/0    00:00:00 ps -ef
```

Wichtige Spalten in diesem Format:

- **UID:** Der Benutzername (oft abgekürzt).
- **PID:** Die Prozess-ID.
- **PPID:** Die Parent Process ID (Elternprozess-ID). Dies ist die PID des Prozesses, der diesen Prozess *gestartet* hat. Dies ist sehr nützlich, um Prozessbeziehungen zu verstehen (z. B. wurde Ihr ps -ef-Befehl wahrscheinlich von Ihrer bash-Shell gestartet). Prozess 1 (init oder systemd) ist typischerweise der Vorfahr fast aller anderen Prozesse.
- **C:** CPU-Auslastung (oft vereinfacht).
- **STIME:** Startzeit.
- **TTY:** Steuerndes Terminal.
- **TIME:** Angesammelte CPU-Zeit.
- **CMD:** Der Befehl.

Sowohl ps aux als auch ps -ef geben Ihnen einen vollständigen Überblick über die Prozesse des Systems, nur mit leicht unterschiedlichen Informationen und Formatierungen. Wählen Sie diejenige, die Sie lesbarer finden oder die die spezifischen Details liefert (wie PPID von -ef oder %MEM von aux), die Sie benötigen. Sie werden die Ausgabe von ps oft in grep pipen, um bestimmte Prozesse zu finden, wie wir kurz in Kapitel 6 gesehen haben.

```
$ ps aux | grep firefox
jana       6001  5.2  8.5 2450120 350100 tty1    Sl+  11:40   0:15
/usr/lib/firefox/firefox
```

Interaktive Prozessanzeige

Während ps Ihnen einen Schnappschuss liefert, benötigen Sie manchmal eine dynamische Echtzeitansicht dessen, was Ihr System gerade tut. Hier kommen interaktive Prozessbetrachter wie top und htop ins Spiel.

top

Der top-Befehl bietet eine kontinuierlich aktualisierte Anzeige von Systemzusammenfassungsinformationen und eine Liste der aktuell laufenden Prozesse, standardmäßig normalerweise nach CPU-Auslastung sortiert.

```
$ top
```

Der Bildschirm wird gelöscht und Sie sehen etwas Ähnliches wie dies:

```
top - 11:45:01 up 1:30,  2 users,  load average: 0.10, 0.18, 0.15
Tasks: 250 total,   1 running, 249 sleeping,   0 stopped,   0 zombie
%Cpu(s):  1.5 us,  0.8 sy,  0.0 ni, 97.5 id,  0.1 wa,  0.0 hi,  0.1 si,  0.0 st
MiB Mem :   7850.5 total,   4500.1 free,   2100.3 used,   1250.1 buff/cache
MiB Swap:   2048.0 total,   2048.0 free,      0.0 used.   5400.2 avail Mem

    PID USER      PR  NI    VIRT    RES    SHR S  %CPU  %MEM     TIME+ COMMAND
   6001 jana      20   0 2450120 350100  80500 S   5.1   8.5   0:25.10 firefox
   1234 jana      20   0   15880   7888   3400 S   0.3   0.1   0:01.50 bash
   4501 root      20   0  350140  18140   5100 S   0.1   0.2   0:02.10 sshd
      1 root      20   0  169412  11628   8000 S   0.0   0.1   0:02.05 init
      2 root      20   0       0      0      0 S   0.0   0.0   0:00.00 kthreadd
... *Liste wird fortgesetzt und aktualisiert* ...
```

- **Oberer Abschnitt (Zusammenfassungsbereich)**: Zeigt Systemlaufzeit, Lastauslastung, Anzahl der Aufgaben, CPU-Zustände, Speichernutzung (RAM) und Swap-Nutzung.
- **Unterer Abschnitt (Prozessliste)**: Zeigt einzelne Prozesse, ähnlich wie ps, aber alle paar Sekunden aktualisiert (normalerweise). Spalten wie PID, USER, %CPU, %MEM und COMMAND sind entscheidend.

Interagieren mit top:

- q: top **beenden (quit).**
- h: **Hilfe-Bildschirm anzeigen.**
- k: Einen Prozess **beenden (kill)** (fragt nach PID und Signal).
- r: Priorität eines Prozesses ändern (**renice**) (fragt nach PID und Nice-Wert).
- Leertaste: Anzeige sofort aktualisieren.
- **Sortierung:**
    - Shift+P (P): Nach %**CPU**-Nutzung sortieren (Standard).
    - Shift+M (M): Nach %**MEM** (Speicher)-Nutzung sortieren.
    - Shift+T (T): Nach kumulativer **Zeit** (TIME) sortieren.

top ist ein Standard-Dienstprogramm, das auf fast jedem Linux-System zu finden ist und von unschätzbarem Wert ist, um schnell zu sehen, was Ressourcen verbraucht.

htop

htop ist eine beliebte, erweiterte Alternative zu top. Es bietet eine visuellere, farbenfrohere und oft einfacher zu bedienende Oberfläche. Möglicherweise müssen Sie es zuerst installieren (sudo apt install htop unter Debian/Ubuntu, sudo dnf install htop unter Fedora/CentOS).

```
$ htop
```

htop zeigt typischerweise an:

- CPU-Anzeigen (oft pro Kern) und Speicher/Swap-Anzeigen oben.
- Eine scrollbare Liste von Prozessen, oft farbcodiert.
- Funktionstasten-Verknüpfungen deutlich unten aufgelistet (F1 Hilfe, F3 Suche, F4 Filter, F5 Baumansicht, F9 Kill, F10 Beenden).

Warum htop **oft bevorzugt wird:**

- **Scrollen:** Sie können vertikal und horizontal durch die Prozessliste mit den Pfeiltasten oder BildAuf/BildAb scrollen.
- **Einfachere Interaktion:** Beenden (F9), Priorität ändern (F7/F8), Suchen (F3) und Filtern (F4) sind intuitiver über Funktionstasten oder Menüs.
- **Visualisierungen:** Farbcodierung und grafische Anzeigen erleichtern das schnelle Erfassen des Systemstatus.
- **Baumansicht (F5):** Zeigt die Eltern-Kind-Beziehungen zwischen Prozessen übersichtlich an.

Wenn htop auf Ihrem System verfügbar ist, ist es im Allgemeinen ein angenehmeres Werkzeug für die interaktive Prozessüberwachung als top. Beide erreichen jedoch dasselbe Kernziel.

Signale an Prozesse senden

Prozesse anzuzeigen ist eine Sache; sie zu steuern eine andere. Oft müssen Sie einen fehlerhaften Prozess stoppen oder einem Dienst mitteilen, seine Konfiguration neu zu laden. Dies tun Sie, indem Sie **Signale** an den Prozess senden.

Ein Signal ist eine Benachrichtigung, die an einen Prozess gesendet wird, um ihn über ein Ereignis zu informieren oder ihn anzuweisen, etwas zu tun. Stellen Sie sich Signale als vordefinierte Nachrichten vor wie „Bitte beenden", „Sofort stoppen" oder „Konfiguration neu laden".

Gängige Signale

Es sind viele Signale definiert, aber dies sind die am häufigsten verwendeten:

- SIGTERM **(Signalnummer 15)**: Das **Term**inierungssignal. Dies ist das Standardsignal, das von kill gesendet wird, wenn Sie keines angeben. Es ist eine höfliche Aufforderung an den Prozess, sich ordnungsgemäß zu beenden. Gut erzogene Programme fangen dieses Signal ab, speichern ihre Arbeit, schließen Dateien und beenden sich sauber.
- SIGKILL **(Signalnummer 9)**: Das **Kill**-Signal. Das ist der Hammer. SIGKILL kann vom Prozess nicht abgefangen oder ignoriert werden. Der Kernel beendet den Prozess sofort, ohne ihm die Möglichkeit zu geben, aufzuräumen. Dies sollte als **letzter Ausweg** verwendet werden, wenn ein Prozess auf SIGTERM überhaupt nicht reagiert, da es zu Datenverlust oder -beschädigung führen kann, wenn der Prozess gerade Dateien schrieb.
- SIGHUP **(Signalnummer 1)**: Das **H**angup-Signal (Auflegen). Historisch verwendet, wenn ein Benutzer die Verbindung über ein Modem trennte. Heute wird es häufig als konventionelles Signal verwendet, um Daemon-Prozessen (lang laufenden Hintergrunddiensten) mitzuteilen, ihre **Konfigurationsdateien neu zu laden**, ohne vollständig neu zu starten.
- SIGINT **(Signalnummer 2)**: Das Interrupt-Signal. Dies ist das Signal, das gesendet wird, wenn Sie Strg+C im Terminal drücken, um einen laufenden Vordergrundbefehl zu stoppen.

- SIGTSTP **(Signalnummer 20)**: Das Terminal-Stop-Signal. Dies ist das Signal, das gesendet wird, wenn Sie Strg+Z drücken, um einen Vordergrundbefehl anzuhalten (suspend - wir behandeln das bald).

Sie können eine vollständige Liste der auf Ihrem System verfügbaren Signale anzeigen mit:

```
$ kill -l
 1) SIGHUP       2) SIGINT       3) SIGQUIT      4) SIGILL       5) SIGTRAP
 6) SIGABRT      7) SIGBUS       8) SIGFPE       9) SIGKILL     10) SIGUSR1
11) SIGSEGV     12) SIGUSR2     13) SIGPIPE     14) SIGALRM     15) SIGTERM
16) SIGSTKFLT   17) SIGCHLD     18) SIGCONT     19) SIGSTOP     20) SIGTSTP
... *Liste wird fortgesetzt* ...
```

kill verwenden

Der klassische Befehl zum Senden von Signalen ist kill. Er benötigt die **PID** des Zielprozesses.

Syntax:

```
kill [optionen] [-SIGNAL] PID...
```

- -SIGNAL: Gibt das zu sendende Signal an (z. B. -9, -KILL, -TERM, -15, -HUP). Wenn weggelassen, wird standardmäßig SIGTERM (15) gesendet.
- PID: Die Prozess-ID des/der zu signalisierenden Prozesses(e).

Beispiele:

Angenommen, firefox hat die PID 6001 und reagiert nicht.

1. **Versuchen Sie zuerst, es ordnungsgemäß zu beenden (SIGTERM):**

   ```
   $ kill 6001
   ```

   oder explizit:

   ```
   $ kill -TERM 6001
   $ kill -15 6001
   ```

   Warten Sie ein paar Sekunden, um zu sehen, ob der Prozess beendet wird. Überprüfen Sie mit ps aux | grep firefox.

2. **Wenn er immer noch läuft, verwenden Sie den Hammer (SIGKILL):**

```
$ kill -KILL 6001
```

oder:

```
$ kill -9 6001
```

Dies sollte ihn sofort beenden.

3. **Einem Daemon mit PID 7890 mitteilen, seine Konfiguration neu zu laden (SIGHUP):**

```
$ sudo kill -HUP 7890 # Erfordert oft sudo für System-Daemons
```

`pkill` **und** `killall` **verwenden**

Die PID mit `ps | grep` zu finden und dann `kill` zu verwenden, kann mühsam sein. `pkill` und `killall` ermöglichen es Ihnen, Signale basierend auf dem Prozess**namen** oder anderen Attributen zu senden.

- `pkill`: Sendet ein Signal an Prozesse, deren **Name** (oder ein anderes aus-gewähltes Attribut) einem Muster entspricht. Standardmäßig sendet es SIGTERM.

```
$ # Beendet alle Prozesse namens 'schlechtes_programm'
$ pkill schlechtes_programm

$ # Erzwingt das Beenden (-9) aller Prozesse, deren Befehlszeile (-f)
'test_skript.py' enthält
$ pkill -9 -f test_skript.py
```

  Warnung: `pkill` verwendet Mustererkennung. Seien Sie vorsichtig, dass es nicht mehr Prozesse erfasst, als Sie beabsichtigen! Zum Beispiel könnte `pkill mail` evolution-mail-backend *und* thunderbird-mail beenden.

- `killall`: Ähnlich wie `pkill`, stimmt aber oft strenger mit dem exakten Prozessnamen überein (Verhalten kann zwischen Systemen leicht variieren). Es sendet ebenfalls standardmäßig SIGTERM.

```
$ # Beendet alle Prozesse mit dem exakten Namen 'zombie_app'
$ killall zombie_app

$ # Fordert alle 'nginx'-Worker-Prozesse auf, die Konfiguration neu zu
laden (-HUP)
$ sudo killall -HUP nginx
```

Warnung: Wie bei `pkill`, stellen Sie sicher, dass der Name spezifisch genug ist. `killall bash` könnte *alle* Ihre Shell-Sitzungen beenden, wenn es unvorsichtig ausgeführt wird!

Sowohl `pkill` als auch `killall` sind bequem, erfordern aber zusätzliche Vorsicht im Vergleich zur Verwendung von `kill` mit einer spezifischen PID.

Befehle im Hintergrund ausführen

Normalerweise, wenn Sie einen Befehl im Terminal ausführen, läuft er im **Vordergrund**. Ihre Shell wartet, bis der Befehl abgeschlossen ist, bevor sie den Prompt wieder anzeigt, und Sie können in der Zwischenzeit keine neuen Befehle eingeben. Das ist in Ordnung für schnelle Befehle wie `ls` oder `pwd`.

Aber was ist, wenn Sie eine lang laufende Aufgabe starten möchten (wie das Komprimieren einer großen Datei, das Ausführen eines komplexen Skripts oder das Starten einer grafischen Anwendung) und sofort Ihren Terminal-Prompt zurückbekommen möchten, um weiterarbeiten zu können? Sie können den Befehl im **Hintergrund** ausführen, indem Sie ein Kaufmannsund (&) am Ende der Befehlszeile anhängen.

```
$ # Dieser Befehl würde normalerweise 60 Sekunden dauern
$ sleep 60 &
[1] 7123
$ # Prompt kehrt sofort zurück! Sie können jetzt andere Befehle eingeben.
```

Wenn Sie einen Befehl mit & ausführen:

1. Die Shell startet den Befehl.
2. Sie gibt die **Jobnummer** (wie [1]) und die **PID** (wie 7123) aus.
3. Sie zeigt sofort einen neuen Shell-Prompt an, sodass Sie weitere Befehle eingeben können, während `sleep 60` im Hintergrund weiterläuft.

Wichtig: Wenn ein Hintergrundbefehl versucht, Eingaben vom Terminal (`stdin`) zu lesen, wird er normalerweise gestoppt. Außerdem können Hintergrundbefehle ihre Ausgabe (`stdout` und `stderr`) immer noch an Ihr Terminal senden, was sich möglicherweise mit dem vermischt, was Sie gerade tippen. Es ist oft eine gute Idee, die Ausgabe von Hintergrundaufgaben in Dateien umzuleiten (wie in Kapitel 6 gelernt):

```
$ ./mein_langes_skript.sh > skript.log 2>&1 &
[1] 7150
$ # Skript läuft im Hintergrund, gesamte Ausgabe geht nach skript.log
```

Job-Kontrolle

Die Shell bietet Funktionen, die zusammenfassend als **Job-Kontrolle** bezeichnet werden, um Befehle zu verwalten, die Sie gestartet haben, insbesondere solche, die im Hintergrund laufen oder vorübergehend gestoppt wurden.

Prozesse anhalten (`Strg+Z`)

Was ist, wenn Sie einen Befehl im Vordergrund starten und dann feststellen, dass er lange dauern wird, aber Sie das & vergessen haben? Sie müssen ihn nicht beenden! Das Drücken von `Strg+Z` sendet das `SIGTSTP`-Signal an den aktuell laufenden *Vordergrund*-Prozess und **hält ihn an** (suspend). Der Prozess wird pausiert, nicht beendet, und Sie erhalten Ihren Shell-Prompt zurück.

```
$ sleep 100 # Im Vordergrund gestartet, blockiert das Terminal
^Z # Strg+Z gedrückt
[1]+  Angehalten              sleep 100
$ # Prompt kehrt zurück, 'sleep 100' ist pausiert.
```

Die Shell gibt die Jobnummer (`[1]`), ihren Status (`Angehalten`) und den Befehl aus.

Jobs auflisten

Um die Befehle anzuzeigen, die derzeit von Ihrer Shell verwaltet werden (diejenigen, die im Hintergrund laufen oder angehalten sind), verwenden Sie den `jobs`-Befehl:

```
$ # Angenommen, wir haben den angehaltenen sleep und vielleicht eine weitere
Hintergrundaufgabe
$ ./anderes_skript.sh &
[2] 7201
```

```
$ jobs
[1]+  Angehalten              sleep 100
[2]-  Läuft                   ./anderes_skript.sh &
```

Die Ausgabe zeigt:

- Jobnummer ([1], [2]).
- Ein + kennzeichnet den „aktuellen" Job (denjenigen, auf den sich fg oder bg standardmäßig auswirken würden).
- Ein – kennzeichnet den „vorherigen" Job.
- Den Status (Angehalten, Läuft).
- Den Befehl.

Im Hintergrund fortsetzen

Um einen *angehaltenen* Job (wie unseren sleep 100) zu nehmen und ihn *im Hintergrund* weiterlaufen zu lassen, verwenden Sie den bg (**b**ackground)-Befehl, gefolgt vom Job-Identifikator (normalerweise % und die Jobnummer).

```
$ jobs
[1]+  Angehalten              sleep 100
[2]-  Läuft                   ./anderes_skript.sh &
$ bg %1
[1]+ sleep 100 &
$ jobs
[1]+  Läuft                   sleep 100 &
[2]-  Läuft                   ./anderes_skript.sh &
```

Jetzt läuft sleep 100 wieder, aber im Hintergrund, und gibt Ihr Terminal frei. Wenn Sie die Job-ID weglassen, wirkt bg normalerweise auf den mit + markierten Job.

In den Vordergrund holen

Um einen Job, der im Hintergrund läuft *oder* angehalten ist, zurück in den **Vordergrund** zu holen, verwenden Sie den fg (**f**oreground)-Befehl, wieder gefolgt vom Job-Identifikator.

```
$ jobs
[1]+  Läuft                   sleep 100 &
[2]-  Läuft                   ./anderes_skript.sh &
$ fg %1 # Hole sleep 100 zurück in den Vordergrund
```

```
sleep 100
# Terminal wartet nun darauf, dass sleep 100 endet...
# (oder Sie könnten erneut Strg+Z drücken)
```

Jetzt läuft `sleep 100` wieder im Vordergrund, und Ihr Shell-Prompt kehrt erst zurück, wenn er endet oder Sie ihn anhalten/beenden. Wenn Sie die Job-ID weglassen, wirkt `fg` normalerweise auf den mit + markierten Job.

Die Beherrschung der Job-Kontrolle (`&`, `Strg+Z`, `jobs`, `fg`, `bg`) gibt Ihnen enorme Flexibilität bei der Verwaltung, wie Befehle in Ihren interaktiven Shell-Sitzungen ausgeführt werden.

Kapitelzusammenfassung

In diesem Kapitel haben Sie gelernt, wie Sie mit den auf Ihrem System laufenden Programmen interagieren. Wir haben einen **Prozess** als eine laufende Instanz eines Programms definiert, wobei jeder durch eine eindeutige **PID** identifiziert wird. Sie haben gelernt, statische Momentaufnahmen von Prozessen mit `ps` (mit gängigen Optionen `aux` oder `-ef`) anzuzeigen und sie dynamisch in Echtzeit mit `top` und dem erweiterten `htop` zu überwachen. Wir haben das Konzept der **Signale** als Nachrichten an Prozesse untersucht und gelernt, wie man `kill`, `pkill` und `killall` verwendet, um Signale wie `SIGTERM` (ordnungsgemäß beenden), `SIGKILL` (gewaltsam beenden) und `SIGHUP` (Konfiguration neu laden) zu senden. Schließlich haben Sie die **Job-Kontrolle** gemeistert und gelernt, wie man Befehle im **Hintergrund** ausführt (`&`), Vordergrundbefehle **anhält** (`Strg+Z`), aktuelle Jobs auflistet (`jobs`), Jobs im Hintergrund fortsetzt (`bg`) und sie zurück in den **Vordergrund** holt (`fg`).

Sie haben nun die Werkzeuge, um Befehle nicht nur auszuführen, sondern sie auch während ihrer Ausführung effektiv zu beobachten und zu verwalten. Diese Kontrolle, kombiniert mit den Umleitungstechniken aus Kapitel 6, bereitet die Bühne dafür, Ihre Kommandozeilenumgebung genau nach Ihren Wünschen zu gestalten. Im nächsten Kapitel werden wir untersuchen, wie Sie Ihre Shell-Umgebung mithilfe von Variablen, Aliasen und Startdateien anpassen können, um Ihre Kommandozeilenerfahrung noch leistungsfähiger und effizienter zu gestalten.

Ihre Shell-Umgebung anpassen

Bisher sind Sie durch die Linux-Landschaft navigiert, haben Dateien verwaltet, deren Inhalte betrachtet, das kritische Berechtigungssystem verstanden, mit Prozessen gerungen und sogar Datenströme mithilfe von Umleitung und Pipes nach Ihrem Willen gebogen. Sie werden geübt im Umgang mit einzelnen Befehlen. Aber was wäre, wenn Sie die Shell selbst dazu bringen könnten, *intelligenter* für Sie zu arbeiten? Was wäre, wenn Sie ihr Abkürzungen beibringen, sie Dinge merken lassen oder sogar die Art und Weise ändern könnten, wie sie Sie begrüßt? Genau darum geht es in diesem Kapitel. Wir gehen über das reine *Verwenden* der Shell hinaus zum aktiven *Anpassen*. Wir werden Variablen untersuchen, die Informationen speichern, Aliase, die Befehlsabkürzungen erstellen, Startdateien, die Befehle automatisch ausführen, Wege, um frühere Befehle effizient abzurufen, und wie Sie diesen Kommandozeilen-Prompt personalisieren können, den Sie ständig sehen. Machen Sie sich bereit, Ihre Kommandozeilenumgebung an *Ihren* Arbeitsablauf anzupassen.

Shell-Variablen vs. Umgebungsvariablen

Die Shell benötigt eine Möglichkeit, Informationen zu verfolgen – Dinge wie Ihren Benutzernamen, Ihr Home-Verzeichnis, die Verzeichnisse, in denen sich ausführbare Programme befinden, oder sogar temporäre Werte, die Sie selbst definieren. Sie tut dies mithilfe von **Variablen**. Stellen Sie sich eine Variable als einen benannten Behälter oder ein Etikett vor, das einen Datenbrocken (normalerweise Text) enthält.

Es gibt zwei Haupttypen von Variablen, mit denen Sie in der Shell interagieren werden:

1. **Shell-Variablen:** Diese Variablen existieren *nur* innerhalb der spezifischen Instanz der Shell, in der sie erstellt wurden. Sie sind lokal für diese Shell-Sitzung. Wenn Sie eine andere Shell-Sitzung starten (z. B. ein neues Terminalfenster öffnen), weiß diese nichts über die Shell-Variablen, die in der ersten erstellt wurden. Stellen Sie sich Einstellungen vor, die Sie an einer bestimmten Maschine in einer Fabrik anpassen – sie betreffen nur *diese* Maschine.
2. **Umgebungsvariablen:** Diese Variablen sind nicht nur für die aktuelle Shell verfügbar, sondern werden auch an alle von dieser Shell gestarteten *Kindprozesse* **weitergegeben**. Kindprozesse sind Befehle oder Skripte, die Sie von der Shell aus ausführen. Dies macht Umgebungsvariablen geeignet zum Speichern systemweiter Einstellungen oder Informationen, auf die andere Programme möglicherweise zugreifen müssen. Stellen Sie sich diese als werksweite Ankündigungen oder Einstellungen vor, die alle in der Fabrik gestarteten Maschinen betreffen.

Die Unterscheidung ist entscheidend: Shell-Variablen sind lokal; Umgebungsvariablen werden von den von Ihnen ausgeführten Befehlen geerbt.

Variablen anzeigen

Wie sehen Sie diese Variablen? Es gibt mehrere Befehle:

set

Der set-Befehl zeigt, wenn er ohne Argumente ausgeführt wird, eine umfassende Liste **aller** Shell-Variablen an (einschließlich Umgebungsvariablen, Shell-spezifischer Variablen und sogar Shell-Funktionen). Die Ausgabe kann ziemlich lang sein!

```
$ set
BASH=/bin/bash
BASHOPTS=checkwinsize:cmdhist:expand_aliases:extglob:extquote:force_fignore:hist
append:interactive_comments:login_shell:progcomp:promptvars:sourcepath
BASH_ALIASES=()
BASH_ARGC=()
...
# Viele Bash-spezifische Variablen (beginnend mit BASH_)
```

```
...
# Umgebungsvariablen wie HOME, PATH, USER
HOME=/home/jana
HOSTNAME=mein-linux-pc
...
# Shell-Variablen, die Sie möglicherweise definiert haben
meine_variable='hallo da'
...
# Shell-Funktionen könnten ebenfalls aufgelistet sein
ls ()
{
    command ls --color=auto "$@"
}
... *Ausgabe abgeschnitten* ...
```

Sie sehen Umgebungsvariablen (normalerweise in Großbuchstaben wie HOME, PATH),
viele interne Shell-Variablen (oft Großbuchstaben oder beginnend mit BASH_) und alle
Variablen oder Funktionen, die Sie selbst definiert haben.

env oder printenv

Um *nur* die **Umgebungsvariablen** anzuzeigen – diejenigen, die an Kindprozesse weiter-
ergegeben werden – verwenden Sie die Befehle env oder printenv. Sie erzeugen
typischerweise eine identische, sauberere Ausgabe im Vergleich zu set.

```
$ env
SHELL=/bin/bash
SESSION_MANAGER=local/mein-linux-pc:@/tmp/.ICE-unix/1234,unix/mein-linux-pc:/
tmp/.ICE-unix/1234
QT_ACCESSIBILITY=1
COLORTERM=truecolor
XDG_CONFIG_DIRS=/etc/xdg/xdg-ubuntu:/etc/xdg
SSH_AGENT_PID=5678
XDG_MENU_PREFIX=gnome-
USER=jana
PWD=/home/jana/spielwiese
HOME=/home/jana
SSH_AUTH_SOCK=/run/user/1001/keyring/ssh
EMAIL=jana@example.com # Beispiel-Umgebungsvariable
XDG_SESSION_TYPE=x11
XDG_DATA_DIRS=/usr/share/ubuntu:/usr/local/share/:/usr/share/:/var/lib/snapd/
desktop
PATH=/home/jana/bin:/usr/local/sbin:/usr/local/bin:/usr/sbin:/usr/bin:/sbin:/bin
DBUS_SESSION_BUS_ADDRESS=unix:path=/run/user/1001/bus
TERM=xterm-256color
```

```
... *Ausgabe abgeschnitten* ...
```

Diese Liste ist kürzer als die Ausgabe von `set`, da sie nur Variablen enthält, die Kindprozesse erben werden. `printenv` liefert oft genau die gleiche Ausgabe. Sie können `printenv` auch einen spezifischen Variablennamen geben, um nur dessen Wert anzuzeigen:

```
$ printenv HOME
/home/jana
$ printenv PATH
/home/jana/bin:/usr/local/sbin:/usr/local/bin:/usr/sbin:/usr/bin:/sbin:/bin
```

echo

Die häufigste Methode, den Wert einer *spezifischen* Variablen (Shell oder Umgebung) anzuzeigen, ist die Verwendung des `echo`-Befehls, gefolgt von einem Dollarzeichen ($) und dem Variablennamen. Das $ weist die Shell an, den Namen der Variablen durch ihren gespeicherten Wert zu ersetzen, *bevor* der `echo`-Befehl ausgeführt wird.

```
$ echo $USER
jana
$ echo $HOME
/home/jana
$ echo $HOSTNAME
mein-linux-pc
$ echo $SHELL
/bin/bash
```

Wenn Sie versuchen, eine Variable auszugeben, die nicht existiert, wird normalerweise nur eine leere Zeile ausgegeben:

```
$ echo $nicht_existente_variable

$ # (leere Zeile)
```

Variablen erstellen und setzen

Sie können ganz einfach Ihre eigenen Variablen in der Shell erstellen. Variablennamen bestehen typischerweise aus Buchstaben, Zahlen und Unterstrichen (_) und beginnen konventionell mit einem Buchstaben. Sie beachten die **Groß-/Kleinsch-reibung** (`meinevar` ist anders als `MeineVar`).

Um einen Wert zuzuweisen, verwenden Sie das Gleichheitszeichen (=). **Entscheidend ist, dass um das Gleichheitszeichen keine Leerzeichen stehen dürfen.**

```
$ # Korrekt: keine Leerzeichen
$ mein_standort="New York"
$ anzahl=10

$ # Falsch: Leerzeichen um =
$ meine_stadt = "London"
bash: meine_stadt: command not found...

$ # Überprüfen wir nun unsere Variablen
$ echo $mein_standort
New York
$ echo $anzahl
10
```

Beachten Sie die Anführungszeichen um `"New York"`. Anführungszeichen sind wichtig, wenn der Wert Leerzeichen oder Sonderzeichen enthält. Wir werden uns in Kapitel 11 beim Thema Skripting eingehender mit Anführungszeichen beschäftigen, aber für einfache Zuweisungen gilt:

- Verwenden Sie doppelte Anführungszeichen (`"..."`), wenn der Wert Leerzeichen enthält. Variablen innerhalb doppelter Anführungszeichen *werden* erweitert (z. B. funktioniert `echo "Mein Zuhause ist $HOME"`).
- Verwenden Sie einfache Anführungszeichen (`'...'`), wenn der Wert Leerzeichen enthält und Sie *keine* Variablenerweiterung oder Interpretation von Sonderzeichen wünschen (z. B. gibt `echo 'Mein Zuhause ist $HOME'` das literale `$HOME` aus).
- Bei einfachen Werten ohne Leerzeichen oder Sonderzeichen sind keine Anführungszeichen erforderlich.

Standardmäßig sind auf diese Weise erstellte Variablen **Shell-Variablen**, die lokal für die aktuelle Shell gelten.

```
$ meine_shell_var="Nur lokal"
$ echo $meine_shell_var
Nur lokal
$ bash # Starte eine neue, verschachtelte Bash-Shell
$ echo $meine_shell_var # Versuche, in der Kind-Shell darauf zuzugreifen
```

```
$ # (leere Zeile - die Kind-Shell kennt sie nicht)
$ exit # Beende die verschachtelte Shell
$ echo $meine_shell_var # Zurück in der ursprünglichen Shell
Nur lokal
```

Variablen global machen

Wie wandelt man eine lokale Shell-Variable in eine Umgebungsvariable um, die Kind-prozesse erben können? Man verwendet den export-Befehl.

Sie können entweder in einem Schritt definieren und exportieren:

```
$ export API_SCHLUESSEL="a1b2c3d4e5f6"
$ export EDITOR="nano"
```

Oder zuerst definieren und später exportieren:

```
$ MEINE_EINSTELLUNG="aktiviert"
$ export MEINE_EINSTELLUNG
```

Führen wir nun unseren Test mit der verschachtelten Shell erneut aus:

```
$ export GLOBALE_VAR="Überall sichtbar"
$ echo $GLOBALE_VAR
Überall sichtbar
$ bash # Starte eine neue Kind-Shell
$ echo $GLOBALE_VAR # Prüfen, ob sie hier sichtbar ist
Überall sichtbar # Ja! Sie wurde geerbt.
$ exit # Beende Kind-Shell
```

Da wir export verwendet haben, wurde GLOBALE_VAR zu einer Umgebungsvariablen und an den Kind-bash-Prozess weitergegeben.

Sie können exportierte Variablen mit env oder printenv sehen:

```
$ env | grep GLOBALE_VAR
GLOBALE_VAR=Überall sichtbar
```

Warum Variablen exportieren? Viele Programme suchen nach spezifischen Umge-bungsvariablen, um ihr Verhalten zu konfigurieren. Zum Beispiel:

- `EDITOR`: Gibt den Standard-Texteditor an, den Programme möglicherweise aufrufen (wie `nano` oder `vim`).
- `PAGER`: Gibt das Standard-Pager-Programm an (wie `less`).
- `HTTP_PROXY`: Konfiguriert Proxy-Einstellungen für Netzwerkverbindungen.
- Anwendungsspezifische Variablen (z. B. `JAVA_HOME` für Java-Anwendungen).

Das Setzen und Exportieren dieser Variablen ermöglicht es Ihnen, anzupassen, wie andere Befehle innerhalb Ihrer Sitzung arbeiten.

Der Befehlssuchpfad

Haben Sie sich jemals gefragt, wie die Shell, wenn Sie `ls` oder `pwd` oder `nano` eingeben, *weiß*, wo sie die tatsächliche ausführbare Programmdatei für diesen Befehl finden kann? Sie kennt nicht auf magische Weise jedes Programm auf Ihrem System. Stattdessen durchsucht sie eine spezifische Liste von Verzeichnissen, die durch die **PATH-Umgebungsvariable** definiert ist.

Die `PATH`-Variable enthält eine durch Doppelpunkte (`:`) getrennte Liste von Verzeichnissen. Wenn Sie einen Befehlsnamen ohne Angabe eines vollständigen Pfades eingeben (wie `/bin/ls`), sucht die Shell in jedem im `PATH` aufgelisteten Verzeichnis nacheinander nach einer ausführbaren Datei mit diesem Namen, bis sie eine findet.

```
$ echo $PATH
/home/jana/bin:/usr/local/sbin:/usr/local/bin:/usr/sbin:/usr/bin:/sbin:/bin:/
usr/games:/usr/local/games:/snap/bin
```

In diesem Beispiel würde die Shell zuerst in `/home/jana/bin` suchen, dann in `/usr/local/sbin`, dann in `/usr/local/bin` und so weiter. An der ersten Stelle, an der sie eine ausführbare Datei namens `ls` findet (wahrscheinlich `/bin/ls` oder `/usr/bin/ls`), hört sie auf zu suchen und führt dieses Programm aus. Wenn sie alle Verzeichnisse im `PATH` durchsucht und den Befehl nicht findet, erhalten Sie den bekannten Fehler „command not found" (Befehl nicht gefunden).

Den PATH erweitern

Manchmal installieren Sie Software manuell oder schreiben Ihre eigenen Skripte und legen sie in einem Verzeichnis ab, das nicht im Standard-`PATH` aufgeführt ist (wie `~/skripte`). Um diese Skripte nur durch Eingabe ihres Namens (z. B. `mein_backup_skript`) anstelle des vollständigen Pfades (`~/skripte/`

mein_backup_skript) auszuführen, müssen Sie deren Verzeichnis zu Ihrem PATH hinzufügen.

Sie können dies vorübergehend für die aktuelle Sitzung tun:

```
$ # Angenommen, Ihre Skripte sind in /home/jana/skripte
$ export PATH="$PATH:/home/jana/skripte"

$ # Überprüfen Sie nun die Änderung
$ echo $PATH
/home/jana/bin:/usr/local/sbin: ... :/snap/bin:/home/jana/skripte # Am Ende
hinzugefügt

$ # Jetzt können Sie Skripte in diesem Verzeichnis per Namen ausführen (wenn sie
ausführbar sind)
$ mein_backup_skript
```

Erklärung:

- export PATH=...: Wir benötigen export, weil wir möchten, dass Kindprozesse (die von uns ausgeführten Befehle) den aktualisierten PATH erben.
- "$PATH:/home/jana/skripte": Das ist entscheidend. Wir nehmen den *vorhandenen* Wert von PATH ($PATH), fügen einen Doppelpunkt (:) hinzu und hängen dann unser neues Verzeichnis (/home/jana/skripte) an. Die doppelten Anführungszeichen sind wichtig, um potenzielle Leerzeichen oder Sonderzeichen in vorhandenen Pfadelementen zu handhaben. **Machen Sie niemals einfach** export PATH="/home/jana/skripte", da dies den gesamten vorhandenen Pfad *ersetzen* würde, wodurch die meisten Standardbefehle unbrauchbar würden! Sie möchten fast immer an den vorhandenen $PATH *anhängen* oder *voranstellen*.

Um diese Änderung dauerhaft zu machen, müssen Sie die Zeile export PATH=... zu einer Ihrer Shell-Startdateien hinzufügen, die wir als nächstes besprechen werden.

Shell-Startdateien

Wenn Sie eine Shell-Sitzung starten (durch Anmelden oder Öffnen eines Terminalfensters), führt Bash automatisch Befehle aus bestimmten Konfigurationsdateien aus, die oft als Start- oder Initialisierungsdateien bezeichnet werden. Hier platzieren Sie Anpassungen wie das Setzen von Umgebungsvariablen (export PATH=...), das Definieren von Aliasen oder das Setzen von Shell-Optionen, die Sie bei jedem Start einer Shell anwenden möchten.

Die genauen verwendeten Dateien hängen davon ab, ob die Shell als **Login-Shell** oder als **interaktive Nicht-Login-Shell** gestartet wird. Diese Unterscheidung führt oft zu Verwirrung, also klären wir das:

- **Login-Shell:** Eine Shell-Sitzung, die Sie durch tatsächliches Anmelden am System starten. Beispiele:
  - Anmelden an einer textbasierten Konsole (tty).
  - Remote-Anmeldung über SSH (`ssh benutzer@host`).
  - Verwendung von `su -l` oder `su -` zum Wechseln des Benutzers.
  - Manchmal kann das *erste* nach der grafischen Anmeldung geöffnete Terminalfenster als Login-Shell fungieren (abhängig vom Terminalemulator und der Systemkonfiguration).
- **Interaktive Nicht-Login-Shell:** Eine Shell-Sitzung, die gestartet wird, *nachdem* Sie sich bereits angemeldet haben, ohne erneute Authentifizierung. Beispiele:
  - Öffnen eines neuen Terminalfensters in einer grafischen Desktop-Umgebung (häufigster Fall).
  - Explizites Ausführen von `bash` aus einer vorhandenen Shell.
  - Interaktives Ausführen eines Skripts (obwohl Skriptumgebungen sich unterscheiden).

Warum der Unterschied? Login-Shells sind für einmalige Einrichtung bei der Anmeldung gedacht (wie das Setzen von Umgebungsvariablen, die für die gesamte Sitzung bestehen bleiben sollen), während Nicht-Login-Shells möglicherweise leicht unterschiedliche oder weniger Einrichtung für jede interaktive Sitzung benötigen (wie das Definieren von Aliasen, die spezifisch für die Terminalnutzung sind).

Hier sind die Hauptstartdateien, nach denen Bash typischerweise sucht:

1. **Login-Shells:**

   - Liest zuerst `/etc/profile` (systemweite Einstellungen, angewendet auf alle Benutzer).
   - Sucht dann nach der *ersten, die es findet* von diesen in Ihrem Home-Verzeichnis und liest *nur diese eine*:
     - `~/.bash_profile` (Häufigste persönliche Login-Datei)
     - `~/.bash_login`
     - `~/.profile` (Generisch, wird auch von anderen Shells wie `sh`, `ksh` verwendet. Wird oft verwendet, wenn die anderen nicht existieren).
2. **Interaktive Nicht-Login-Shells:**

- Liest /etc/bash.bashrc (systemweite Einstellungen für interaktive Shells, falls vorhanden).
- Liest ~/.bashrc in Ihrem Home-Verzeichnis (Häufigste persönliche interaktive, Nicht-Login-Datei).

Das gängige Muster: Da Benutzer typischerweise die meisten ihrer Einstellungen (wie Aliase und PATH-Anpassungen) sowohl auf Login- als auch auf interaktive Nicht-Login-Shells anwenden möchten, ist es eine sehr gängige Praxis, die meisten Anpassungen in ~/.bashrc zu platzieren und dann ~/.bash_profile (oder ~/.profile) ~/.bashrc *sourcen* (ausführen) zu lassen.

Möglicherweise sehen Sie Zeilen wie diese in Ihrer ~/.bash_profile oder ~/.profile:

```
# wenn Bash läuft
if [ -n "$BASH_VERSION" ]; then
    # .bashrc einbinden, falls vorhanden
    if [ -f "$HOME/.bashrc" ]; then
        . "$HOME/.bashrc" # Der Punkt '.' ist der source-Befehl
    fi
fi
```

Dies stellt sicher, dass bei der Anmeldung (die .bash_profile liest) auch die Befehle in .bashrc ausgeführt werden. Nachfolgende Terminalfenster (Nicht-Login) lesen einfach direkt .bashrc.

Wohin mit Ihren Anpassungen:

- **Für Umgebungsvariablen** (export VAR=..., export PATH=...): Traditionell in ~/.bash_profile (oder ~/.profile) platzieren. Dies stellt sicher, dass sie einmal bei der Anmeldung gesetzt werden und von allen nachfolgenden Prozessen (einschließlich grafischer Anwendungen, die nach der Anmeldung gestartet werden) geerbt werden. Wenn Ihre .bash_profile .bashrc sourct, könnte das Platzieren in .bashrc innerhalb einer Prüfung (if ! [["$PATH" =~ ...]]) ebenfalls funktionieren, aber .bash_profile wird oft als sauberer für Dinge angesehen, die nur einmal pro Anmeldung gesetzt werden.
- **Für Aliase, Shell-Optionen** (set -o) **und Prompt-Einstellungen** (PS1): Platzieren Sie diese in ~/.bashrc. Diese sind im Allgemeinen am nützlichsten in interaktiven Terminalsitzungen.

Änderungen anwenden: Nach dem Bearbeiten einer Startdatei (z. B. nano ~/.bashrc) treten die Änderungen erst in Kraft, wenn Sie eine *neue* Shell-Sitzung starten. Um sie auf Ihre *aktuelle* Sitzung anzuwenden, können Sie den `source`-Befehl (oder seine Abkürzung, den Punkt `.`) verwenden, um die Datei direkt auszuführen:

```
$ source ~/.bashrc
```

oder

```
$ . ~/.bashrc
```

Abkürzungen erstellen

Finden Sie sich dabei wieder, denselben langen Befehl oder dieselbe Optionskombination häufig einzutippen? Zum Beispiel verwenden Sie vielleicht immer `ls -alh` anstelle von nur `ls`. Sie können Abkürzungen für Befehle mithilfe von **Aliasen** erstellen. Ein Alias ist einfach ein benutzerdefinierter Spitzname für eine Befehlszeichenkette.

Aliase definieren

Verwenden Sie den `alias`-Befehl, um einen neuen Alias zu definieren.

Syntax:

```
alias name='befehlszeichenkette'
```

Wieder keine Leerzeichen um das `=`. Die `befehlszeichenkette` sollte in einfache Anführungszeichen (`'`) eingeschlossen sein, um eine sofortige Erweiterung von Sonderzeichen oder Variablen zu verhindern, es sei denn, Sie benötigen spezifisch eine Erweiterung *zum Zeitpunkt der Aliasdefinition*.

Beispiele:

```
$ # Erstelle eine Abkürzung für detaillierte, menschenlesbare Auflistung aller
Dateien
$ alias ll='ls -alh'

$ # Erstelle eine Abkürzung zum Aktualisieren von Systempaketen (Beispiel für
Debian/Ubuntu)
$ alias aktualisieren='sudo apt update && sudo apt upgrade -y'
```

```
$ # Erstelle eine Abkürzung, um ein Verzeichnis nach oben zu wechseln
$ alias ..='cd ..'

$ # Erstelle eine Abkürzung zum Löschen des Bildschirms
$ alias cls='clear'
```

Jetzt können Sie einfach den Aliasnamen anstelle des vollständigen Befehls eingeben:

```
$ ll # Führt ls -alh aus
insgesamt 32K
drwxr-xr-x 7 jana jana 4.0K Jul 23 17:30 .
drwxr-xr-x 3 root root 4.0K Jul 20 10:00 ..
drwx------ 2 jana jana 4.0K Jul 23 16:05 Archiv
...

$ aktualisieren # Führt sudo apt update && sudo apt upgrade -y aus
[sudo] password for jana:
... Pakete-Aktualisierung Ausgabe ...

$ .. # Führt cd .. aus
$ pwd
/home/jana
```

Um alle aktuell definierten Aliase anzuzeigen, führen Sie alias ohne Argumente aus:

```
$ alias
alias ..='cd ..'
alias cls='clear'
alias ll='ls -alh'
alias aktualisieren='sudo apt update && sudo apt upgrade -y'
# ... plus alle Standard-Aliase, die Ihre Distribution möglicherweise
bereitstellt
```

Aliase entfernen

Um einen Alias zu entfernen, den Sie nicht mehr benötigen, verwenden Sie den unalias-Befehl:

```
$ unalias cls
$ alias | grep cls # Überprüfen, ob er weg ist
```

Persistenz

Direkt in der Shell definierte Aliase gelten nur für die aktuelle Sitzung. Um sie dauerhaft zu machen, fügen Sie die `alias`-Definitionszeilen zu Ihrer `~/.bashrc`-Datei hinzu. Auf diese Weise werden sie bei jedem Start einer interaktiven Shell geladen.

Mögliche Falle: Seien Sie vorsichtig, keine Aliase mit demselben Namen wie vorhandene essentielle Befehle zu erstellen, es sei denn, Sie möchten sie *wirklich* überschreiben (z. B. ist `alias rm='rm -i'` ein gängiger Sicherheits-Alias, aber `alias cd='echo Kann Verzeichnis nicht wechseln'` wäre problematisch!). Wenn Sie den ursprünglichen Befehl anstelle seines Alias ausführen müssen, können Sie den Alias umgehen durch:

- Voranstellen des Befehls mit einem Backslash: `\ls`
- Verwenden des vollständigen Pfades: `/bin/ls`
- Verwenden des `command`-Builtins: `command ls`

Vorherige Befehle abrufen

Die Shell merkt sich die Befehle, die Sie eingeben, was unglaublich nützlich ist, um das erneute Tippen langer oder komplexer Befehle zu vermeiden. Diese Funktion wird **Historie** genannt.

Historie anzeigen

Der `history`-Befehl zeigt eine nummerierte Liste der Befehle an, die Sie kürzlich ausgeführt haben:

```
$ history
    1  cd spielwiese/
    2  ls
    3  mkdir TestVerz
    4  touch TestVerz/datei{1..3}.txt
    5  ls -l TestVerz/
    6  cat planeten.txt
    7  alias ll='ls -alh'
    8  ll
    9  history
```

Die Anzahl der gespeicherten Befehle wird durch Shell-Variablen wie HISTSIZE (Anzahl, die während der Sitzung im Speicher gehalten wird) und HISTFILESIZE

(Anzahl, die beim Beenden in der Historiendatei, normalerweise `~/.bash_history`, gespeichert wird) gesteuert.

Befehle erneut ausführen

Das Zeichen ! ermöglicht es Ihnen, Befehle aus Ihrer Historie erneut auszuführen:

- `!!`: Führt den **letzten** Befehl erneut aus.
- `!n`: Führt Befehl Nummer n aus der `history`-Liste aus (z. B. würde `!5` im obigen Beispiel `ls -l TestVerz/` ausführen).
- `!-n`: Führt den Befehl n Zeilen vor dem aktuellen aus (z. B. ist `!-1` dasselbe wie `!!`, `!-2` führt den vorletzten Befehl aus).
- `!string`: Führt den letzten Befehl aus, der mit `string` beginnt (z. B. würde `!cat cat planeten.txt` ausführen).
- `!?string?`: Führt den letzten Befehl aus, der `string` enthält.

Warnung: Die Verwendung von ! kann manchmal riskant sein, wenn Sie nicht sicher sind, *genau* welcher Befehl übereinstimmen wird, insbesondere bei `!string`. Seien Sie immer vorsichtig, wenn Sie Befehle erneut ausführen, die Dinge ändern oder löschen!

Historie durchsuchen

Eine viel sicherere und oft effizientere Methode, frühere Befehle zu finden und erneut auszuführen, ist die Verwendung der **rückwärtigen i-Suche** durch Drücken von `Strg+R`.

1. Drücken Sie `Strg+R`. Ihr Prompt ändert sich zu etwas wie `(rückwärts-i-suche)`.
2. Beginnen Sie, Zeichen aus dem Befehl einzutippen, den Sie finden möchten. Die Shell zeigt sofort die letzte Übereinstimmung an, die die bisher eingegebenen Zeichen enthält.
3. Tippen Sie weiter, um die Suche zu verfeinern, oder drücken Sie erneut `Strg+R`, um rückwärts durch ältere Übereinstimmungen mit denselben Zeichen zu blättern.
4. Sobald Sie den gewünschten Befehl sehen:
   - Drücken Sie `Enter`, um ihn sofort auszuführen.
   - Drücken Sie `Pfeil nach rechts` oder `Pfeil nach links` (oder `Strg+E`, `Strg+A`), um den Befehl zur Bearbeitung vor der Ausführung in die aktuelle Prompt-Zeile zu platzieren.
   - Drücken Sie `Strg+G` oder `Strg+C`, um die Suche abzubrechen.

Strg+R ist wohl die nützlichste Historienfunktion für den interaktiven Gebrauch. Üben Sie die Verwendung!

In der Historie navigieren

Sie können normalerweise auch die Tasten **Pfeil nach oben** und **Pfeil nach unten** verwenden, um Befehl für Befehl rückwärts und vorwärts durch Ihre Befehlshistorie zu scrollen.

Ihren Prompt zu Ihrem eigenen machen

Die Textzeichenfolge, die die Shell anzeigt, um anzuzeigen, dass sie bereit für einen Befehl ist, wird als **Prompt** bezeichnet. Sein Aussehen wird durch eine spezielle Shell-Variable namens PS1 gesteuert. Indem Sie PS1 anpassen, können Sie Ihren Prompt informativer oder optisch ansprechender gestalten.

```
$ echo $PS1
\[\e]0;\u@\h: \w\a\]${debian_chroot:+($debian_chroot)}\[\033[01;32m\]\u@\h\[\
033[00m\]:\[\033[01;34m\]\w\[\033[00m\]\$
```

Der Standard-PS1 sieht oft kompliziert aus, weil er nicht druckende Zeichen (wie \ [...\]) für Terminal-Steuersequenzen (wie das Setzen von Farben oder des Fenstertitels) enthält. Die Kernkomponenten verwenden jedoch spezielle Backslash-escaped Zeichen:

- \u: Ihr Benutzername (**u**sername).
- \h: Der Hostname (bis zum ersten Punkt).
- \H: Der vollständige Hostname.
- \w: Das aktuelle Arbeitsverzeichnis (**w**orking directory) (vollständiger Pfad, ~- Abkürzung für Home verwendet).
- \W: Der Basisname des aktuellen Arbeitsverzeichnisses (**W**orking directory) (nur der letzte Teil).
- \$: Zeigt ein # an, wenn Sie der root-Benutzer sind, andernfalls ein $.
- \d: Das **D**atum im Format „Wochentag Monat Tag".
- \t: Die Uhrzeit im HH:MM:SS-Format (24 Stunden).
- \n: Ein **N**euzeilenzeichen.
- \@: Aktuelle Zeit, 12-Stunden-AM/PM-Format.
- \s: Der Name der Shell.

Erstellen wir einen einfacheren Prompt: benutzername@hostname:aktuelles_verzeichnis $

```
$ export PS1='\u@\h:\w\$ ' # Denken Sie an das Leerzeichen am Ende!

jana@mein-linux-pc:~/spielwiese$ cd /etc
jana@mein-linux-pc:/etc$ cd ~
jana@mein-linux-pc:~$
```

Um eine neue Zeile vor dem Prompt für eine bessere Trennung hinzuzufügen:

```
$ export PS1='\n\u@\h:\w\n\$ '

jana@mein-linux-pc:~/spielwiese

$ cd /var/log

jana@mein-linux-pc:/var/log

$
```

Das Hinzufügen von Farben erfordert das Einbetten von ANSI-Escape-Codes in \ [und \] (um Bash mitzuteilen, dass sie keinen Platz auf der Zeile einnehmen). Dies kann schnell komplex werden. Viele Online-„Bash PS1 Generatoren" können Ihnen helfen, farbige Prompts zu erstellen.

Beispiel für einen einfachen grünen benutzername@hostname:

```
# Grün: \[\033[0;32m\] Reset: \[\033[0m\]
$ export PS1='\[\033[0;32m\]\u@\h\[\033[0m\]:\w\$ '

jana@mein-linux-pc:~/spielwiese$ # Prompt ist jetzt grün
```

Wie Aliase und andere Variablen setzen Sie Ihren gewünschten PS1 in Ihrer ~/.bashrc-Datei, um ihn für interaktive Sitzungen dauerhaft zu machen. Experimentieren Sie, um einen Prompt zu finden, der Ihnen die Informationen liefert, die Sie am nützlichsten finden!

Kapitelzusammenfassung

In diesem Kapitel haben Sie gelernt, wie Sie Ihre Shell-Umgebung nach Ihren Wünschen gestalten können. Wir unterschieden zwischen lokalen **Shell-Variablen** und geerbten **Umgebungsvariablen** und sahen, wie man sie anzeigt (`set`, `env`, `echo $VAR`) und erstellt, wobei `export` verwendet wird, um sie für Kindprozesse verfügbar zu machen. Sie verstehen nun die kritische Rolle der `$PATH`-Variable bei der Befehlsfindung und wie man sie modifiziert. Wir navigierten durch die oft verwirrende Welt der Shell-**Startdateien** (`/etc/profile`, `~/.bash_profile`, `~/.profile`, `/etc/bash.bashrc`, `~/.bashrc`), klärten den Unterschied zwischen Login- und Nicht-Login-Shells und die gängige Praxis, `.bashrc` aus `.bash_profile` zu sourcen. Sie lernten, Befehlsabkürzungen mit **Aliasen** (`alias`, `unalias`) zu erstellen und frühere Befehle effizient wiederzuverwenden, indem Sie die **Historie** (`history`, `!`, und insbesondere `Strg+R`) nutzen. Schließlich entdeckten Sie, wie Sie Ihren Kommandozeilen-**Prompt** personalisieren können, indem Sie die `PS1`-Variable anpassen.

Ihre Shell ist nicht mehr nur ein Werkzeug; sie wird zu *Ihrem* Werkzeug, konfiguriert, wie Sie es mögen. Mit dieser angepassten Umgebung und Ihrem Wissen über Befehle, Pipes und Prozesse sind Sie gut vorbereitet, um komplexere Aufgaben anzugehen. Als Nächstes konzentrieren wir uns auf eine Reihe unverzichtbarer Kommandozeilen-Dienstprogramme, die speziell für die Verarbeitung und Manipulation von Text entwickelt wurden – das Brot und Butter vieler Kommandozeilenoperationen. Kapitel 9 stellt mächtige Werkzeuge wie `grep`, `sed` und `awk` vor.

9

Essentielle Textverarbeitungswerkz euge

Nachdem Sie gelernt haben, zu navigieren, Dateien zu verwalten, Berechtigungen zu verstehen, Prozesse zu steuern und Ihre Umgebung anzupassen, werden Sie ziemlich geschickt im Umgang mit dem Linux-System. Ein großer Teil der effektiven Arbeit auf der Kommandozeile besteht darin, mit Text umzugehen – Konfigurationsdateien sind Text, Protokolldateien sind Text, die Ausgabe vieler Befehle ist Text, und Daten liegen oft in Textformaten vor. Die Fähigkeit, diesen Text direkt von der Kommandozeile aus zu durchsuchen, zu filtern, zu ändern und zu transformieren, ist eine Superkraft. Dieses Kapitel stellt Ihnen eine Kernmenge unverzichtbarer Linux-Dienstprogramme vor, die genau für diesen Zweck entwickelt wurden. Wir werden `grep` zum Finden von Mustern, `sed` zum Bearbeiten von Strömen, `awk` für mächtige Feldmanipulation und andere wie `sort`, `wc`, `uniq`, `tr`, `diff`, `cut` und `paste` kennenlernen. Diese Werkzeuge bilden oft das Herzstück von Kommando-Pipelines (erinnern Sie sich an Kapitel 6?) und ermöglichen es Ihnen, Textdaten mit bemerkenswerter Effizienz zu zerlegen, zu würfeln und neu zu formen.

Textmuster finden

Das vielleicht berühmteste Textverarbeitungswerkzeug ist grep (**g**lobal **r**egular **e**xpression **p**rint). Seine Aufgabe ist einfach, aber essentiell: Suchen Sie nach Zeilen, die ein bestimmtes Muster enthalten, innerhalb von Dateien oder der Standardeingabe, und geben Sie die übereinstimmenden Zeilen aus. Müssen Sie jedes Vorkommen einer Fehlermeldung in einer Protokolldatei finden? Müssen Sie sehen, welche Konfigurationsdatei eine bestimmte Einstellung erwähnt? grep ist Ihr Werkzeug der Wahl.

Die grundlegende Syntax lautet:

```
grep [optionen] MUSTER [datei...]
```

- MUSTER: Der Text oder das Muster, nach dem Sie suchen.
- datei...: Eine oder mehrere Dateien, in denen gesucht werden soll. Wenn keine Dateien angegeben sind, liest grep von der Standardeingabe (perfekt für Pipelines).

Verwenden wir unsere Datei himmelskoerper.txt aus Kapitel 4:

```
$ cd ~/spielwiese
$ cat himmelskoerper.txt
Merkur
Venus
Erde
Mars
Jupiter
Saturn
Uranus
Neptun
Pluto (Zwergplanet)
Unser Mond
Phobos
Deimos

$ # Finde Zeilen, die "Planet" enthalten
$ grep Planet himmelskoerper.txt
Pluto (Zwergplanet)
```

grep fand die Zeile, die „Planet" enthielt, und gab sie aus.

Wichtige grep-Optionen:

- -i (Ignore Case / Groß-/Kleinschreibung ignorieren): Führt eine Suche durch, die die Groß-/Kleinschreibung ignoriert.

  ```
  $ grep mars himmelskoerper.txt # Keine Ausgabe (Groß-/Kleinschreibung
  beachtet)
  $ grep -i mars himmelskoerper.txt
  Mars
  ```

- -v (Invert Match / Übereinstimmung invertieren): Gibt Zeilen aus, die das Muster *nicht* enthalten.

  ```
  $ # Zeige Zeilen, die NICHT 'Mond' oder 'Planet' enthalten
  $ grep -v -e Mond -e Planet himmelskoerper.txt # Verwende -e für mehrere
  Muster
  Merkur
  Venus
  Erde
  Mars
  Jupiter
  Saturn
  Uranus
  Neptun
  Phobos
  Deimos
  ```

(Hinweis: -e erlaubt die Angabe mehrerer Muster. Alternativ könnte grep -v 'Mond\|Planet' himmelskoerper.txt *mit einfachen regulären Ausdrücken funktionieren, abhängig von der* grep-*Version).*

- -n (Line Number / Zeilennummer): Zeigt die Zeilennummer in der Datei vor jeder übereinstimmenden Zeile an.

  ```
  $ grep -n Saturn himmelskoerper.txt
  6:Saturn
  ```

- -r oder -R (Recursive / Rekursiv): Sucht nach dem Muster in allen Dateien innerhalb des angegebenen Verzeichnisses und seiner Unterverzeichnisse.

  ```
  $ # Suche rekursiv im aktuellen Verzeichnis (.) nach 'jana'
  $ grep -r jana .
  ./aktivitaet.log:jana
  ./gesamte_ausgabe.log:find: '/etc/polkit-1/rules.d': Keine Berechtigung
  # Beispielausgabe
  ```

```
./gesamte_ausgabe.log:find: '/etc/audit': Keine Berechtigung
./spielwiese_inhalt.txt:drwxr-xr-x 2 jana jana 4096 Jul 23 16:05 Notizen
...
```

- -c (Count / Zählen): Gibt statt der übereinstimmenden Zeilen nur die Anzahl der übereinstimmenden Zeilen aus.

```
$ grep -c Mond himmelskoerper.txt
1
```

- -w (Word Regexp / Wort-Regex): Passt nur auf ganze Wörter. Zum Beispiel würde grep -w 'on' die Zeile „Turn the heating on" finden, aber nicht „Monday".

```
$ grep on himmelskoerper.txt
Venus
Unser Mond
$ grep -w on himmelskoerper.txt # Passt nicht auf 'Venus' oder 'Mond'
```

- -E (Extended Regex / Erweiterte Regex): Interpretiert das MUSTER als erweiterten regulären Ausdruck (extended regular expression). Reguläre Ausdrücke sind unglaublich mächtige Mustererkennungssprachen, die spezielle Metazeichen (wie *, +, ?, [], (), |) beinhalten. Wir werden **Kapitel 16** widmen, um sie gründlich zu erkunden. Fürs Erste wissen Sie einfach, dass -E komplexere Muster ermöglicht.

Verwendung von grep in Pipelines:

grep glänzt wirklich beim Filtern der Ausgabe anderer Befehle.

```
$ # Finde Prozesse, die mit 'bash' zu tun haben
$ ps aux | grep bash
jana        1234  0.0  0.1  15880  7888 pts/0    Ss+  11:20    0:01 /bin/bash
jana        8001  0.0  0.0  12000  3000 pts/1    S+   18:05    0:00 grep bash

$ # Liste nur Textdateien im aktuellen Verzeichnis auf
$ ls -l | grep '^-.*\.txt$' # Verwende einfache Regex: Start '-', beliebige
Zeichen, '.txt', Ende '$'
-rw-r--r-- 1 jana jana    0 Jul 23 16:00 meinedaten.txt
-rw-r--r-- 1 jana jana  114 Jul 23 14:05 planeten.txt
-rw-r--r-- 1 jana jana  349 Jul 23 16:45 spielwiese_inhalt.txt
```

grep ist Ihr grundlegendes Werkzeug zum Finden von Textnadeln in Daten-Heuhaufen.

Textströme bearbeiten

Während `grep` Zeilen findet, modifiziert `sed` (**stream ed**itor / Strom-Editor) sie. Es liest Text aus der Standardeingabe oder Dateien, führt angegebene Bearbeitungsoperationen auf jeder Zeile durch und sendet das modifizierte Ergebnis an die Standardausgabe. Es ändert (standardmäßig) nicht die Originaldatei; es transformiert nur den durchlaufenden Strom.

Die bei weitem häufigste Verwendung von `sed` ist die **Substitution** mit dem s-Befehl.

Substitutionssyntax:

```
sed [optionen] 's/FINDEMUSTER/ERSETZUNGSSTRING/FLAGS' [datei...]
```

- s: Zeigt den Substitutionsbefehl an.
- /: Fungiert als Trennzeichen (Sie können oft andere Zeichen wie # oder | verwenden, wenn Ihr Muster Schrägstriche enthält).
- FINDEMUSTER: Der zu findende Text oder reguläre Ausdruck.
- ERSETZUNGSSTRING: Der Text, durch den das gefundene Muster ersetzt werden soll.
- FLAGS (Optional): Modifizieren das Substitutionsverhalten. Gängige Flags:
  - g (Global): Ersetzt *alle* Vorkommen des Musters in der Zeile, nicht nur das erste.
  - i (Ignore Case / Groß-/Kleinschreibung ignorieren): Führt eine Suche ohne Berücksichtigung der Groß-/Kleinschreibung durch (GNU sed-Erweiterung).
  - N (Nummer): Ersetzt nur das N-te Vorkommen in der Zeile.

Beispiele:

```
$ # Ersetze 'Planet' durch 'Welt' in unserer Datei (nur erstes Vorkommen pro
Zeile)
$ sed 's/Planet/Welt/' himmelskoerper.txt
Merkur
Venus
Erde
Mars
Jupiter
```

```
Saturn
Uranus
Neptun
Pluto (ZwergWelt) # Geändert!
Unser Mond
Phobos
Deimos

$ # Versuchen wir, 'u' global in jeder Zeile durch 'X' zu ersetzen
$ sed 's/u/X/g' himmelskoerper.txt
MerkXr
VenXs
Erde
Mars
JXpiter
SatXrn
UranXs
NeptXn
PlXto (Zwergplanet)
Unser Mond
Phobos
Deimos

$ # Ändere den ersten Doppelpunkt in /etc/passwd in einen TAB (verwende | als
Trennzeichen)
$ head -n 1 /etc/passwd | sed 's|:|    |' # Verwendung des TAB-Zeichens direkt
root    x:0:0:root:/root:/bin/bash
```

Bearbeitung an Ort und Stelle (-i):

Manchmal möchten Sie die Originaldatei *tatsächlich* ändern. sed bietet dafür die
Option -i. **Mit äußerster Vorsicht verwenden!** Es wird dringend empfohlen, zuerst
eine Sicherungskopie zu erstellen oder -i.bak zu verwenden, was eine Sicherungskopie der Originaldatei mit der Erweiterung .bak erstellt, bevor sie geändert wird.

```
$ cp himmelskoerper.txt planeten_sicherung.txt # Manuelle Sicherung
$ sed -i 's/Mars/Roter Planet/' himmelskoerper.txt # Änderung an Ort und Stelle
$ cat himmelskoerper.txt
Merkur
Venus
Erde
Roter Planet # In der Originaldatei geändert!
Jupiter
...

$ # Verwendung der eingebauten Sicherung
```

```
$ sed -i.bak 's/Saturn/Ringplanet/' himmelskoerper.txt
$ cat himmelskoerper.txt # Zeigt 'Ringplanet'
...
Saturn # Ursprünglicher Inhalt ersetzt
...
$ cat himmelskoerper.txt.bak # Sicherungsdatei existiert
...
Saturn # Ursprüngliche Zeile erhalten
...
```

Obwohl sed viel mehr kann (wie Zeilen mit d löschen, spezifische Zeilen mit p und -n drucken), ist die Substitution (s) seine häufigste Anwendung und ein mächtiges Werkzeug für schnelle Textersetzungen in Dateien oder Pipelines.

Ein mächtiger Textprozessor

awk ist ein weiterer Gigant in der Welt der Linux-Textverarbeitung. Benannt nach seinen Schöpfern (Aho, Weinberger und Kernighan), ist awk viel mehr als nur ein einfacher Filter; es ist eine komplette Muster-Scan- und Verarbeitungssprache. Während grep Zeilen auswählt und sed Zeilen bearbeitet, zeichnet sich awk durch die Arbeit mit **Feldern** (Spalten) innerhalb von Zeilen aus. Wenn Ihr Text eine Struktur hat, wie Spalten, die durch Leerzeichen, Tabulatoren oder andere Trennzeichen getrennt sind, ist awk oft das beste Werkzeug für die Aufgabe.

Grundkonzept: awk liest seine Eingabe (aus Dateien oder stdin) Zeile für Zeile. Für jede Zeile teilt es die Zeile automatisch anhand eines **Feldtrennzeichens** (standardmäßig Leerzeichen) in Felder auf. Dann prüft es die Zeile gegen optionale Muster, die Sie angeben. Wenn eine Zeile einem Muster entspricht, führt awk den entsprechenden { Aktions }-Block aus.

Grundlegende Syntax:

```
awk [optionen] 'muster { aktion }' [datei...]
```

- optionen: Gängige Optionen sind -F TRENNZEICHEN, um das Feldtrennzeichen anzugeben.
- muster: Ein Ausdruck, der bestimmt, ob die Aktion für die aktuelle Zeile ausgeführt werden soll (z. B. ein Vergleich, eine Übereinstimmung mit einem regulären Ausdruck). Wenn weggelassen, wird die Aktion für jede Zeile ausgeführt.

- `{ aktion }`: Eine oder mehrere Anweisungen, die awk mitteilen, was zu tun ist (z. B. Felder drucken, Berechnungen durchführen, Variablen ändern).

Eingebaute Variablen (Innerhalb der `{ aktion }`):

- `$0`: Repräsentiert die gesamte aktuelle Eingabezeile.
- `$1`, `$2`, `$3`, ...: Repräsentieren das erste, zweite, dritte usw. Feld in der aktuellen Zeile.
- `NF`: Anzahl der Felder (**N**umber of **F**ields) in der aktuellen Zeile.
- `NR`: Nummer des Datensatzes (**N**umber of the **R**ecord) (die aktuelle Zeilennummer), der bisher verarbeitet wurde.
- `FS`: Feldtrennzeichen (**F**ield **S**eparator) (kann mit `-F` gesetzt werden).
- `OFS`: Ausgabefeldtrennzeichen (**O**utput **F**ield **S**eparator) (standardmäßig Leerzeichen, steuert, wie `print` Elemente trennt).

Beispiele:

Erstellen wir eine einfache Datei daten.txt:

```
Artikel1    100    aktiv
Artikel2    50     inaktiv
Artikel3    250    aktiv
Artikel4    15     aktiv
```

- **Drucke die erste und dritte Spalte:**

```
$ awk '{ print $1, $3 }' daten.txt
Artikel1 aktiv
Artikel2 inaktiv
Artikel3 aktiv
Artikel4 aktiv
```

- **Drucke Zeilen, in denen die zweite Spalte (Wert) größer als 60 ist:**

```
$ awk '$2 > 60 { print $0 }' daten.txt # $2 > 60 ist das Muster
Artikel1    100    aktiv
Artikel3    250    aktiv
```

- **Berechne die Summe der zweiten Spalte:**

```
$ awk '{ summe += $2 } END { print "Gesamt:", summe }' daten.txt
Gesamt: 415
```

- { summe += $2 }: Diese Aktion wird für jede Zeile ausgeführt und addiert den Wert des zweiten Feldes zur Variablen summe.
- END { ... }: Dies ist ein spezielles Muster, das ausgeführt wird, *nachdem* alle Eingabezeilen verarbeitet wurden.

- **Drucke Benutzernamen und Shells aus** /etc/passwd **(verwende ':' als Trennzeichen):**

```
$ head -n 3 /etc/passwd | awk -F':' '{ print "Benutzer:", $1, " Shell:",
$7 }'
Benutzer: root  Shell: /bin/bash
Benutzer: daemon  Shell: /usr/sbin/nologin
Benutzer: bin  Shell: /usr/sbin/nologin
```

Hier weist -F':' awk an, Felder basierend auf dem Doppelpunktzeichen zu trennen.

awk kann unglaublich komplexe Datenmanipulationen, Berichtserstellung und Filterung durchführen. Wir haben hier nur an der Oberfläche gekratzt, aber das Verständnis seiner feldbasierten Verarbeitung und der grundlegenden muster { aktion }-Struktur eröffnet enormes Potenzial.

Dinge in Ordnung bringen

Oft müssen Sie Textzeilen alphabetisch, numerisch oder basierend auf bestimmten Spalten anordnen. Der sort-Befehl ist genau dafür konzipiert. Er liest Zeilen aus Dateien oder der Standardeingabe, sortiert sie nach angegebenen Kriterien und schreibt das Ergebnis in die Standardausgabe.

Grundlegende Verwendung: Standardmäßig sortiert sort Zeilen alphabetisch (lexikographisch), wobei die gesamte Zeile berücksichtigt wird.

```
$ cat himmelskoerper.txt | sort
Deimos
Erde
Jupiter
Mars
Merkur
Neptun
Unser Mond
Phobos
Pluto (Zwergplanet)
Saturn
```

```
Uranus
Venus
```

Wichtige sort-Optionen:

- -r (Reverse / Umgekehrt): Kehrt die Sortierreihenfolge um (z. B. Z bis A).

```
$ sort -r himmelskoerper.txt
Venus
Uranus
Saturn
...
```

- -n (Numerische Sortierung): Sortiert basierend auf numerischem Wert anstelle von alphabetischer Reihenfolge. Entscheidend für die korrekte Sortierung von Zahlen (sonst kommt „10" vor „2").

```
$ # Erstelle eine Datei mit Zahlen
$ printf "10\n2\n100\n5\n" > zahlen.txt
$ sort zahlen.txt # Alphabetische Sortierung (falsch für Zahlen)
10
100
2
5
$ sort -n zahlen.txt # Numerische Sortierung (korrekt)
2
5
10
100
```

- -k F (Key Field / Schlüsselfeld): Sortiert basierend auf einer spezifischen Feldnummer (Spalte) F. Felder werden standardmäßig als durch Leerzeichen getrennt angenommen.

- -t C (Field Separator / Feldtrennzeichen): Gibt das Zeichen C an, das Felder trennt, wenn -k verwendet wird.

- -u (Unique / Eindeutig): Gibt nur die erste Zeile aus einer Sequenz identischer Zeilen aus (basierend auf dem Sortierschlüssel). Es ist wie sort | uniq auszuführen, aber potenziell effizienter.

Beispiele:

Verwenden wir unsere daten.txt-Datei erneut.

```
$ # Sortiere daten.txt numerisch basierend auf der zweiten Spalte
$ sort -k 2 -n daten.txt
Artikel4    15      aktiv
Artikel2    50      inaktiv
Artikel1    100     aktiv
Artikel3    250     aktiv

$ # Sortiere /etc/passwd nach Benutzer-ID (Feld 3), verwende ':' als
Trennzeichen
$ head /etc/passwd | sort -t ':' -k 3 -n
root:x:0:0:root:/root:/bin/bash
daemon:x:1:1:daemon:/usr/sbin:/usr/sbin/nologin
bin:x:2:2:bin:/bin:/usr/sbin/nologin
sys:x:3:3:sys:/dev:/usr/sbin/nologin
sync:x:4:65534:sync:/bin:/bin/sync
...
```

sort ist essentiell zum Organisieren von Daten vor der weiteren Verarbeitung (insbesondere mit uniq) oder einfach zur Darstellung von Informationen in einer logischeren Reihenfolge.

Zeilen, Wörter, Zeichen zählen

Benötigen Sie eine schnelle Zählung? Der wc (word count)-Befehl zählt Zeilen, Wörter und Bytes (oder Zeichen) in seiner Eingabe.

Grundlegende Verwendung:

```
$ wc himmelskoerper.txt
  9  11 114 himmelskoerper.txt
```

Die Ausgabe zeigt: 9 Zeilen, 11 Wörter, 114 Bytes, gefolgt vom Dateinamen. Beim Lesen von stdin wird der Dateiname nicht angezeigt.

Wichtige wc-Optionen:

- -l (Lines / Zeilen): Zählt nur die Anzahl der Zeilen (Zeilenumbrüche).
- -w (Words / Wörter): Zählt nur die Anzahl der Wörter (Sequenzen von Nicht-Leerzeichen-Zeichen).
- -c (Bytes): Zählt nur die Anzahl der Bytes.
- -m (Characters / Zeichen): Zählt Zeichen (kann sich von Bytes bei Mehrbyte-Zeichenkodierungen wie UTF-8 unterscheiden).

Beispiele in Pipelines:

```
$ # Zähle Dateien im aktuellen Verzeichnis
$ ls | wc -l
    10 # Beispielausgabe

$ # Zähle, wie viele Prozesse als Benutzer 'jana' laufen
$ ps aux | grep '^jana ' | wc -l
     5 # Beispielausgabe
```

`wc -l` ist besonders nützlich in Pipelines zum Zählen von Elementen oder Ergebnissen.

Duplikate entfernen

Der `uniq`-Befehl wird verwendet, um wiederholte Zeilen zu filtern oder zu melden. Er hat jedoch eine entscheidende Anforderung: **er erkennt nur benachbarte doppelte Zeilen**. Das bedeutet, Sie müssen die Eingabe fast immer zuerst mit `sort` sortieren, *bevor* Sie sie an `uniq` pipen.

Grundlegende Verwendung:

```
$ # Erstelle eine Datei mit Duplikaten
$ printf "apfel\nbanane\norange\napfel\nbanane\nbanane\n" > fruechte.txt
$ cat fruechte.txt
apfel
banane
orange
apfel
banane
banane

$ # Führe uniq ohne Sortierung aus - ineffektiv
$ uniq fruechte.txt
apfel
banane
orange
apfel
banane # Zeigt immer noch Duplikate, da sie nicht benachbart waren

$ # Zuerst sortieren, dann uniq - funktioniert!
$ sort fruechte.txt | uniq
apfel
banane
```

```
orange
```

Wichtige `uniq`**-Optionen:**

- `-c` (Count / Zählen): Stellt jeder Ausgabezeile eine Zählung voran, wie oft sie in der Eingabe hintereinander vorkam.

    ```
    $ sort fruechte.txt | uniq -c
          2 apfel
          3 banane
          1 orange
    ```

- `-d` (Duplicates / Duplikate): Druckt nur Zeilen, die mehr als einmal hintereinander vorkamen.

    ```
    $ sort fruechte.txt | uniq -d
    apfel
    banane
    ```

- `-u` (Unique / Eindeutig): Druckt nur Zeilen, die genau einmal hintereinander vorkamen.

    ```
    $ sort fruechte.txt | uniq -u
    orange
    ```

Denken Sie an die goldene Regel: `sort` vor `uniq` für aussagekräftige Ergebnisse über die gesamte Eingabe.

Zeichen übersetzen

Der `tr`-Befehl wird verwendet, um Zeichen zu übersetzen (**tr**anslate) oder zu löschen. Er liest von der Standardeingabe und schreibt den modifizierten Text in die Standardausgabe.

Grundlegende Verwendung:

1. **Übersetzen:** `tr 'MENGE1' 'MENGE2'` Ersetzt jedes in `MENGE1` gefundene Zeichen durch das entsprechende Zeichen in `MENGE2`. `MENGE1` und `MENGE2` sind Zeichenketten.

```
$ # Konvertiere Klein- in Großbuchstaben
$ echo "Hallo Welt" | tr 'a-z' 'A-Z'
HALLO WELT

$ # Einfache Substitution (Caesar-Chiffre)
$ echo "HAL" | tr 'ABCDEFGHIJKLMNOPQRSTUVWXYZ'
'BCDEFGHIJKLMNOPQRSTUVWXYZA'
IBM
```

Sie können Zeichenbereiche wie a-z, A-Z, 0-9 und spezielle Zeichenklassen wie [:lower:], [:upper:], [:digit:], [:punct:], [:space:] verwenden.

2. **Löschen:** tr -d 'MENGE' Löscht alle in MENGE gefundenen Zeichen.

```
$ # Lösche alle Vokale (Groß-/Kleinschreibung ignorieren)
$ echo "Programmieren macht Spass" | tr -d 'aeiouAEIOU'
Prgrmmrn mcht Spss

$ # Lösche alle Ziffern
$ echo "Bestellung 123 für 45.67€" | tr -d '[:digit:]'
Bestellung  für .€
```

tr eignet sich hervorragend für einfache Manipulationen auf Zeichenebene wie die Konvertierung der Groß-/Kleinschreibung oder das Entfernen bestimmter Zeichentypen.

Unterschiede finden

Wenn Sie zwei Versionen einer Datei haben (z. B. eine Original-Konfigurationsdatei und eine von Ihnen geänderte), wie sehen Sie genau, was sich geändert hat? Der diff-Befehl vergleicht zwei Dateien Zeile für Zeile und meldet die Unterschiede.

Grundlegende Verwendung:

```
$ cp himmelskoerper.txt planeten_v1.txt
$ # Mache einige Änderungen an himmelskoerper.txt
$ sed -i 's/Mars/Roter Planet/' himmelskoerper.txt
$ sed -i '/Pluto/d' himmelskoerper.txt # Lösche die Pluto-Zeile
$ diff planeten_v1.txt himmelskoerper.txt
4c4
< Mars
---
> Roter Planet
```

```
9d8
< Pluto (Zwergplanet)
```

Verständnis der Standardausgabe:

- `NcM`: Zeilennummer(n) `N` in Datei1 müssen geändert (c), gelöscht (d) oder hinzugefügt (a) werden, relativ zu Zeilennummer(n) `M` in Datei2.
- `< Zeile`: Eine Zeile aus Datei1, die entfernt oder geändert werden muss.
- `> Zeile`: Eine Zeile aus Datei2, die hinzugefügt werden muss oder Teil einer Änderung ist.
- `---`: Trennzeichen zwischen Zeilen aus Datei1 und Datei2 in einem Änderungsblock (c).

Das Standardformat ist etwas kryptisch. Das **vereinheitlichte Format** (`-u`) ist viel gebräuchlicher und leichter zu lesen:

```
$ diff -u planeten_v1.txt himmelskoerper.txt
--- planeten_v1.txt     2024-07-23 19:10:01.000000000 +0200
+++ himmelskoerper.txt  2024-07-23 19:10:30.000000000 +0200
@@ -1,11 +1,10 @@
 Merkur
 Venus
 Erde
-Mars
+Roter Planet
 Jupiter
 Saturn
 Uranus
 Neptun
-Pluto (Zwergplanet)
 Unser Mond
 Phobos
 Deimos
```

Erklärung des vereinheitlichten Formats:

- `--- datei1 zeitstempel`: Kopfzeile für die Originaldatei.
- `+++ datei2 zeitstempel`: Kopfzeile für die neue Datei.
- `@@ -zeile1,anzahl1 +zeile2,anzahl2 @@`: Ein „Hunk"-Header (Abschnitt), der die Zeilennummer und die Anzahl der Zeilen aus jeder Datei zeigt, die von diesem Unterschiedsblock abgedeckt werden.
- Zeilen mit vorangestellt: Kontextzeilen (unverändert, zur Verdeutlichung gezeigt).

- Zeilen mit – vorangestellt: Zeilen, die in Datei1 vorhanden, aber in Datei2 *entfernt* wurden.
- Zeilen mit + vorangestellt: Zeilen, die in Datei2 *hinzugefügt* wurden und nicht in Datei1 waren.

Andere wichtige `diff`-Optionen:

- `-i`: Ignoriert Unterschiede in der Groß-/Kleinschreibung.
- `-w`: Ignoriert Änderungen im Leerraum (Leerzeichen, Tabulatoren).
- `-r`: Vergleicht Verzeichnisse rekursiv und zeigt Unterschiede in den darin enthaltenen Dateien.

`diff` (insbesondere `diff -u`) ist essentiell für Code-Reviews, das Verfolgen von Konfigurationsänderungen und das Erstellen von Patches (Dateien, die Änderungen beschreiben und mit dem `patch`-Befehl angewendet werden können).

Spalten extrahieren

Wenn Sie bestimmte Spalten oder Zeichenpositionen aus Zeilen extrahieren müssen und `awk` wie ein Overkill erscheint, ist `cut` eine einfachere Alternative. Es „schneidet" angegebene Teile aus jeder Zeile heraus.

Wichtige Optionen:

- `-f FELDLISTE` (Fields / Felder): Wählt Felder aus. Erfordert ein Trennzeichen (normalerweise mit `-d` angegeben). Felder werden ab 1 nummeriert. FELD-LISTE kann eine einzelne Zahl (`-f 1`), kommagetrennt (`-f 1,3`) oder ein Bereich (`-f 2-4`) sein.
- `-d TRENNZEICHEN` (Delimiter / Trennzeichen): Gibt das Zeichen an, das Felder trennt, wenn `-f` verwendet wird. Der Standard ist das Tabulatorzeichen.
- `-c ZEICHENLISTE` (Characters / Zeichen): Wählt spezifische Zeichenpositionen aus. Positionen beginnen bei 1. ZEICHENLISTE kann einzeln (`-c 1`), kommagetrennt (`-c 1,3,5`) oder ein Bereich (`-c 1-10`) sein.

Beispiele:

```
$ # Extrahiere Benutzernamen (Feld 1) aus /etc/passwd, verwende ':' als
Trennzeichen
$ head -n 3 /etc/passwd | cut -d ':' -f 1
root
daemon
bin
```

```
$ # Extrahiere Benutzernamen (Feld 1) und Shell (Feld 7)
$ head -n 3 /etc/passwd | cut -d ':' -f 1,7
root:/bin/bash
daemon:/usr/sbin/nologin
bin:/usr/sbin/nologin

$ # Extrahiere die ersten 10 Zeichen jeder Zeile
$ cut -c 1-10 himmelskoerper.txt
Merkur
Venus
Erde
Roter Plan
Jupiter
Saturn
Uranus
Neptun
Unser Mond
Phobos
Deimos
```

cut ist einfach und effizient zum Extrahieren von Spalten mit fester Position oder Trennzeichen, wenn Sie die erweiterte Logik von awk nicht benötigen.

Dateien zeilenweise verbinden

Schließlich schauen wir uns das Kombinieren von Dateien an.

paste

Der paste-Befehl fügt entsprechende Zeilen aus mehreren Dateien zusammen, nebeneinander platziert, standardmäßig durch einen Tabulator getrennt.

Erstellen wir zwei Dateien:

```
$ printf "Merkur\nVenus\nErde\n" > planeten_innen.txt
$ printf "Gestein\nHeiss\nBewohnbar\n" > planeten_beschr.txt

$ paste planeten_innen.txt planeten_beschr.txt
Merkur    Gestein
Venus     Heiss
Erde      Bewohnbar
```

- **-d** TRENNZEICHEN: Verwendet ein anderes Trennzeichen anstelle von Tab.
  `paste -d ',' datei1 datei2`.

- **-s** (Serial / Seriell): Verkettet Zeilen aus *einer* Datei nacheinander, getrennt
  durch Tabulatoren.

```
$ paste -s planeten_innen.txt
Merkur    Venus    Erde
```

join

Der `join`-Befehl ist anspruchsvoller. Er führt einen Join im Stil einer relationalen
Datenbank für zwei Dateien durch und kombiniert Zeilen, die ein identisches **Join-
Feld** haben (standardmäßig das erste Feld). **Wichtig:** Damit `join` korrekt funktioniert,
müssen beide Eingabedateien normalerweise zuerst **sortiert** nach dem Join-Feld sein!

Erstellen wir zwei sortierte Dateien mit einer gemeinsamen ID:

```
$ printf "101:Alice\n102:Bob\n103:Charlie\n" | sort > namen.txt
$ printf "101:Admin\n103:Dev\n104:QA\n" | sort > rollen.txt

$ cat namen.txt
101:Alice
102:Bob
103:Charlie
$ cat rollen.txt
101:Admin
103:Dev
104:QA

$ # Joine auf dem ersten Feld (Standard), verwende ':' als Trennzeichen
$ join -t ':' namen.txt rollen.txt
101:Alice:Admin
103:Charlie:Dev
```

Beachten Sie, dass nur Zeilen mit übereinstimmenden IDs (101 und 103) in der Ausgabe erscheinen. Bob (102) und QA (104) wurden ausgeschlossen, weil sie keine Übereinstimmung in der anderen Datei hatten. `join` hat viele Optionen (`-1` FELD, `-2` FELD,
`-o` FORMAT), um zu steuern, auf welchen Feldern gejoint wird und wie die Ausgabe
formatiert wird, was es leistungsstark für das Kombinieren zusammengehöriger
Datensätze macht.

Kapitelzusammenfassung

Dieses Kapitel hat Sie mit einem vielseitigen Arsenal an Textverarbeitungs-Dienstprogrammen bewaffnet. Sie haben gelernt, mit `grep` nach Mustern zu suchen, mit `sed` Stream-Bearbeitungen (insbesondere Substitutionen) durchzuführen und mit `awk` feldbasierte Daten mächtig zu handhaben. Wir haben das Organisieren von Zeilen mit `sort`, das Zählen von Zeilen, Wörtern und Zeichen mit `wc` und das Entfernen benachbarter Duplikate aus sortierter Eingabe mit `uniq` behandelt. Sie haben gesehen, wie man mit `tr` Zeichen übersetzt oder löscht, mit `diff` Dateien vergleicht, um Unterschiede zu finden, und mit `cut` spezifische Spalten oder Zeichenpositionen extrahiert. Schließlich haben wir uns das Nebeneinanderstellen von Dateien mit `paste` und das Zusammenführen basierend auf gemeinsamen Feldern mit `join` angesehen.

Diese Werkzeuge sind die Arbeitspferde der Textmanipulation auf der Kommandozeile. Einzeln nützlich, entfaltet sich ihre wahre Kraft in Kombination in Pipelines, die es Ihnen ermöglichen, Textdaten auf unzählige Arten zu filtern, zu transformieren und zu analysieren. Obwohl sie mächtig sind, denken Sie daran, dass für sehr komplexe Analysen (wie striktes JSON oder XML) dedizierte Werkzeuge oder Skripting möglicherweise besser geeignet sind, aber für die überwiegende Mehrheit der textbasierten Aufgaben unter Linux sind diese Dienstprogramme unverzichtbar.

Nachdem Sie nun nicht nur Befehle erteilen, sondern auch deren textuelle Ausgabe effektiv verarbeiten können, sind Sie bereit für den nächsten großen Schritt: das Schreiben Ihrer eigenen Befehle! In Kapitel 10 werden wir endlich in die Welt des **Shell-Skriptings** eintauchen, wo Sie lernen werden, diese Befehle und Shell-Funktionen in wiederverwendbaren Skripten zu kombinieren, um Ihre Aufgaben zu automatisieren.

10

Dein erstes Skript schreiben

Du hast einen langen Weg zurückgelegt! Du kannst souverän in Linux navigieren, Dateien und Verzeichnisse verwalten, das kritische Berechtigungssystem verstehen, mächtige Textverarbeitungswerkzeuge wie die in Kapitel 9 einsetzen und sogar deine Shell-Umgebung anpassen (Kapitel 8). Du hast gelernt, Befehle mit Pipes und Umleitungen zu verketten (Kapitel 6), um ziemlich komplexe Aufgaben auszuführen. Aber was ist, wenn du dieselbe Befehlssequenz wiederholt ausführen musst? Oder was ist, wenn die Sequenz lang und anfällig für Tippfehler ist? Alles jedes Mal manuell einzutippen ist ineffizient und fehleranfällig. Es ist Zeit für den nächsten Sprung: Automatisiere deine Arbeit durch das Schreiben von **Shell-Skripten**. Dieses Kapitel markiert den Beginn deiner Reise ins Skripting, wo du lernen wirst, Befehle in wiederverwendbare Dateien zu bündeln, was dich wesentlich produktiver macht und das wahre Potenzial der Kommandozeile erschließt.

Was ist ein Shell-Skript? Warum sie schreiben?

Im Kern ist ein Shell-Skript unglaublich einfach: Es ist nur eine **einfache Textdatei, die eine Abfolge von Befehlen enthält**, die du normalerweise am Shell-Prompt eingeben würdest. Anstatt sie einzeln einzutippen, packst du sie in die Datei, und dann sagst du der Shell (wie Bash), dass sie alle Befehle in dieser Datei ausführen soll, von oben nach unten.

Stell es dir vor wie das Aufschreiben eines Rezepts. Anstatt sich jeden Schritt zu merken („Mehl hinzufügen", „Zucker hinzufügen", „mischen") und ihn jedes Mal manuell auszuführen, wenn du einen Kuchen backen möchtest, schreibst du das Rezept auf. Jetzt kann jeder (oder jede Shell) dem Rezept folgen, um konsistent das gleiche Ergebnis zu erzielen.

Warum also die Mühe machen, Skripte zu schreiben?

1. **Automatisierung**: Das ist der größte Gewinn. Wenn du eine Aufgabe hast, die mehrere Befehle umfasst und die du regelmäßig ausführst (wie das Sichern von Dateien, das Erstellen eines Berichts, das Aufräumen temporärer Verzeichnisse), kannst du diese Befehle in ein Skript packen und die gesamte Sequenz mit einer einzigen Aktion ausführen. Das spart enorme Mengen an Zeit und Mühe.
2. **Konsistenz**: Skripte stellen sicher, dass Aufgaben jedes Mal exakt gleich ausgeführt werden. Dies eliminiert Fehler, die durch Tippfehler oder vergessene Schritte bei der manuellen Ausführung von Befehlen entstehen.
3. **Effizienz**: Das Ausführen eines Skripts ist viel schneller als das einzelne Eintippen vieler Befehle, insbesondere komplexer.
4. **Anpassung**: Du kannst im Wesentlichen deine eigenen benutzerdefinierten Befehle erstellen, die auf deine spezifischen Bedürfnisse zugeschnitten sind, indem du vorhandene Linux-Dienstprogramme auf neuartige Weise innerhalb eines Skripts kombinierst.
5. **Teilen**: Du kannst deine Skripte einfach mit Kollegen oder der breiteren Community teilen, sodass andere von deinen automatisierten Arbeitsabläufen profitieren können.

Shell-Skripting schließt die Lücke zwischen der Verwendung einzelner Befehle und vollwertiger Programmierung und bietet eine leistungsstarke Möglichkeit zur Automatisierung von Systemadministration, Entwicklungsaufgaben, Datenverarbeitung und vielem mehr.

Eine Skriptdatei erstellen

Erstellen wir unsere allererste Skriptdatei. Wie erwähnt, ist es nur eine Textdatei. Du kannst jeden beliebigen Texteditor verwenden. Wir haben nano und vim in Kapitel 4 vorgestellt; nano ist für Anfänger oft einfacher.

Navigiere zu deinem `spielwiese`-Verzeichnis (`cd ~/spielwiese`), wo wir sicher experimentieren können. Erstellen wir eine Datei für unser Skript. Es ist üblich, Shell-Skriptdateien die Erweiterung `.sh` zu geben, obwohl Linux dies nicht zwingend erfordert. Die Erweiterung hilft Menschen (und manchmal anderen Werkzeugen), die Datei als Shell-Skript zu identifizieren. Gute Dateinamen sind normalerweise beschreibend, kleingeschrieben und verwenden möglicherweise Unterstriche zur Trennung von Wörtern.

```
$ cd ~/spielwiese
$ nano erstes_skript.sh
```

Dies öffnet den `nano`-Editor, bereit für die Eingabe deiner Skriptbefehle.

Die Shebang-Zeile erklärt

Die allererste Zeile fast jedes Shell-Skripts, das du schreibst, sollte das sein, was als **Shebang** (manchmal auch „Hashbang") bekannt ist. Sie sieht so aus:

```
#!/bin/bash
```

Schlüsseln wir das auf:

- `#`: Normalerweise kennzeichnet das Rautezeichen einen Kommentar in Shell-Skripten (wie wir gleich sehen werden).
- `!`: Wenn jedoch `#!` als die *allersten beiden Zeichen* einer Datei erscheinen, haben sie eine besondere Bedeutung für den Linux-Kernel.
- `/bin/bash`: Dies ist der absolute Pfad zum Programm (dem **Interpreter**), das verwendet werden soll, um den Rest der Befehle in dieser Datei auszuführen.

Im Wesentlichen teilt die Shebang-Zeile dem System mit: „Wenn jemand versucht, diese Datei direkt als ausführbare Datei auszuführen, versuche nicht, sie selbst auszuführen; übergib stattdessen die gesamte Datei an das `/bin/bash`-Programm und lass *es* die Ausführung übernehmen."

Da sich dieses Buch auf Bash-Skripting konzentriert, ist `#!/bin/bash` der Shebang, den du am häufigsten verwenden wirst. Du könntest jedoch auf Skripte stoßen, die andere Interpreter verwenden:

- `#!/bin/sh`: Verwendet die standardmäßige POSIX-konforme Shell (oft eine einfachere Version von Bash oder eine ganz andere Shell wie `dash`). Skripte, die für `/bin/sh` geschrieben wurden, sind tendenziell portabler über verschiedene UNIX-ähnliche Systeme hinweg, können aber einige Bash-spezifische Funktionen vermissen lassen.

- `#!/usr/bin/env python3`: Für ein Python 3-Skript.
- `#!/usr/bin/perl`: Für ein Perl-Skript.

Für unsere Zwecke, **beginne deine Bash-Skripte immer mit** `#!/bin/bash`. Es stellt sicher, dass dein Skript von der Bash-Shell interpretiert wird, über die wir lernen, auch wenn der Benutzer, der es ausführt, eine andere Standard-Shell hat.

Also, tippe dies in deinem `nano`-Editor als allererste Zeile von `erstes_skript.sh` ein:

```
#!/bin/bash
```

Fügen wir nun einige tatsächliche Befehle unterhalb der Shebang-Zeile hinzu.

Kommentare hinzufügen

Bevor wir Befehle hinzufügen, sprechen wir über Kommentare. Jede Zeile in einem Shell-Skript, die mit einem Rautezeichen (#) beginnt, *außer* der Shebang-Zeile, wird als **Kommentar** behandelt. Die Shell ignoriert Kommentare bei der Ausführung des Skripts vollständig.

Warum Kommentare verwenden?

- **Erkläre das *Warum***: Beschreibe den Zweck eines kniffligen Befehls oder eines bestimmten Abschnitts des Skripts.
- **Erkläre das *Wie***: Kläre komplexe Logik oder nicht offensichtliche Schritte.
- **Metadaten:** Füge Informationen wie Autor, Erstellungsdatum, Gebrauchsanweisungen hinzu.
- **Debugging**: Kommentiere Codezeilen vorübergehend aus („auskommentieren"), um sie zu deaktivieren, ohne sie zu löschen.

Gute Kommentare machen deine Skripte verständlich, sowohl für andere als auch für dein zukünftiges Ich, wenn du das Skript Monate später wieder besuchst!

Fügen wir unserem Skript in `nano` einige Kommentare hinzu:

```
#!/bin/bash
# Mein erstes Shell-Skript
# Autor: Dein Name
# Datum: 23. Juli 2024
#
```

```
# Dieses Skript demonstriert grundlegende Befehle und Kommentare.
```

Grundlegende Befehle in einem Skript ausführen

Nun zum Hauptereignis: das Hinzufügen von Linux-Befehlen, die tatsächlich *etwas tun*. Fügen wir unserer Datei `erstes_skript.sh` unterhalb der Kommentare einige einfache Befehle hinzu, die wir bereits kennen.

```
#!/bin/bash
# Mein erstes Shell-Skript
# Autor: Dein Name
# Datum: 23. Juli 2024
#
# Dieses Skript demonstriert grundlegende Befehle und Kommentare.

echo "Starte mein erstes Skript!" # Gib eine Startnachricht aus

echo "Mein aktueller Standort ist:"
pwd # Zeige das aktuelle Arbeitsverzeichnis

echo "Der Inhalt dieses Verzeichnisses ist:"
ls # Liste die Dateien auf

echo "Skript beendet." # Gib eine Endnachricht aus
```

Stelle sicher, dass die Befehle genau so eingegeben werden, wie du es am Prompt tun würdest. Speichere nun die Datei und beende nano (drücke Strg+O, dann Enter, dann Strg+X).

Du hast dein erstes Skript geschrieben! Aber wie führst du es aus?

Dein Skript ausführen

Es gibt zwei primäre Methoden, um die in deiner `erstes_skript.sh`-Datei enthaltenen Befehle auszuführen.

Methode 1: Die Shell direkt verwenden

Du kannst dem bash-Interpreter explizit mitteilen, die Befehle in deiner Skriptdatei zu lesen und auszuführen, indem du den Dateinamen des Skripts als Argument an bash übergibst:

```
$ bash erstes_skript.sh
Starte mein erstes Skript!
Mein aktueller Standort ist:
/home/jana/spielwiese
Der Inhalt dieses Verzeichnisses ist:
Archiv                meinedaten.txt        spielwiese_inhalt.txt
himmelskoerper.txt  meinskript.sh         planeten_sicherung.txt
kombiniertes_log.log   Notizen              planeten_innen.txt
daten.txt              planeten.txt         planeten_v1.txt
find_fehler.log       planeten_beschr.txt   Privatkram
erstes_skript.sh      spielwiese_liste.log  Textdateien
LogsSicherung
Skript beendet.
```

Wie es funktioniert:

- Du führst das bash-Programm aus.
- bash liest die Datei erstes_skript.sh Zeile für Zeile.
- Es ignoriert Kommentare und die Shebang-Zeile (da *es* bereits Bash ist).
- Es führt jeden Befehl (echo, pwd, ls, echo) aus, genau als hättest du sie interaktiv eingegeben.

Beachte, dass die Skriptdatei für diese Methode **keine Ausführungsberechtigung benötigt**. bash benötigt nur die Berechtigung, die Datei zu *lesen*. Dies ist eine schnelle Methode, um ein Skript auszuführen, insbesondere eines, das du gerade geschrieben oder heruntergeladen hast.

Methode 2: Es ausführbar machen

Die konventionellere Methode, ein Skript auszuführen, insbesondere eines, das du wie einen regulären Befehl verwenden möchtest, besteht darin, es direkt ausführbar zu machen. Dies erfordert zwei Schritte:

1. **Ausführungsberechtigung hinzufügen:** Wie wir in Kapitel 5 gelernt haben, benötigen Dateien die Ausführungsberechtigung (x), damit das System sie als Programme ausführen darf. Wir verwenden dafür den chmod-Befehl. Die

Option +x fügt die Ausführungsberechtigung für den Benutzer (Besitzer), die Gruppe und andere hinzu, was normalerweise ausreicht.

```
$ ls -l erstes_skript.sh # Berechtigungen vorher prüfen
-rw-r--r-- 1 jana jana 229 Jul 23 20:15 erstes_skript.sh
$ chmod +x erstes_skript.sh
$ ls -l erstes_skript.sh # Berechtigungen nachher prüfen
-rwxr-xr-x 1 jana jana 229 Jul 23 20:15 erstes_skript.sh
```

Siehst du die x-Zeichen, die in der Berechtigungszeichenfolge erschienen sind? Jetzt weiß das System, dass es ausgeführt werden *kann*.

2. **Das Skript ausführen:** Nun, da es die Ausführungsberechtigung hat, denkst du vielleicht, du kannst einfach erstes_skript.sh eingeben. Probier es aus:

```
$ erstes_skript.sh
bash: erstes_skript.sh: command not found...
```

Warum hat das nicht funktioniert? Erinnerst du dich an die $PATH-Variable aus Kapitel 8? Die Shell sucht nur in den im $PATH aufgelisteten Verzeichnissen nach Befehlen. Aus Sicherheitsgründen ist das **aktuelle Verzeichnis (.) typischerweise nicht im $PATH enthalten**. Wäre es das, könnte jemand ein bösartiges Skript namens ls in einem Verzeichnis platzieren, dich dazu bringen, es auszuführen, und Schaden anrichten.

Um eine ausführbare Datei auszuführen, die sich in deinem aktuellen Verzeichnis befindet, aber nicht in deinem $PATH, musst du der Shell *genau* sagen, wo sie ist, indem du einen **Pfad** dorthin angibst. Der Pfad zum aktuellen Verzeichnis wird durch einen einzelnen Punkt (.) repräsentiert. Du musst es also so ausführen:

```
$ ./erstes_skript.sh
Starte mein erstes Skript!
Mein aktueller Standort ist:
/home/jana/spielwiese
Der Inhalt dieses Verzeichnisses ist:
Archiv              meinedaten.txt         spielwiese_inhalt.txt
himmelskoerper.txt  meinskript.sh          planeten_sicherung.txt
kombiniertes_log.log    Notizen            planeten_innen.txt
daten.txt           planeten.txt           planeten_v1.txt
find_fehler.log     planeten_beschr.txt    Privatkram
erstes_skript.sh    spielwiese_liste.log   Textdateien
LogsSicherung
```

```
Skript beendet.
```

Wie es funktioniert:

- Du sagst der Shell, sie soll die Datei ausführen, die sich unter `./erstes_skript.sh` befindet (die Datei `erstes_skript.sh` im aktuellen Verzeichnis `.`).
- Der Kernel sieht, dass die Datei die Ausführungsberechtigung hat.
- Er schaut auf die allererste Zeile und sieht den Shebang `#!/bin/bash`.
- Der Kernel ruft den `/bin/bash`-Interpreter auf.
- `/bin/bash` liest dann den Rest der Datei `erstes_skript.sh` und führt die darin enthaltenen Befehle aus.

Das `./`-Präfix ist essentiell, wenn ausführbare Dateien (einschließlich Skripte) ausgeführt werden, die sich im aktuellen Verzeichnis befinden. Wenn du das Skript in ein Verzeichnis verschoben hättest, das *in* deinem `$PATH` liegt (wie `~/bin`, falls du eines erstellt und zum `$PATH` hinzugefügt hast), könntest du es nur durch Eingabe von `erstes_skript.sh` ausführen.

Ein Skript ausführbar zu machen (`chmod +x`) und es mit `./skript_name` auszuführen, ist die Standardmethode, um deine Skripte wie benutzerdefinierte Befehle zu behandeln.

Ein etwas komplexeres Beispiel

Erstellen wir ein weiteres Skript, `notizen_organisieren.sh`, das etwas mehr Arbeit leistet: Es erstellt ein datiertes Verzeichnis innerhalb von `Notizen` und verschiebt eine hypothetische Datei `entwurfsnotizen.txt` dorthin.

```
$ nano notizen_organisieren.sh
```

Füge den folgenden Inhalt hinzu:

```
#!/bin/bash
# notizen_organisieren.sh - Erstellt ein datiertes Unterverzeichnis in Notizen
# und verschiebt entwurfsnotizen.txt dorthin.

echo "Starte Notizenorganisation..."

# Definiere das Haupt-Notizenverzeichnis (mit einer Variablen!)
```

```
NOTIZEN_VERZ="$HOME/spielwiese/Notizen"
ENTWURF_DATEI="$HOME/spielwiese/entwurfsnotizen.txt" # Annahme, diese Datei
existiert

# Erstelle einen Verzeichnisnamen basierend auf dem aktuellen Datum (JJJJ-MM-TT)
# Wir verwenden hier Befehlssubstitution $(...) - mehr dazu in Kapitel 11!
HEUTIGES_DATUM=$(date +%Y-%m-%d)
ZIEL_VERZ="$NOTIZEN_VERZ/$HEUTIGES_DATUM"

echo "Zielverzeichnis wird sein: $ZIEL_VERZ"

# Erstelle das Zielverzeichnis, -p stellt sicher, dass übergeordnete
Verzeichnisse existieren
# und beschwert sich nicht, wenn das Verzeichnis bereits existiert.
mkdir -p "$ZIEL_VERZ"
echo "$ZIEL_VERZ erstellt (oder Existenz sichergestellt)"

# Prüfe, ob die Entwurfsdatei tatsächlich existiert, bevor versucht wird, sie zu
verschieben
if [ -f "$ENTWURF_DATEI" ]; then
  echo "Verschiebe $ENTWURF_DATEI nach $ZIEL_VERZ..."
  mv "$ENTWURF_DATEI" "$ZIEL_VERZ/"
else
  echo "Warnung: $ENTWURF_DATEI nicht gefunden. Nichts zu verschieben."
fi

echo "Notizenorganisation abgeschlossen."
```

Speichere und beende nano. Mache es nun ausführbar und führe es aus:

```
$ touch entwurfsnotizen.txt # Erstelle die Dummy-Datei zum Verschieben
$ chmod +x notizen_organisieren.sh
$ ./notizen_organisieren.sh
Starte Notizenorganisation...
Zielverzeichnis wird sein: /home/jana/spielwiese/Notizen/2024-07-23
/home/jana/spielwiese/Notizen/2024-07-23 erstellt (oder Existenz sichergestellt)
Verschiebe /home/jana/spielwiese/entwurfsnotizen.txt nach
/home/jana/spielwiese/Notizen/2024-07-23...
Notizenorganisation abgeschlossen.

$ ls Notizen/ # Überprüfe das Notizen-Verzeichnis
2024-07-23  wichtige_notizen.txt
$ ls Notizen/2024-07-23/ # Überprüfe das neue Unterverzeichnis
entwurfsnotizen.txt
```

Dieses Skript verwendet Variablen, Befehlssubstitution ($(...)) und sogar eine einfache if-Anweisung (wir werden diese bald richtig behandeln!), um eine nützlichere Aufgabe auszuführen. Es demonstriert, wie du beginnen kannst, Befehle und Shell-Funktionen zu kombinieren, um echte Werkzeuge zu bauen.

Kapitelzusammenfassung

Herzlichen Glückwunsch! Du bist offiziell ein Shell-Skripter geworden. In diesem Kapitel hast du gelernt, dass ein **Shell-Skript** einfach eine Textdatei mit Befehlen ist, konzipiert für **Automatisierung**, **Konsistenz** und **Effizienz**. Du hast gesehen, wie man eine Skriptdatei erstellt und die kritische Bedeutung der **Shebang**-Zeile (#!/bin/bash) zur Angabe des korrekten Interpreters verstanden. Wir haben die beiden Hauptmethoden zur Ausführung von Skripten behandelt: explizit mit dem Interpreter (bash skript.sh) oder indem das Skript **ausführbar** gemacht wird (chmod +x skript.sh) und über seinen Pfad (./skript.sh) ausgeführt wird, wobei verstanden wurde, warum das ./ normalerweise notwendig ist. Du hast auch den Wert des Hinzufügens von **Kommentaren** (#) für Lesbarkeit und Wartbarkeit gelernt. Wir haben ein einfaches Skript erstellt und ausgeführt und dann ein etwas komplexeres Beispiel, das die Leistungsfähigkeit andeutet, die sich aus der Kombination von Befehlen innerhalb einer Skriptstruktur ergibt.

Du kennst nun die Mechanik zum Erstellen und Ausführen einfacher Skripte. Aber unsere aktuellen Skripte sind statisch; sie tun jedes Mal dasselbe. Um sie wirklich dynamisch und interaktiv zu machen, müssen wir Variablen zur Speicherung sich ändernder Daten einführen, lernen, wie man Benutzereingaben erfasst, und verstehen, wie die Shell Anführungszeichen und Erweiterungen handhabt. Im nächsten Kapitel werden wir uns eingehender mit der Verwendung von Variablen in Skripten und dem Lesen von Benutzereingaben befassen, um deine Skripte wesentlich flexibler und leistungsfähiger zu machen.

11

Variablen verwenden und Eingaben lesen

Im vorherigen Kapitel hast du den aufregenden Schritt gemacht, deine ersten Shell-Skripte zu schreiben und gelernt, Befehle in ausführbare Dateien zu bündeln. Unsere anfänglichen Skripte waren einfach und führten jedes Mal dieselbe Befehlssequenz aus. Aber die wahre Stärke des Skriptings entfaltet sich, wenn du sie dynamisch machst – fähig, unterschiedliche Daten zu verarbeiten, auf sich ändernde Bedingungen zu reagieren oder mit dem Benutzer zu interagieren. Der Schlüssel zu dieser Dynamik liegt in **Variablen** und **Ein-/Ausgabe**. Dieses Kapitel vertieft die effektive Verwendung von Variablen *innerhalb* deiner Skripte, erkundet das entscheidende Konzept der Anführungszeichen (Quoting), das Erfassen der Ausgabe von Befehlen in Variablen, die Durchführung grundlegender Arithmetik und das Erlernen, wie du deine Skripte interaktiv gestalten kannst, indem du Eingaben direkt vom Benutzer oder aus Argumenten liest, die auf der Kommandozeile übergeben werden.

Variablen in Skripten definieren und verwenden

Wir haben Variablen kurz in Kapitel 8 bei der Anpassung der Umgebung angesprochen und sogar eine in unserem `notizen_organisieren.sh`-Skript verwendet. Nun wollen wir ihre Verwendung innerhalb von Skripten formalisieren.

Wie du gesehen hast, ist das Definieren einer Variablen unkompliziert:

```
variablen_name=wert
```

Erinnere dich an die Regeln:

- Keine Leerzeichen um das Gleichheitszeichen (=).
- Variablennamen verwenden typischerweise Buchstaben, Zahlen und Unterstriche und beginnen mit einem Buchstaben.
- Namen beachten die Groß-/Kleinschreibung (`DATEINAME` ist anders als `dateiname`). Konventionell sind benutzerdefinierte Variablen oft kleingeschrieben oder `snake_case` (Wörter_mit_Unterstrich), während vom System geerbte Umgebungsvariablen oft großgeschrieben sind (`UPPER_CASE`).

Um den in einer Variablen gespeicherten Wert zu verwenden, stellst du ihrem Namen ein Dollarzeichen ($) voran. Dies weist die Shell an, den Variablennamen durch seinen Wert zu **ersetzen**, bevor die Befehlszeile ausgeführt wird. Dies wird oft als **Variablenexpansion** bezeichnet.

Erstellen wir ein Skript, `variablen_demo.sh`, zur Veranschaulichung:

```
nano variablen_demo.sh
```

Füge den folgenden Inhalt hinzu:

```
#!/bin/bash
# variablen_demo.sh - Demonstriert das Definieren und Verwenden von Variablen

# Definiere einige Variablen
benutzer_name="Alice"
benutzer_stadt="Wunderland"
datei_anzahl=5

# Verwende die Variablen in echo-Befehlen
```

```
echo "Verarbeite Daten für Benutzer: $benutzer_name"
echo "$benutzer_name lebt in $benutzer_stadt."
echo "Fand $datei_anzahl Dateien für $benutzer_name."

# Verwendung von geschweiften Klammern zur Verdeutlichung oder Verkettung
echo "Dateien gehören zu ${benutzer_name}_daten" # Klammern hier notwendig!
echo "Nächste Anzahl wird sein $datei_anzahl+1" # Gibt buchstäblich
$datei_anzahl+1 aus

# Variablen-Neuzuweisung
datei_anzahl=10
echo "Aktualisierte Datei-Anzahl: $datei_anzahl"
```

Speichere das Skript (Strg+O, Enter), mache es ausführbar (chmod +x variablen_demo.sh) und führe es aus (./variablen_demo.sh):

```
$ ./variablen_demo.sh
Verarbeite Daten für Benutzer: Alice
Alice lebt in Wunderland.
Fand 5 Dateien für Alice.
Dateien gehören zu Alice_daten
Nächste Anzahl wird sein 5+1
Aktualisierte Datei-Anzahl: 10
```

Wichtige Beobachtungen:

- Die Shell ersetzte $benutzer_name, $benutzer_stadt und $datei_anzahl durch ihre zugewiesenen Werte („Alice", „Wunderland", 5).
- In ${benutzer_name}_daten waren die geschweiften Klammern {} notwendig, um den Variablennamen (benutzer_name) klar vom unmittelbar folgenden literalen Text (_daten) zu trennen. Ohne die Klammern hätte die Shell nach einer Variablen namens benutzer_name_daten gesucht, die nicht existiert. Klammern sind eine gute Praxis, wann immer einer Variablen Text folgt, der Teil eines gültigen Variablennamens sein könnte.
- echo "Nächste Anzahl wird sein $datei_anzahl+1" gab die literale Zeichenkette 5+1 aus. Die Variablenexpansion fand statt, aber das +1 wurde nur als Text behandelt. Wir werden gleich sehen, wie man tatsächliche Arithmetik durchführt.
- Variablen können später im Skript neue Werte zugewiesen bekommen.

Variablen-Gültigkeitsbereich verstehen

Wie in Kapitel 8 erwähnt, sind in einem Skript definierte Variablen standardmäßig **lokal** für den Ausführungskontext dieses Skripts. Sie sind nicht automatisch für andere Skripte oder Befehle sichtbar, die dein Skript möglicherweise aufruft, es sei denn, du exportierst sie explizit.

Betrachten wir `skript_a.sh`:

```
#!/bin/bash
# skript_a.sh
lokale_var="Ich bin in Skript A"
export exportierte_var="Auch aus Skript A, aber exportiert"

echo "[Skript A] Lokale Var: $lokale_var"
echo "[Skript A] Exportierte Var: $exportierte_var"

echo "[Skript A] Rufe Skript B auf..."
# Annahme: skript_b.sh ist im selben Verzeichnis und ausführbar
./skript_b.sh
```

Und `skript_b.sh`:

```
#!/bin/bash
# skript_b.sh
echo "[Skript B] Versuche Zugriff auf lokale_var: $lokale_var"
echo "[Skript B] Versuche Zugriff auf exportierte_var: $exportierte_var"
```

Mache beide ausführbar (`chmod +x skript_a.sh skript_b.sh`) und führe `skript_a.sh` aus:

```
$ ./skript_a.sh
[Skript A] Lokale Var: Ich bin in Skript A
[Skript A] Exportierte Var: Auch aus Skript A, aber exportiert
[Skript A] Rufe Skript B auf...
[Skript B] Versuche Zugriff auf lokale_var:  # <-- Sie ist leer!
[Skript B] Versuche Zugriff auf exportierte_var: Auch aus Skript A, aber
exportiert
```

Wie erwartet, konnte `skript_b.sh` nur `exportierte_var` sehen, weil sie von `skript_a.sh` explizit exportiert wurde. Die `lokale_var` war auf `skript_a.sh` beschränkt. Wir werden den Gültigkeitsbereich weiter untersuchen, wenn wir Funktionen in Kapitel 14 besprechen. Merke dir vorerst, dass einfache Zuweisungen lokale Variablen erstellen und `export` sie zu Umgebungsvariablen für Kindprozesse macht.

Anführungszeichen sind wichtig

Wie du Zeichenketten (Strings) einschließt, die Variablen enthalten, macht einen großen Unterschied. Dies ist eine der häufigsten Quellen der Verwirrung für neue Skripter.

- **Doppelte Anführungszeichen ("..."): Schwache Anführung (Weak Quoting)**
    - Behält die meisten literalen Zeichen innerhalb der Anführungszeichen bei.
    - Erlaubt **Variablenexpansion** ($var), **Befehlssubstitution** ($(...) oder ``` `` ```) und **arithmetische Expansion** ($((...))).
    - Sonderzeichen wie $ (für Variablen), \ (Escape) und ` (Backtick für Befehlssubstitution) behalten ihre spezielle Bedeutung.
- **Einfache Anführungszeichen ('...'): Starke Anführung (Strong Quoting)**
    - Behält den **literalen Wert** *jedes* Zeichens innerhalb der Anführungszeichen bei.
    - **Keine** Variablenexpansion, Befehlssubstitution oder arithmetische Expansion findet statt. Alles wird als reiner Text behandelt.
- **Backticks (`` `befehl` ``): Veraltete Befehlssubstitution**
    - Dies ist die ältere Syntax für die Befehlssubstitution (siehe nächster Abschnitt). Sie wird im Allgemeinen zugunsten von $(...) **nicht empfohlen**, da sie schwerer zu lesen und zu verschachteln ist.

Sehen wir uns den Unterschied an:

```
#!/bin/bash
# quoting_demo.sh

der_benutzer="Bob"
der_befehl="pwd"

echo "Doppelte Anführungszeichen:"
echo "Benutzer: $der_benutzer, Befehlsausgabe: $($der_befehl), Mathe: $((10+5))"

echo "" # Leere Zeile zur Trennung
```

```
echo "Einfache Anführungszeichen:"
echo 'Benutzer: $der_benutzer, Befehlsausgabe: $($der_befehl), Mathe: $((10+5))'

echo ""

echo "Backticks (Veraltet):"
echo "Benutzer: $der_benutzer, Befehlsausgabe: `$der_befehl`"
```

Führe es aus:

```
$ ./quoting_demo.sh
Doppelte Anführungszeichen:
Benutzer: Bob, Befehlsausgabe: /home/jana/spielwiese, Mathe: 15

Einfache Anführungszeichen:
Benutzer: $der_benutzer, Befehlsausgabe: $($der_befehl), Mathe: $((10+5))

Backticks (Veraltet):
Benutzer: Bob, Befehlsausgabe: /home/jana/spielwiese
```

Analyse:

- **Doppelte Anführungszeichen:** Ersetzten `$der_benutzer` korrekt, führten den in `$der_befehl` gespeicherten Befehl mittels `$($der_befehl)` aus und führten die Arithmetik `$((10+5))` durch.
- **Einfache Anführungszeichen:** Druckten alles buchstäblich, einschließlich `$der_benutzer`, `$($der_befehl)` und `$((10+5))`. Keine Expansion oder Ausführung fand statt.
- **Backticks:** Funktionierten für die Befehlssubstitution, aber `$()` wird bevorzugt.

Faustregel:

- Verwende standardmäßig **doppelte Anführungszeichen**, wenn du Variablenexpansion oder Befehlssubstitution innerhalb einer Zeichenkette benötigst.
- Verwende **einfache Anführungszeichen**, wenn du eine Zeichenkette genau wie geschrieben darstellen möchtest, ohne Interpretation durch die Shell.
- Setze deine Variablen immer in Anführungszeichen (`echo "$meine_var"`), es sei denn, du weißt *genau*, dass die Shell Worttrennung oder Dateinamenserweiterung auf den Wert anwenden soll (fortgeschrittene Fälle). Anführungszeichen verhindern unerwartetes Verhalten, wenn der Wert der Variablen Leerzeichen oder Sonderzeichen enthält.

Befehlssubstitution

Wir haben dies bereits in den Anführungszeichen-Beispielen und in `notizen_organ-isieren.sh` kurz gesehen. Oft musst du die Ausgabe eines Befehls erfassen und in einer Variablen speichern, um sie später in deinem Skript zu verwenden. Dies nennt man **Befehlssubstitution**.

Die moderne und bevorzugte Syntax ist `$(befehl)`. Die Shell führt `befehl` innerhalb der Klammern aus, erfasst seine Standardausgabe und ersetzt diese Ausgabe zurück in die Befehlszeile.

```
#!/bin/bash
# cmd_subst_demo.sh

echo "Verwende Befehlssubstitution:"

# Hole aktuelles Datum und Uhrzeit
aktuelles_datumzeit=$(date +"%Y-%m-%d %H:%M:%S")
echo "Aktuelle Zeit: $aktuelles_datumzeit"

# Hole die Anzahl der Dateien im aktuellen Verzeichnis
anzahl_dateien=$(ls | wc -l)
echo "Anzahl der Dateien hier: $anzahl_dateien"

# Hole die Kernel-Version
kernel_version=$(uname -r)
echo "Kernel-Version: $kernel_version"

# Verwende das Ergebnis in weiteren Befehlen
echo "Erstelle Protokolldatei namens kernel_${kernel_version}.log"
touch "kernel_${kernel_version}.log"
ls kernel*.log
```

Führe es aus:

```
$ ./cmd_subst_demo.sh
Verwende Befehlssubstitution:
Aktuelle Zeit: 2024-07-23 21:10:45
Anzahl der Dateien hier:        18
Kernel-Version: 5.15.0-78-generic
Erstelle Protokolldatei namens kernel_5.15.0-78-generic.log
kernel_5.15.0-78-generic.log
```

Befehlssubstitution ist unglaublich mächtig. Sie ermöglicht es dir, dynamisch Dateinamen zu generieren, Dateilisten zu verarbeiten, Systeminformationen abzurufen und vieles mehr, indem du die Ausgabe jedes Befehls direkt in die Logik deines Skripts integrierst. Denke daran, die $(...)-Syntax zu verwenden.

Arithmetische Expansion

Was ist mit dem Beispiel `echo "Nächste Anzahl wird sein $datei_anzahl+1`, das nicht funktionierte? Um arithmetische Berechnungen in der Shell durchzuführen, benötigst du **arithmetische Expansion**, unter Verwendung der $((ausdruck))-Syntax.

Die Shell wertet den mathematischen `ausdruck` innerhalb der doppelten Klammern aus und ersetzt das Ergebnis.

```bash
#!/bin/bash
# arithmetik_demo.sh

zahl1=50
zahl2=15

# Grundoperationen
summe=$((zahl1 + zahl2))
differenz=$((zahl1 - zahl2))
produkt=$((zahl1 * zahl2)) # Sternchen benötigt normalerweise
Anführungszeichen/Escaping in der Shell
quotient=$((zahl1 / zahl2)) # Ganzzahlige Division
rest=$((zahl1 % zahl2)) # Modulo

echo "$zahl1 + $zahl2 = $summe"
echo "$zahl1 - $zahl2 = $differenz"
echo "$zahl1 * $zahl2 = $produkt"
echo "$zahl1 / $zahl2 = $quotient (ganzzahlige Division)"
echo "$zahl1 % $zahl2 = $rest"

# Inkrementieren einer Variablen
zaehler=0
echo "Initialer Zähler: $zaehler"
zaehler=$((zaehler + 1)) # Füge 1 hinzu
echo "Nach Inkrement: $zaehler"

# Kürzere Inkrement-Syntax (wie C)
((zaehler++)) # Hinweis: Kein '$' für Variablen innerhalb von ((...)) benötigt
echo "Nach ((zaehler++)): $zaehler"
```

```
# Vergleich innerhalb von ((...)) gibt 1 für wahr, 0 für falsch zurück.
# Nützlich in bedingten Kontexten (Kapitel 12)
echo "Ist $zahl1 > $zahl2 ? Ergebnis: $((zahl1 > zahl2)) (1 bedeutet wahr)"
```

Führe es aus:

```
$ ./arithmetik_demo.sh
50 + 15 = 65
50 - 15 = 35
50 * 15 = 750
50 / 15 = 3 (ganzzahlige Division)
50 % 15 = 5
Initialer Zähler: 0
Nach Inkrement: 1
Nach ((zaehler++)): 2
Ist 50 > 15 ? Ergebnis: 1 (1 bedeutet wahr)
```

(Hinweis: Die C-artige ((...)) ohne führendes $ kann auch zur arithmetischen Auswertung und Zuweisung verwendet werden, insbesondere für Inkremente/Dekremente, aber $((...)) wird für die Substitution in Strings/Befehle benötigt.)

Bash-Arithmetik verarbeitet nur **Ganzzahlen**. Für Fließkommaberechnungen benötigst du typischerweise externe Dienstprogramme wie bc oder awk.

```
$ num1=10
$ num2=3
$ # Verwendung von bc für Fließkommadivision
$ ergebnis=$(echo "scale=4; $num1 / $num2" | bc)
$ echo "$num1 / $num2 = $ergebnis"
10 / 3 = 3.3333
```

Daten vom Benutzer erhalten

Bisher waren unsere Variablen im Skript fest codiert. Um Skripte wirklich interaktiv zu machen, musst du oft den Benutzer um Eingaben bitten. Der eingebaute read-Befehl wird dafür verwendet. Er liest eine einzelne Zeile von der Standardeingabe (normalerweise die Tastatur) und weist sie einer oder mehreren Variablen zu.

Grundlegende Syntax:

```
read variablen_name
```

Versuchen wir ein interaktives Skript `benutzer_fragen.sh`:

```bash
#!/bin/bash
# benutzer_fragen.sh - Holt Eingaben vom Benutzer

echo "Hallo! Wie ist dein Name?"
read benutzer_name # Liest Eingabe bis Enter, speichert in benutzer_name

echo "Und in welcher Stadt lebst du?"
read benutzer_stadt

echo "Schön dich kennenzulernen, $benutzer_name aus $benutzer_stadt!"
```

Führe es aus:

```
$ ./benutzer_fragen.sh
Hallo! Wie ist dein Name?
Alice # <-- Vom Benutzer eingegeben
Und in welcher Stadt lebst du?
Wunderland # <-- Vom Benutzer eingegeben
Schön dich kennenzulernen, Alice aus Wunderland!
```

Nützliche `read`-Optionen:

*   `-p PROMPT` (Prompt): Zeigt den `PROMPT`-String auf derselben Zeile an, ohne nachfolgenden Zeilenumbruch, bevor auf Eingabe gewartet wird. Dies ist normalerweise sauberer als die Verwendung eines separaten echo.

    ```bash
    #!/bin/bash
    # read_prompt.sh
    read -p "Gib deinen Benutzernamen ein: " benutzername
    read -sp "Gib dein Passwort ein: " passwort # -s macht die Eingabe
    lautlos
    echo # Gib einen Zeilenumbruch nach der lautlosen Passworteingabe aus
    echo "Danke, $benutzername."
    ```

*   `-s` (Silent / Lautlos): Gibt die Benutzereingabe nicht auf dem Bildschirm aus. Ideal für Passwörter.

*   `-t TIMEOUT` (Timeout): Wartet nur `TIMEOUT` Sekunden auf Eingabe, bevor es fehlschlägt.

*   Mehrere Variablen lesen: `read var1 var2 var3 ...` liest die Zeile und teilt sie in Wörter (basierend auf Leerzeichen), wobei aufeinanderfolgende Wörter

var1, var2 usw. zugewiesen werden. Die letzte Variable erhält den Rest der
Zeile.

```
#!/bin/bash
# read_multi.sh
read -p "Gib Vornamen, Nachnamen, Alter ein: " vname nname alter
echo "Name: $vname $nname, Alter: $alter"
```

Führe es aus:

```
$ ./read_multi.sh
Gib Vornamen, Nachnamen, Alter ein: Bob Müller 42
Name: Bob Müller, Alter: 42
```

Der read-Befehl ist fundamental für die Erstellung interaktiver Skripte, die sich basierend auf Benutzerantworten anpassen.

Kommandozeilenargumente

Eine andere Möglichkeit, Informationen *in* ein Skript zu übergeben, ohne interaktive
Prompts zu verwenden, sind **Kommandozeilenargumente**. Dies sind die zusätzlichen
Wörter, die du nach dem Skriptnamen eingibst, wenn du es ausführst.

Innerhalb des Skripts sind diese Argumente über spezielle Positionsparameter verfügbar:

- $0: Der Name des Skripts selbst.
- $1: Das erste Argument nach dem Skriptnamen.
- $2: Das zweite Argument.
- $3: Das dritte Argument, und so weiter...
- $9: Das neunte Argument.
- ${10}, ${11}, ...: Für Argumente jenseits des 9. benötigst du geschweifte Klammern.

Andere spezielle Variablen im Zusammenhang mit Argumenten:

- $#: Die **Anzahl** der an das Skript übergebenen Argumente (ohne $0).
- $*: Alle Argumente als **einzelne Zeichenkette** dargestellt, verbunden durch
  das erste Zeichen der IFS-Variable (Internal Field Separator - normalerweise
  ein Leerzeichen). "$*" behandelt alle Argumente als ein Wort.

- $@: Alle Argumente als **getrennte Zeichenketten** dargestellt. "$@" behandelt jedes Argument als ein eigenständiges, in Anführungszeichen gesetztes Wort. Dies ist im Allgemeinen die **sicherste und nützlichste** Methode, um auf alle Argumente zu verweisen, insbesondere wenn sie Leerzeichen enthalten.

Erstellen wir `zeige_args.sh`:

```
#!/bin/bash
# zeige_args.sh - Zeigt Kommandozeilenargumente an

echo "Skriptname (\$0): $0"
echo "Anzahl der Argumente (\$#): $#"
echo "Erstes Argument (\$1): $1"
echo "Zweites Argument (\$2): $2"
echo "Drittes Argument (\$3): $3"

echo ""
echo "Alle Args als einzelne Zeichenkette (\$*): $*"
echo "Alle Args als getrennte Zeichenketten (\$@): $@"

echo ""
echo "Durchlaufe Args mit \"\$@\":"
for arg in "$@"
do
  echo "  Argument: $arg"
done
```

Mache es ausführbar und führe es mit einigen Argumenten aus, einschließlich einem mit Leerzeichen:

```
$ ./zeige_args.sh hallo welt "drittes arg mit leerzeichen" 123
Skriptname ($0): ./zeige_args.sh
Anzahl der Argumente ($#): 4
Erstes Argument ($1): hallo
Zweites Argument ($2): welt
Drittes Argument ($3): drittes arg mit leerzeichen

Alle Args als einzelne Zeichenkette ($*): hallo welt drittes arg mit leerzeichen
123
Alle Args als getrennte Zeichenketten ($@): hallo welt drittes arg mit
leerzeichen 123

Durchlaufe Args mit "$@":
  Argument: hallo
  Argument: welt
  Argument: drittes arg mit leerzeichen
```

```
Argument: 123
```

Kommandozeilenargumente ermöglichen es dir, flexible Skripte zu erstellen, die bei jeder Ausführung auf unterschiedliche Dateien oder mit unterschiedlichen Optionen arbeiten, ohne interaktive Eingaben zu erfordern. Zum Beispiel könnte `cp $1 $2` ein einfaches Skript sein, um die durch das erste Argument angegebene Datei unter dem Namen zu kopieren, der durch das zweite Argument gegeben ist.

Kapitelzusammenfassung

Dieses Kapitel hat deine Skriptfähigkeiten erheblich erweitert. Du hast gelernt, **Variablen** effektiv innerhalb von Skripten zur Datenspeicherung zu definieren und zu verwenden, sowie die Bedeutung des **Variablen-Gültigkeitsbereichs** (lokale vs. exportierte Umgebungsvariablen) verstanden. Wir haben die kritischen Unterschiede zwischen **einfachen Anführungszeichen** (literal) und **doppelten Anführungszeichen** (Expansion erlaubt) entwirrt und warum das Setzen von Variablen in Anführungszeichen (`"$var"`) normalerweise essentiell ist. Du hast entdeckt, wie man die Ausgabe von Befehlen mittels **Befehlssubstitution** `$()` erfasst und Ganzzahlmathematik mit **arithmetischer Expansion** `$((...))` durchführt. Wir haben Skripte interaktiv gemacht, indem wir Benutzereingaben mit dem `read`-Befehl und seinen nützlichen Optionen wie `-p` (Prompt) und `-s` (lautlos) gelesen haben. Schließlich hast du gelernt, wie man auf Daten zugreift, die dem Skript über **Kommandozeilenargumente** übergeben wurden, unter Verwendung von Positionsparametern (`$1`, `$2`, ...), der Argumentanzahl (`$#`) und den speziellen Variablen `$*` und `$@` (wobei `"$@"` für die meisten Anwendungsfälle bevorzugt wird).

Deine Skripte können nun dynamische Daten verarbeiten, Berechnungen durchführen und mit Benutzern oder Kommandozeileneingaben interagieren. Der nächste logische Schritt ist das Hinzufügen von Entscheidungsfähigkeiten. Wie kann ein Skript unterschiedliche Aktionen wählen, basierend auf Benutzereingaben, der Existenz einer Datei oder dem Ergebnis eines Befehls? Kapitel 12 führt bedingte Logik unter Verwendung von `if`-, `else`- und `case`-Anweisungen ein, wodurch deine Skripte intelligent verzweigen und sich anpassen können.

12

Entscheidungen treffen

Im letzten Kapitel haben wir unsere Skripte mit Dynamik versehen, indem wir Variablen, Befehlssubstitution und Benutzereingaben (sowohl interaktiv über `read` als auch durch Kommandozeilenargumente wie `$1`) verwendet haben. Deine Skripte können nun sich ändernde Daten verarbeiten. Aber was ist, wenn das Skript basierend auf diesen Daten unterschiedlich *reagieren* soll? Was ist, wenn es eine Aktion nur ausführen soll, wenn eine Datei existiert, oder wenn der Benutzer einen bestimmten Wert eingibt, oder wenn ein Befehl erfolgreich ist? Um dies zu erreichen, benötigen Skripte die Fähigkeit, Entscheidungen zu treffen, unterschiedliche Pfade basierend auf bestimmten Bedingungen zu verfolgen. Dieses Kapitel führt die grundlegenden Konzepte der **bedingten Logik** im Bash-Skripting ein. Wir werden die `if`-Anweisung untersuchen, lernen, wie man verschiedene Bedingungen mit `test` und dem modernen `[[ ... ]]`-Konstrukt prüft, und sehen, wie man mehrere Möglichkeiten mit `else`, `elif` und der vielseitigen `case`-Anweisung handhabt. Mach dich bereit, deinen Skripten das Denken beizubringen!

Die `if`-Anweisung

Das grundlegendste bedingte Konstrukt ist die `if`-Anweisung. Ihre Hauptaufgabe besteht darin, einen Block von Befehlen *nur dann* auszuführen, wenn eine bestimmte Bedingung wahr ist.

Die einfachste Struktur sieht so aus:

```
if <bedingungsbefehl>
then
  # Befehle, die ausgeführt werden, wenn die Bedingung wahr ist
  befehl1
  befehl2
  ...
fi # Markiert das Ende des if-Blocks
```

Wie es funktioniert:

1. Die Shell führt den `<bedingungsbefehl>` aus.
2. Sie prüft dann den **Exit-Status** dieses Befehls. Erinnere dich aus Kapitel 7, dass Befehle Erfolg oder Misserfolg über einen Exit-Status-Code melden (kurzzeitig in $? gespeichert). Ein Exit-Status von **Null (0)** bedeutet konventionell **Erfolg** (oder „wahr" im logischen Sinne), während jeder **Nicht-Null**-Exit-Status **Misserfolg** (oder „falsch") bedeutet.
3. Wenn der `<bedingungsbefehl>` mit dem Status **0 (wahr)** endet, führt die Shell die Befehle zwischen then und fi aus.
4. Wenn der `<bedingungsbefehl>` mit einem **Nicht-Null-Status (falsch)** endet, überspringt die Shell alle Befehle zwischen then und fi und fährt die Ausführung nach dem fi fort.

Das Schlüsselwort fi (if rückwärts geschrieben) ist essentiell, um das Ende des Blocks der if-Anweisung zu markieren.

Welche Art von `<bedingungsbefehl>` können wir verwenden? Buchstäblich *jeden* Befehl, der einen Exit-Status erzeugt! Ein gängiges Beispiel ist die Verwendung von grep, um zu prüfen, ob ein Muster existiert:

```
#!/bin/bash
# if_grep_demo.sh

DATEINAME="planeten.txt"
MUSTER="Erde"

echo "Prüfe, ob '$MUSTER' in '$DATEINAME' existiert..."

# grep -q macht grep leise (keine Ausgabe), es setzt nur den Exit-Status.
# 0 wenn gefunden (wahr), nicht-Null wenn nicht gefunden (falsch).
if grep -q "$MUSTER" "$DATEINAME"
then
  echo "'$MUSTER' wurde in der Datei gefunden!"
fi
```

```
# Prüfe auf ein Muster, das nicht existiert
if grep -q "Krypton" "$DATEINAME"
then
  echo "'Krypton' wurde in der Datei gefunden! (Dies sollte nicht ausgegeben
werden)"
fi


echo "Skript beendet."
```

Mache es ausführbar (chmod +x if_grep_demo.sh) und führe es aus:

```
$ ./if_grep_demo.sh
Prüfe, ob 'Erde' in 'planeten.txt' existiert...
'Erde' wurde in der Datei gefunden!
Skript beendet.
```

Der erste if-Block wurde ausgeführt, weil grep -q "Erde" planeten.txt erfolgreich war (Muster gefunden, Exit-Status 0). Der zweite if-Block wurde übersprungen, weil grep -q "Krypton" planeten.txt fehlschlug (Muster nicht gefunden, Nicht-Null-Exit-Status).

Obwohl die direkte Verwendung von Befehlen wie grep funktioniert, ist es üblicher, dedizierte Testbefehle für typische Bedingungen wie das Prüfen von Dateien oder den Vergleich von Werten zu verwenden.

Bedingungen testen

Anstatt sich ausschließlich auf den Exit-Status allgemeiner Befehle zu verlassen, bietet Bash einen eingebauten Befehl, der speziell für die Auswertung von Bedingungen innerhalb von if-Anweisungen entwickelt wurde: den test-Befehl.

Du kannst schreiben:

```
if test -f "$DATEINAME"
then
  echo "$DATEINAME existiert und ist eine reguläre Datei."
fi
```

test hat jedoch eine sehr gebräuchliche alternative Syntax unter Verwendung von eckigen Klammern [...]. Das Folgende ist *exakt äquivalent* zum obigen Befehl:

```
if [ -f "$DATEINAME" ] # Beachte die obligatorischen Leerzeichen nach [ und
vor ]
then
  echo "$DATEINAME existiert und ist eine reguläre Datei."
fi
```

Die öffnende Klammer [ist tatsächlich nur ein anderer Name für den `test`-Befehl! Die schließende Klammer] ist einfach als letztes Argument erforderlich, wenn die [-Form verwendet wird. **Entscheidend ist, dass Sie Leerzeichen haben müssen**, unmittelbar nach der öffnenden [und unmittelbar vor der schließenden]. Stellen Sie sich [als Befehlsnamen vor, und wie jeder Befehl muss er durch Leerzeichen von seinen Argumenten getrennt sein.

Der `test`-Befehl (und sein [-Alias) bietet zahlreiche Operatoren zur Durchführung verschiedener Arten von Prüfungen:

Dateitests

Diese Operatoren prüfen verschiedene Attribute von Dateien oder Verzeichnissen. Denken Sie daran, $DATEINAME sollte ordnungsgemäß in Anführungszeichen gesetzt werden, wenn er Leerzeichen enthalten könnte!

Operator	Wahr, wenn...	Beispiel
-e datei	datei existiert (beliebiger Typ)	[-e "$DATEINAME"]
-f datei	datei existiert und ist eine reguläre Datei (file)	[-f "$DATEINAME"]
-d datei	datei existiert und ist ein Verzeichnis (directory)	[-d "$VERZNAME"]
-r datei	datei existiert und ist für Sie lesbar (readable)	[-r "$DATEINAME"]
-w datei	datei existiert und ist für Sie schreibbar (writable)	[-w "$DATEINAME"]
-x datei	datei existiert und ist für Sie ausführbar (xecutable)	[-x "$SKRIPTNAME"]
-s datei	datei existiert und hat eine Größe (size) größer als Null	[-s "$DATENDATEI"]
-O datei	datei existiert und gehört (Owned by) Ihrer effektiven Benutzer-ID	[-O "$DATEINAME"]
-G datei	datei existiert und ihre Gruppe entspricht Ihrer effektiven Gruppen-ID	[-G "$DATEINAME"]

Beispielskript (datei_test_demo.sh):

```
#!/bin/bash
# datei_test_demo.sh

DATEI_ZUM_PRUEFEN="planeten.txt"
VERZ_ZUM_PRUEFEN="Notizen"
NICHT_EXISTENT="keine_solche_datei"

echo "Prüfe '$DATEI_ZUM_PRUEFEN'..."
```

```
if [ -e "$DATEI_ZUM_PRUEFEN" ]
then
  echo "  Existiert (-e)"
  if [ -f "$DATEI_ZUM_PRUEFEN" ]
  then
    echo "  Ist eine reguläre Datei (-f)"
  fi
  if [ -s "$DATEI_ZUM_PRUEFEN" ]
  then
    echo "  Ist nicht leer (-s)"
  fi
else
  echo "  Existiert NICHT (-e)" # Wir fügen 'else' bald formal hinzu
fi

echo "Prüfe '$VERZ_ZUM_PRUEFEN'..."
if [ -d "$VERZ_ZUM_PRUEFEN" ]
then
  echo "  Ist ein Verzeichnis (-d)"
fi

echo "Prüfe '$NICHT_EXISTENT'..."
if [ ! -e "$NICHT_EXISTENT" ] # '!' negiert den Test
then
  echo "  Existiert NICHT (! -e)"
fi
```

Führe es aus:

```
$ ./datei_test_demo.sh
Prüfe 'planeten.txt'...
  Existiert (-e)
  Ist eine reguläre Datei (-f)
  Ist nicht leer (-s)
Prüfe 'Notizen'...
  Ist ein Verzeichnis (-d)
Prüfe 'keine_solche_datei'...
  Existiert NICHT (! -e)
```

(Hinweis: Der !-Operator negiert das Ergebnis des Tests, der ihm folgt).

String-Vergleiche

Diese Operatoren vergleichen Textzeichenketten. **Es ist unerlässlich, Ihre Variablen in doppelte Anführungszeichen zu setzen**, wenn Sie String-Vergleiche durchführen, um Fehler zu vermeiden, falls die Variable leer ist oder Leerzeichen enthält.

Operator	Wahr, wenn...	Beispiel
string1 = string2	string1 ist **gleich** string2	["$ANTWORT" = "ja"]
string1 == string2	Auch **gleich** (lesbarer, Bash-Erweiterung)	["$USER" == "root"]
string1 != string2	string1 ist **nicht gleich** string2	["$STATUS" != "fertig"]
-z string	string hat die Länge **N**ull (zero) (ist leer)	[-z "$FEHLER_MSG"]
-n string	string hat eine Länge **ungleich Null** (non-zero) (ist nicht leer)	[-n "$BENUTZEREINGABE"]

Beispielskript (string_test_demo.sh):

```
#!/bin/bash
# string_test_demo.sh

name1="Alice"
name2="Bob"
leerer_string=""

if [ "$name1" = "Alice" ]
then
  echo "'$name1' ist gleich 'Alice'"
fi

if [ "$name1" != "$name2" ]
then
  echo "'$name1' ist nicht gleich '$name2'"
fi

if [ -z "$leerer_string" ]
then
  echo "leerer_string ist leer (-z)"
fi

if [ -n "$name1" ]
then
  echo "'$name1' ist nicht leer (-n)"
fi

# Wichtigkeit von Anführungszeichen
knifflige_var="Enthält  Leerzeichen"
```

```
# if [ $kniffige_var = "Enthält  Leerzeichen" ] # Dies könnte fehlschlagen!
# then ... fi
if [ "$kniffige_var" = "Enthält  Leerzeichen" ] # Dies funktioniert zuverlässig
then
   echo "Vergleich mit Anführungszeichen und Leerzeichen hat funktioniert."
fi
```

Führe es aus:

```
$ ./string_test_demo.sh
'Alice' ist gleich 'Alice'
'Alice' ist nicht gleich 'Bob'
leerer_string ist leer (-z)
'Alice' ist nicht leer (-n)
Vergleich mit Anführungszeichen und Leerzeichen hat funktioniert.
```

Ganzzahlvergleiche

Diese Operatoren vergleichen ganze Zahlen (Integer).

Operator	Wahr, wenn...	Beispiel
int1 -eq int2	int1 ist gleich (equal) int2	["$ANZAHL" -eq 0]
int1 -ne int2	int1 ist nicht gleich (not equal) int2	["$?" -ne 0]
int1 -gt int2	int1 ist größer als (greater than) int2	["$ZEILEN" -gt 100]
int1 -ge int2	int1 ist größer oder gleich (greater or equal) int2	["$ALTER" -ge 18]
int1 -lt int2	int1 ist kleiner als (less than) int2	["$TEMP" -lt 0]
int1 -le int2	int1 ist kleiner oder gleich (less or equal) int2	["$FEHLER" -le 5]

Beispielskript (integer_test_demo.sh):

```
#!/bin/bash
# integer_test_demo.sh

anzahl=10
limit=20
fehler=0

if [ "$anzahl" -lt "$limit" ]
then
   echo "$anzahl ist kleiner als $limit"
fi
```

```
if [ "$fehler" -eq 0 ]
then
  echo "Es gibt keine Fehler."
fi

# Hole Anzahl der Argumente aus Kapitel 11
if [ "$#" -ge 1 ] # Prüfe, ob mindestens ein Argument übergeben wurde
then
  echo "$# Argumente erhalten."
else
  echo "Keine Argumente erhalten."
fi
```

Führe es aus (zuerst ohne, dann mit Argumenten):

```
$ ./integer_test_demo.sh
10 ist kleiner als 20
Es gibt keine Fehler.
Keine Argumente erhalten.

$ ./integer_test_demo.sh arg1 arg2
10 ist kleiner als 20
Es gibt keine Fehler.
2 Argumente erhalten.
```

Obwohl [portabel und weit verbreitet ist, hat es einige Eigenheiten im Zusammenhang mit Worttrennung und Dateinamenserweiterung, besonders wenn man vergisst, Variablen in Anführungszeichen zu setzen. Für Bash-Skripting gibt es oft einen besseren Weg.

Der moderne Test

Bash bietet ein erweitertes bedingtes Konstrukt namens **Compound Command** [[...]]. Es sieht ähnlich aus wie [...], verhält sich aber intuitiver und bietet mehr Funktionen direkt in Bash, wodurch oft die Notwendigkeit des externen test-Befehls und der damit verbundenen Fallstricke bei Anführungszeichen entfällt.

Wichtige Vorteile von [[...]]:

1. **Keine Worttrennung/Dateinamenserweiterung**: Variablen, die innerhalb von [[...]] verwendet werden, sind im Allgemeinen sicher vor unerwarteter Worttrennung oder Dateinamenserweiterung, selbst wenn sie nicht in

Anführungszeichen gesetzt sind (obwohl Anführungszeichen aus Gründen der Klarheit und Konsistenz immer noch eine gute Praxis sind).

2. **Eingebaute logische Operatoren:** Sie können && (UND) und || (ODER) direkt *innerhalb* der doppelten Klammern verwenden, was zusammengesetzte Bedingungen wesentlich sauberer macht als die älteren Operatoren -a und -o, die mit [verwendet werden.

3. **Mustererkennung:** Enthält den Operator =~ zum Abgleich mit erweiterten regulären Ausdrücken (behandelt in Kapitel 16).

4. **Lexikographischer Vergleich:** Verwendet < und > für String-Vergleiche basierend auf den aktuellen Locale-Einstellungen (nur innerhalb von [[...]]).

Empfehlung: Beim Schreiben von Skripten speziell für Bash (was wir in diesem Buch tun), **bevorzugen Sie die Verwendung von** [[...]] **gegenüber** [...] für die meisten bedingten Tests. Es ist im Allgemeinen sicherer und leistungsfähiger.

Schreiben wir einige frühere Beispiele mit [[...]] neu:

```bash
#!/bin/bash
# doppelklammer_demo.sh

DATEINAME="planeten.txt"
knifflige_var="Enthält  Leerzeichen"
anzahl=10
limit=20

# Dateitest (gleiche Syntax)
if [[ -f "$DATEINAME" ]]
then
  echo "[[]]: '$DATEINAME' ist eine Datei."
fi

# String-Test (Anführungszeichen oft optional, aber empfohlen)
if [[ $knifflige_var == "Enthält  Leerzeichen" ]] # '==' wird in [[ bevorzugt
then
  echo "[[]]: String-Vergleich funktionierte (auch mit Leerzeichen)."
fi

# Ganzzahltest (gleiche Syntax)
if [[ "$anzahl" -lt "$limit" ]]
then
  echo "[[]]: $anzahl ist kleiner als $limit."
fi

# Kombinierter Test mit &&
if [[ -f "$DATEINAME" && "$anzahl" -lt "$limit" ]]
```

```
then
  echo "[[]]: Datei existiert UND Anzahl ist kleiner als Limit."
fi
```

Führe es aus:

```
$ ./doppelklammer_demo.sh
[[]]: 'planeten.txt' ist eine Datei.
[[]]: String-Vergleich funktionierte (auch mit Leerzeichen).
[[]]: 10 ist kleiner als 20.
[[]]: Datei existiert UND Anzahl ist kleiner als Limit.
```

Die Syntax für die Tests selbst (-f, -eq, ==, etc.) ist weitgehend dieselbe, aber die umgebenden [[...]] bieten einen robusteren Kontext in Bash.

Verzweigen

Die grundlegende if-Anweisung führt Befehle nur aus, wenn die Bedingung wahr ist. Was ist, wenn Sie eine Reihe von Befehlen ausführen möchten, wenn wahr, und eine *andere* Reihe, wenn falsch? Dafür gibt es die else-Klausel.

if-else-Struktur

```
if <bedingungsbefehl>
then
  # Befehle, wenn Bedingung WAHR ist
  befehl_A1
  befehl_A2
else
  # Befehle, wenn Bedingung FALSCH ist
  befehl_B1
  befehl_B2
fi
```

Beispiel (pruefe_benutzer.sh):

```
#!/bin/bash
# pruefe_benutzer.sh

ZIEL_BENUTZER="root"
```

```
# Verwendung von [[ ... ]]
if [[ "$USER" == "$ZIEL_BENUTZER" ]]
then
  echo "Du führst dies als '$ZIEL_BENUTZER'-Benutzer aus. Sei vorsichtig!"
else
  echo "Du führst dies als Benutzer '$USER' aus."
fi
```

Führe es aus (einmal als dein normaler Benutzer, einmal mit sudo, falls möglich):

```
$ ./pruefe_benutzer.sh
Du führst dies als Benutzer 'jana' aus.

$ sudo ./pruefe_benutzer.sh
Du führst dies als 'root'-Benutzer aus. Sei vorsichtig!
```

if-elif-else-Struktur

Was ist, wenn Sie mehr als zwei Möglichkeiten haben? Sie können mehrere Bedingungen nacheinander mit elif (kurz für „else if") prüfen.

```
if <bedingung1>
then
  # Befehle, wenn Bedingung1 WAHR ist
  befehle_A
elif <bedingung2>
then
  # Befehle, wenn Bedingung1 FALSCH ist und Bedingung2 WAHR ist
  befehle_B
elif <bedingung3>
then
  # Befehle, wenn Bedingung1 & 2 FALSCH sind und Bedingung3 WAHR ist
  befehle_C
else
  # Befehle, wenn ALLE vorhergehenden Bedingungen FALSCH sind
  befehle_D
fi
```

Die Shell wertet die Bedingungen der Reihe nach aus. Sobald sie eine findet, die wahr ist, führt sie den entsprechenden then-Block aus und springt dann direkt zum fi. Der abschließende else-Block (der optional ist) fängt alle Fälle ab, in denen keine der vorhergehenden if- oder elif-Bedingungen wahr war.

Beispiel (`dateityp_pruefer.sh` unter Verwendung von Argumenten aus Kapitel 11):

```bash
#!/bin/bash
# dateityp_pruefer.sh

# Prüfe, ob genau ein Argument übergeben wurde
if [[ "$#" -ne 1 ]]
then
  echo "Verwendung: $0 <datei_oder_verzeichnispfad>"
  exit 1 # Skript mit Fehlerstatus beenden
fi

ELEMENT="$1" # Weise das erste Argument einer Variablen zu

if [[ ! -e "$ELEMENT" ]]
then
  echo "Fehler: '$ELEMENT' existiert nicht."
  exit 2
elif [[ -f "$ELEMENT" ]]
then
  echo "'$ELEMENT' ist eine reguläre Datei."
elif [[ -d "$ELEMENT" ]]
then
  echo "'$ELEMENT' ist ein Verzeichnis."
else
  echo "'$ELEMENT' existiert, ist aber weder eine reguläre Datei noch ein
Verzeichnis."
fi

exit 0 # Explizit mit Erfolgsstatus beenden
```

Führe es mit verschiedenen Eingaben aus:

```
$ ./dateityp_pruefer.sh planeten.txt
'planeten.txt' ist eine reguläre Datei.
$ ./dateityp_pruefer.sh Notizen/
'Notizen/' ist ein Verzeichnis.
$ ./dateityp_pruefer.sh /dev/tty # Beispiel für 'anderen' Typ
'/dev/tty' existiert, ist aber weder eine reguläre Datei noch ein Verzeichnis.
$ ./dateityp_pruefer.sh kein_solches_ding
Fehler: 'kein_solches_ding' existiert nicht.
$ ./dateityp_pruefer.sh # Keine Argumente
Verwendung: ./dateityp_pruefer.sh <datei_oder_verzeichnispfad>
```

(Beachte die Verwendung von `exit 1` *und* `exit 2`, *um verschiedene Fehlerbedingungen zu signalisieren, und* `exit 0` *für Erfolg. Dies ist eine gute Praxis).*

Tests kombinieren

Oft müssen Sie prüfen, ob mehrere Bedingungen wahr sind (UND) oder ob mindestens eine von mehreren Bedingungen wahr ist (ODER).

- **Innerhalb von** `[[ ... ]]`: Verwenden Sie && für UND, || für ODER.

```
datei="daten.txt"
groesse=$(wc -c < "$datei") # Befehlssubstitution

if [[ -r "$datei" && "$groesse" -gt 1024 ]]
then
  echo "$datei ist lesbar UND größer als 1KB."
fi

read -p "Fortfahren? (j/n): " antwort
if [[ "$antwort" == "j" || "$antwort" == "J" ]]
then
  echo "Fahre fort..."
fi
```

- **Innerhalb von** `[ ... ]`: Verwenden Sie -a für UND, -o für ODER. Diese werden im Allgemeinen **weniger bevorzugt** als && und || innerhalb von `[[...]]`, da sie kniffelige Vorrangregeln haben und weniger lesbar sein können.

```
# Weniger bevorzugte Syntax:
if [ -r "$datei" -a "$groesse" -gt 1024 ]
then ... fi

if [ "$antwort" = "j" -o "$antwort" = "J" ]
then ... fi
```

- **Negation:** Verwenden Sie ! um einen Test zu negieren (funktioniert sowohl in `[` als auch in `[[`).

```
if [[ ! -w "$datei" ]]
then
  echo "$datei ist NICHT schreibbar."
fi
```

Aus vielen Optionen wählen

Wenn Sie eine Variable gegen mehrere spezifische, unterschiedliche Werte (Muster) prüfen müssen, kann die Verwendung verschachtelter if-elif-else-Anweisungen umständlich werden. Die case-Anweisung bietet eine sauberere Alternative für dieses Szenario.

Struktur:

```
case "$variable" in
  muster1)
    # Befehle, wenn Variable muster1 entspricht
    befehle_A
    ;; # Abschluss für diesen Block
  muster2|muster3) # Verwende | für ODER innerhalb eines Musters
    # Befehle, wenn Variable muster2 ODER muster3 entspricht
    befehle_B
    ;;
  muster*) # Muster können Wildcards wie * oder ? enthalten
    # Befehle, wenn Variable muster* entspricht
    befehle_C
    ;;
  *) # Standardfall (trifft zu, wenn nichts anderes zutrifft)
    # Befehle für den Standardfall
    befehle_D
    ;;
esac # Markiert das Ende des case-Blocks ('case' rückwärts geschrieben)
```

Wie es funktioniert:

1. Der Wert von $variable wird der Reihe nach mit jedem muster verglichen.
2. Das *erste* Muster, das übereinstimmt, wird ausgewählt.
3. Die Befehle, die mit diesem übereinstimmenden Muster verbunden sind (bis zum doppelten Semikolon ;;), werden ausgeführt.
4. Die Ausführung springt dann direkt zu esac. Nur ein Befehlsblock wird jemals ausgeführt.
5. Das *)-Muster fungiert als Standard-Auffangnetz, wenn keine anderen Muster übereinstimmen.
6. Muster können Shell-Wildcards (*, ?, []) verwenden.

Beispiel (einfaches_menue.sh):

```
#!/bin/bash
```

```
# einfaches_menue.sh

echo "Einfaches Menü:"
echo "  a) Dateien auflisten"
echo "  b) Aktuelles Datum anzeigen"
echo "  c) Festplattennutzung prüfen"
echo "  q) Beenden"

read -p "Gib deine Wahl ein: " wahl

echo # Füge eine Leerzeile hinzu

case "$wahl" in
  a|A) # Passt auf kleines 'a' oder großes 'A'
    echo "Liste Dateien im aktuellen Verzeichnis auf:"
    ls -l
    ;;
  b|B)
    echo "Aktuelles Datum und Uhrzeit:"
    date
    ;;
  c|C)
    echo "Festplattennutzung (Wurzeldateisystem):"
    df -h /
    ;;
  q|Q)
    echo "Beende."
    ;;
  *) # Standardfall für ungültige Eingabe
    echo "Ungültige Wahl '$wahl'."
    ;;
esac

echo "Fertig."
```

Führe es aus und probiere verschiedene Optionen:

```
$ ./einfaches_menue.sh
Einfaches Menü:
  a) Dateien auflisten
  b) Aktuelles Datum anzeigen
  c) Festplattennutzung prüfen
  q) Beenden
Gib deine Wahl ein: b

Aktuelles Datum und Uhrzeit:
```

```
Di Jul 23 22:15:30 CEST 2024
Fertig.

$ ./einfaches_menue.sh
Einfaches Menü:
  ...
Gib deine Wahl ein: x

Ungültige Wahl 'x'.
Fertig.
```

Die case-Anweisung ist besonders nützlich für die Verarbeitung von Kommandozeilenoptionen oder die Handhabung von Antworten mit einer begrenzten Menge erwarteter Werte.

Kapitelzusammenfassung

Dieses Kapitel hat deine Skripte mit Entscheidungsfähigkeiten ausgestattet. Du hast die grundlegende if...then...fi-Struktur gelernt und wie sie auf dem **Exit-Status** von Befehlen basiert. Wir haben den traditionellen test-Befehl und seinen Klammer-Alias [...] untersucht und dabei essentielle **Dateitests** (-f, -d, -e, etc.), **String-Vergleiche** (=, !=, -z, -n) und **Ganzzahlvergleiche** (-eq, -ne, -gt, etc.) behandelt. Dann haben wir das robustere und empfohlene Bash-**Compound-Command** [[...]] eingeführt und seine Vorteile bei der Variablenbehandlung und den eingebauten logischen Operatoren (&&, ||) hervorgehoben. Du hast gelernt, wie man mit if-else Verzweigungen erstellt und mit if-elif-else Mehrfachverzweigungen. Schließlich haben wir gesehen, wie die case...esac-Anweisung eine elegante Möglichkeit bietet, Situationen zu handhaben, in denen eine Variable gegen mehrere spezifische Muster geprüft werden muss.

Deine Skripte können nun Situationen analysieren und entsprechend reagieren. Aber was ist mit der wiederholten Ausführung von Aktionen? Viele Automatisierungsaufgaben beinhalten die Verarbeitung mehrerer Dateien, das zeilenweise Lesen von Daten oder einfach das mehrfache Ausführen einer Aktion. Dafür brauchen wir Schleifen. Im nächsten Kapitel werden wir die Schleifenkonstrukte von Bash erkunden: for, while und until.

13

Sich wiederholen

Im vorherigen Kapitel hast du deinen Skripten die Macht der Entscheidungsfindung durch bedingte Logik wie `if` und `case` verliehen. Sie können nun basierend auf Bedingungen unterschiedlich reagieren. Aber was ist mit Aufgaben, die erfordern, etwas *immer wieder* zu tun? Stell dir vor, du musst hundert Dateien umbenennen, jede Zeile in einer Konfigurationsdatei verarbeiten oder einen Systemstatus jede Minute überprüfen, bis eine bestimmte Bedingung erfüllt ist. Dies manuell zu tun ist mühsam, und selbst das Schreiben einzelner Befehle in einem Skript für jede Wiederholung ist unpraktisch. Hier kommen **Schleifen** ins Spiel. Schleifen ermöglichen es dir, einen Block von Befehlen wiederholt auszuführen, entweder eine feste Anzahl von Malen, für jedes Element in einer Liste oder solange (oder bis) eine bestimmte Bedingung zutrifft. Die Beherrschung von Schleifen ist fundamental für die Automatisierung und das Schreiben effizienter Shell-Skripte. Lassen Sie uns die drei Hauptschleifenkonstrukte in Bash erkunden: `for`, `while` und `until`.

Die `for`-Schleife

Die `for`-Schleife ist ideal, wenn du eine bekannte Menge von Elementen hast – wie eine Liste von Dateinamen, Benutzernamen oder Servernamen – und du für jedes Element in dieser Menge dieselbe(n) Aktion(en) durchführen möchtest.

Grundlegende `for`-Schleifenstruktur

Die häufigste Form iteriert über eine Liste von Wörtern (Zeichenketten, getrennt durch Leerzeichen oder Zeilenumbrüche).

```
for variablen_name in element1 element2 element3 ...
do
  # Befehle, die für jedes Element ausgeführt werden
  # Verwende $variablen_name, um auf das aktuelle Element zuzugreifen
  befehl1 "$variablen_name"
  befehl2
  ...
done # Markiert das Ende der Schleife
```

Wie es funktioniert:

1. Die Shell betrachtet die Liste der `elemente`, die nach dem Schlüsselwort `in` angegeben sind.
2. In der ersten Iteration weist sie das erste Element (`element1`) dem `variablen_namen` zu.
3. Sie führt dann die Befehle zwischen do und done aus. Innerhalb dieses Blocks kannst du `$variablen_name` verwenden, um auf das aktuelle Element (`element1`) zu verweisen.
4. Wenn sie done erreicht, springt die Shell zurück. Sie weist das *nächste* Element (`element2`) `variablen_namen` zu und führt die Befehle erneut aus.
5. Dies wird fortgesetzt, bis alle Elemente in der Liste verarbeitet wurden.
6. Die Ausführung wird dann mit dem Befehl unmittelbar nach done fortgesetzt.

Beispiel: Durch Strings iterieren

```
#!/bin/bash
# for_string_demo.sh

echo "Durchlaufe Planeten:"
for planet in Merkur Venus Erde Mars Jupiter Saturn Uranus Neptun
do
  echo "  Verarbeite Planet: $planet"
  # Stell dir vor, hier etwas Komplexeres mit jedem Planetennamen zu tun
done

echo "Schleife beendet."
```

Mache es ausführbar (`chmod +x for_string_demo.sh`) und führe es aus:

```
$ ./for_string_demo.sh
Durchlaufe Planeten:
  Verarbeite Planet: Merkur
  Verarbeite Planet: Venus
  Verarbeite Planet: Erde
  Verarbeite Planet: Mars
  Verarbeite Planet: Jupiter
  Verarbeite Planet: Saturn
  Verarbeite Planet: Uranus
  Verarbeite Planet: Neptun
Schleife beendet.
```

Durch Dateinamen iterieren (mit Wildcards)

Ein sehr häufiger Anwendungsfall für for-Schleifen ist die Verarbeitung mehrerer
Dateien, die einem bestimmten Muster entsprechen. Du kannst die Wildcard-Erweiterung der Shell (Globbing, erinnere dich an Kapitel 3) direkt in der in-Liste verwenden.

```
#!/bin/bash
# for_dateien_demo.sh

# Erstelle einige Dummy-Dateien zur Demonstration
echo "Erstelle Testdateien..."
touch datei_a.txt datei_b.log skript.sh bild.jpg daten_1.csv daten_2.csv
ls

echo ""
echo "Verarbeite nur .txt-Dateien:"
# Die Shell erweitert *.txt zu einer Liste passender Dateinamen
for txt_datei in *.txt
do
  # Prüfe, ob das gefundene Element tatsächlich eine Datei ist (verhindert
Probleme, wenn keine .txt-Dateien existieren)
  if [[ -f "$txt_datei" ]]; then
    echo "  Gefundene Textdatei: $txt_datei"
    echo "    -> Erste Zeile:"
    head -n 1 "$txt_datei" # Drucke erste Zeile (wird für diese Dateien leer
sein)
  fi
done

echo ""
echo "Räume Testdateien auf..."
rm datei_a.txt datei_b.log skript.sh bild.jpg daten_1.csv daten_2.csv
```

```
echo "Dateischleife beendet."
```

Führe es aus:

```
$ ./for_dateien_demo.sh
Erstelle Testdateien...
Archiv                  datei_b.log          spielwiese_inhalt.txt
himmelskoerper.txt  erstes_skript.sh     planeten_sicherung.txt
kombiniertes_log.log     bild.jpg          planeten_beschr.txt
daten_1.csv             kernel_...log     planeten_innen.txt
daten_2.csv             LogsSicherung        planeten.txt
daten.txt               meinedaten.txt       planeten_v1.txt
datei_a.txt             meinskript.sh         Privatkram
find_fehler.log         Notizen             Textdateien
# ... andere Dateien ...

Verarbeite nur .txt-Dateien:
  Gefundene Textdatei: daten.txt
    -> Erste Zeile:
Artikel1    100    aktiv
  Gefundene Textdatei: datei_a.txt
    -> Erste Zeile:

  Gefundene Textdatei: himmelskoerper.txt
    -> Erste Zeile:
Merkur
  Gefundene Textdatei: meinedaten.txt
    -> Erste Zeile:

  Gefundene Textdatei: planeten.txt
    -> Erste Zeile:
Merkur
  Gefundene Textdatei: planeten_beschr.txt
    -> Erste Zeile:
Gestein
  Gefundene Textdatei: planeten_innen.txt
    -> Erste Zeile:
Merkur
  Gefundene Textdatei: planeten_sicherung.txt
    -> Erste Zeile:
Merkur
  Gefundene Textdatei: planeten_v1.txt
    -> Erste Zeile:
Merkur
  Gefundene Textdatei: spielwiese_inhalt.txt
```

```
    -> Erste Zeile:
insgesamt 20

Räume Testdateien auf...
Dateischleife beendet.
```

Das *.txt wurde von der Shell zu einer Liste aller Dateinamen erweitert, die auf .txt
enden, im aktuellen Verzeichnis, und die Schleife verarbeitete jede einzelne. Die Prüfung if [[-f "$txt_datei"]] ist wichtig; wenn keine .txt-Dateien existiert hät-
ten, könnte die Schleife sonst einmal mit der literalen Zeichenkette *.txt als Wert
laufen, was zu Fehlern führen würde.

Durch Befehlssubstitutionsausgabe iterieren

Du kannst die Liste der Elemente dynamisch mithilfe von Befehlssubstitution ($
(...), Kapitel 11) generieren.

```
#!/bin/bash
# for_befehl_demo.sh

# Hole eine Liste von Verzeichnissen in /etc
# HINWEIS: Dies ist fragil, wenn Verzeichnisnamen Leerzeichen oder
Zeilenumbrüche enthalten!
# Siehe 'while read' später für eine sicherere Methode zur Verarbeitung von
'find'-Ausgaben.
echo "Verzeichnisse in /etc (mit einfacher Befehlssubstitution):"
for verz_name in $(find /etc -maxdepth 1 -type d -print)
do
  echo "  Gefundenes Verzeichnis: $verz_name"
done
```

Führe es aus (Ausgabe variiert):

```
$ ./for_befehl_demo.sh
Verzeichnisse in /etc (mit einfacher Befehlssubstitution):
  Gefundenes Verzeichnis: /etc
  Gefundenes Verzeichnis: /etc/default
  Gefundenes Verzeichnis: /etc/network
  Gefundenes Verzeichnis: /etc/X11
  Gefundenes Verzeichnis: /etc/apt
  ...
```

Vorsicht: Die Verwendung von Befehlssubstitution auf diese Weise basiert darauf, dass die Shell die Ausgabe des Befehls anhand von Leerräumen (Leerzeichen, Tabulatoren, Zeilenumbrüche) aufteilt. Dies kann fehlschlagen, wenn Dateinamen oder die Elemente selbst Leerzeichen enthalten. Wir werden später in diesem Kapitel eine robustere Methode mit `while read` sehen.

C-artige `for`-Schleifen

Bash unterstützt auch eine `for`-Schleifensyntax ähnlich der Programmiersprache C, die nützlich ist für Schleifen, die eine bestimmte Anzahl von Malen basierend auf einem Zähler laufen müssen.

Syntax:

```
for (( initialisierer; bedingung; aktualisierungsschritt ))
do
  # Auszuführende Befehle
  ...
done
```

- `initialisierer`: Ein Ausdruck, der einmal vor Beginn der Schleife ausgeführt wird (z. B. `i=0`).
- `bedingung`: Ein arithmetischer Ausdruck, der vor jeder Iteration ausgewertet wird. Wenn er wahr ergibt (ungleich Null im arithmetischen Kontext, verwirrenderweise!), wird der Schleifenkörper ausgeführt. Wenn falsch (Null), endet die Schleife.
- `aktualisierungsschritt`: Ein Ausdruck, der am Ende jeder Iteration ausgeführt wird (z. B. `i++` um `i` zu erhöhen).

Beispiel:

```
#!/bin/bash
# for_c_stil_demo.sh

echo "Zähle von 1 bis 5:"
for (( anzahl=1; anzahl<=5; anzahl++ ))
do
  echo "  Aktuelle Anzahl ist: $anzahl"
done

echo ""
echo "Zähle rückwärts von 3 bis 0:"
for (( i=3; i>=0; i-- ))
```

```
do
  echo "  Startsequenz: T-$i"
done
echo "Abgehoben!"
```

Führe es aus:

```
$ ./for_c_stil_demo.sh
Zähle von 1 bis 5:
  Aktuelle Anzahl ist: 1
  Aktuelle Anzahl ist: 2
  Aktuelle Anzahl ist: 3
  Aktuelle Anzahl ist: 4
  Aktuelle Anzahl ist: 5

Zähle rückwärts von 3 bis 0:
  Startsequenz: T-3
  Startsequenz: T-2
  Startsequenz: T-1
  Startsequenz: T-0
Abgehoben!
```

Beachte, dass innerhalb der doppelten Klammern ((...)) das $-Präfix für Variablen nicht benötigt wird (z. B. anzahl++ nicht $anzahl++), ähnlich wie bei der arithmetischen Expansion $((...)) aus Kapitel 11. Diese C-artige Schleife ist sehr praktisch für rein numerische Iterationen.

Die while-Schleife

Während die for-Schleife über eine feste Liste iteriert, führt die while-Schleife einen Befehlsblock aus, *solange* eine angegebene Bedingung wahr bleibt. Sie prüft die Bedingung *vor* jeder Iteration.

Struktur:

```
while <bedingungsbefehl>
do
  # Befehle, die ausgeführt werden, während die Bedingung WAHR ist (Exit-Status
0)
  befehl1
  befehl2
  ...
done # Markiert das Ende der Schleife
```

Wie es funktioniert:

1. Die Shell führt den `<bedingungsbefehl>` aus.
2. Sie prüft den Exit-Status. Wenn er **0 (wahr)** ist, werden die Befehle zwischen do und done ausgeführt.
3. Wenn done erreicht ist, springt die Ausführung zurück zu Schritt 1, um die Bedingung erneut auszuwerten.
4. Wenn der `<bedingungsbefehl>` mit einem **Nicht-Null-Status (falsch)** endet, endet die Schleife sofort, und die Ausführung wird nach done fortgesetzt.

Klassisches Zähler-Schleifenbeispiel:

Wir können die C-artige for-Schleife mit while simulieren:

```
#!/bin/bash
# while_zaehler_demo.sh

zaehler=1
limit=5

echo "While-Schleife von 1 bis $limit:"

# Verwendung von [[ ... ]] für die Bedingung (Kapitel 12)
while [[ "$zaehler" -le "$limit" ]]
do
  echo "  Anzahl: $zaehler"
  # Manuelles Inkrementieren des Zählers innerhalb der Schleife
  ((zaehler++))
done

echo "Schleife beendet. Zähler ist jetzt: $zaehler"
```

Führe es aus:

```
$ ./while_zaehler_demo.sh
While-Schleife von 1 bis 5:
  Anzahl: 1
  Anzahl: 2
  Anzahl: 3
  Anzahl: 4
  Anzahl: 5
Schleife beendet. Zähler ist jetzt: 6
```

Es ist entscheidend, etwas *innerhalb* der Schleife zu haben, das die Bedingung schließlich falsch macht (wie ((zaehler++))), sonst erzeugst du eine Endlosschleife!

Dateien zeilenweise lesen

Dies ist eine der wichtigsten und robustesten Anwendungen der `while`-Schleife: die Verarbeitung einer Datei Zeile für Zeile, wobei Leerzeichen und andere Sonderzeichen innerhalb der Zeilen korrekt behandelt werden.

Das Standardidiom sieht so aus:

```
while IFS= read -r zeile
do
  # Verarbeite die Variable "$zeile", die die aktuelle Zeile enthält
  echo "Verarbeite Zeile: $zeile"
done < eingabedatei.txt
```

Schlüsseln wir dieses kritische Konstrukt auf:

- `while ... done < eingabedatei.txt`: Das ist entscheidend. Die Eingabeumleitung (`<`) wird auf die *gesamte* `while`-Schleife angewendet. Das bedeutet, der `read`-Befehl innerhalb der Schleife liest direkt aus der geöffneten Datei, eine Zeile pro Iteration.
- `read -r zeile`: Der `read`-Befehl (Kapitel 11) liest eine Zeile der Eingabe.
  - `-r`: Verhindert die Interpretation von Backslashes (`\`) und stellt sicher, dass Zeilen buchstäblich gelesen werden. Essentiell für die Verarbeitung von Dateipfaden oder Daten, die Backslashes enthalten.
  - `zeile`: Die Variable, in der der gesamte Inhalt der Zeile gespeichert wird.
- `IFS=`: Dies ist subtil, aber wichtig. `IFS` (Internal Field Separator) ist eine Shell-Variable, die bestimmt, wie `read` Wörter aufteilt (standardmäßig Leerzeichen, Tabulator, Zeilenumbruch). Das Setzen von `IFS=` unmittelbar vor `read` (wodurch es lokal für diesen Befehl wird) verhindert, dass `read` führende/ nachfolgende Leerzeichen aus der Zeile entfernt. Wenn du möchtest, dass `read` die Zeile basierend auf Leerzeichen oder einem anderen Trennzeichen in mehrere Variablen aufteilt, würdest du `IFS=` weglassen oder es anders setzen (z. B. `IFS=','  read spalte1 spalte2 ...`).
- Die `while`-Schleife wird fortgesetzt, solange der `read`-Befehl erfolgreich eine Zeile liest. `read` gibt einen Nicht-Null-Exit-Status (falsch) zurück, wenn es das Ende der Datei erreicht, wodurch die Schleife beendet wird.

Beispiel: Sichere Verarbeitung von `planeten.txt`

```
#!/bin/bash
```

```
# while_read_demo.sh

EINGABE_DATEI="planeten.txt"
zeilen_nr=0

echo "Verarbeite '$EINGABE_DATEI' Zeile für Zeile:"

if [[ ! -f "$EINGABE_DATEI" ]]; then
  echo "Fehler: Eingabedatei '$EINGABE_DATEI' nicht gefunden."
  exit 1
fi

while IFS= read -r aktuelle_zeile
do
  ((zeilen_nr++))
  echo "  Zeile $zeilen_nr: ->$aktuelle_zeile<-"
done < "$EINGABE_DATEI"

echo "Verarbeitung von $zeilen_nr Zeilen abgeschlossen."
```

Führe es aus:

```
$ ./while_read_demo.sh
Verarbeite 'planeten.txt' Zeile für Zeile:
  Zeile 1: ->Merkur<-
  Zeile 2: ->Venus<-
  Zeile 3: ->Erde<-
  Zeile 4: ->Roter Planet<- # Annahme der Änderung aus vorherigem Kapitel
  Zeile 5: ->Jupiter<-
  Zeile 6: ->Saturn<-
  Zeile 7: ->Uranus<-
  Zeile 8: ->Neptun<-
  Zeile 9: ->Unser Mond<- # Annahme, Pluto wurde gelöscht
  Zeile 10: ->Phobos<-
  Zeile 11: ->Deimos<-
Verarbeitung von 11 Zeilen abgeschlossen.
```

Warum wird `< datei while read` **gegenüber** `cat datei | while read` **bevorzugt?**
Wenn du eine Pipe verwendest (`cat datei | while read ...`), läuft die while-Schleife oft in einer **Subshell**. Das bedeutet, dass alle Variablen, die *innerhalb* dieser while-Schleife erstellt oder geändert werden (wie `zeilen_nr` in unserem Beispiel, wenn wir sie nicht außerhalb initialisiert hätten), verschwinden, sobald die Schleife endet, da die Subshell beendet wird. Die Umleitung der Eingabe zur Schleife (`while`

176

read ... done < datei) vermeidet die Erstellung dieser Subshell, sodass Variablenänderungen nach der Schleife bestehen bleiben.

Endlosschleifen

Manchmal möchtest du wirklich, dass eine Schleife ewig läuft (oder bis sie explizit gestoppt wird, vielleicht mit Strg+C oder einer break-Anweisung im Inneren). Der true-Befehl endet immer mit dem Status 0 (Erfolg).

```
#!/bin/bash
# endlosschleife_demo.sh

anzahl=0
# 'true' ist immer erfolgreich, also ist die Schleifenbedingung immer erfüllt
while true
do
  echo "Schleifeniteration: $((++anzahl)) - Zeit: $(date +%T)"
  sleep 2 # Pausiere für 2 Sekunden
done
```

Führe dieses Skript aus, und es wird die Nachricht alle zwei Sekunden unbegrenzt ausgeben. Du musst Strg+C drücken, um es zu stoppen. Solche Schleifen werden oft für Überwachungsaufgaben oder einfache Hintergrunddienste verwendet.

Die until-Schleife

Die until-Schleife ist das logische Gegenteil der while-Schleife. Sie führt einen Befehlsblock aus, *solange* eine angegebene Bedingung **falsch** ist (einen Nicht-Null-Exit-Status zurückgibt). Sie prüft die Bedingung *vor* jeder Iteration.

Struktur:

```
until <bedingungsbefehl>
do
  # Befehle, die ausgeführt werden, während die Bedingung FALSCH ist (Nicht-
Null-Exit-Status)
  befehl1
  befehl2
  ...
done # Markiert das Ende der Schleife
```

Wie es funktioniert:

1. Die Shell führt den <bedingungsbefehl> aus.
2. Sie prüft den Exit-Status. Wenn er **ungleich Null (falsch)** ist, werden die Befehle zwischen do und done ausgeführt.
3. Wenn done erreicht ist, springt die Ausführung zurück zu Schritt 1, um die Bedingung erneut auszuwerten.
4. Wenn der <bedingungsbefehl> mit dem Status **0 (wahr)** endet, endet die Schleife sofort, und die Ausführung wird nach done fortgesetzt.

Beispiel: Warten, bis eine Datei existiert

```bash
#!/bin/bash
# until_demo.sh

ZIELDATEI="signal.go"

echo "Warte auf das Erscheinen der Datei '$ZIELDATEI'..."

# Schleife, BIS die Datei existiert (-e gibt 0/wahr zurück, wenn sie existiert)
until [[ -e "$ZIELDATEI" ]]
do
  echo "Datei noch nicht gefunden ($(date +%T)). Warte 5 Sekunden..."
  sleep 5
done

echo ""
echo "Datei '$ZIELDATEI' ist erschienen! Fahre fort..."
# rm "$ZIELDATEI" # Optionale Bereinigung
```

Um dies zu testen, führe `./until_demo.sh` in einem Terminal aus. Dann navigiere in einem *anderen* Terminal zum selben spielwiese-Verzeichnis und erstelle die Datei (touch signal.go). Du wirst sehen, wie das erste Terminal die Datei erkennt und die Schleife beendet.

until ist weniger gebräuchlich als while, da die meisten Bedingungen natürlich positiv formuliert werden („während dies wahr ist..."), aber es ist nützlich, wenn die Logik besser zum Warten passt, bis eine Bedingung *aufhört*, falsch zu sein.

Schleifenausführung steuern

Manchmal benötigst du eine feinere Kontrolle über deine Schleifen, als sie einfach laufen zu lassen, bis die Hauptbedingung fehlschlägt. Möglicherweise musst du die Schleife vorzeitig beenden oder den Rest der aktuellen Iteration überspringen.

break: Eine Schleife vorzeitig verlassen

Der break-Befehl beendet sofort die **innerste** Schleife, in der er enthalten ist (egal ob for, while oder until). Die Ausführung springt direkt zu dem Befehl, der auf die done-Anweisung dieser Schleife folgt.

Anwendungsfall: Verarbeitung einer Datei stoppen, sobald eine bestimmte Bedingung erfüllt ist.

```bash
#!/bin/bash
# break_demo.sh

EINGABE_DATEI="himmelskoerper.txt"
STOPP_WORT="Saturn"
anzahl=0

echo "Suche nach '$STOPP_WORT' in '$EINGABE_DATEI'..."

while IFS= read -r zeile
do
  ((anzahl++))
  echo "Zeile $anzahl: $zeile"
  if [[ "$zeile" == "$STOPP_WORT" ]]
  then
    echo "'$STOPP_WORT' gefunden! Stoppe die Schleife."
    break # Verlasse die while-Schleife sofort
  fi
  # Dieser Teil wird nur ausgeführt, wenn die 'if'-Bedingung falsch war
  echo "  (Suche noch...)"
done < "$EINGABE_DATEI"

echo "Schleife nach Verarbeitung von $anzahl Zeilen beendet."
```

Führe es aus:

```
$ ./break_demo.sh
Suche nach 'Saturn' in 'himmelskoerper.txt'...
Zeile 1: Merkur
  (Suche noch...)
Zeile 2: Venus
  (Suche noch...)
Zeile 3: Erde
  (Suche noch...)
Zeile 4: Roter Planet
  (Suche noch...)
Zeile 5: Jupiter
```

```
  (Suche noch...)
Zeile 6: Saturn
'Saturn' gefunden! Stoppe die Schleife.
Schleife nach Verarbeitung von 6 Zeilen beendet.
```

continue: Zur nächsten Iteration springen

Der continue-Befehl überspringt die verbleibenden Befehle *innerhalb der aktuellen Iteration* der innersten Schleife und springt direkt zur *nächsten* Iteration (erneute Auswertung der Schleifenbedingung für while/until oder Holen des nächsten Elements für for).

Anwendungsfall: Kommentarzeilen oder Leerzeilen bei der Verarbeitung einer Datei überspringen.

```
#!/bin/bash
# continue_demo.sh

# Erstelle eine Dummy-Konfigurationsdatei
printf "benutzer=alice\n# Datenbankeinstellungen\ndb_host=localhost\n\
nport=3306\n" > config.conf

echo "Verarbeite config.conf, überspringe Kommentare und Leerzeilen:"

while IFS= read -r zeile
do
  # Überspringe Leerzeilen
  if [[ -z "$zeile" ]]; then
    # echo "  (Überspringe Leerzeile)" # Auskommentieren für Debugging
    continue # Gehe zur nächsten Iteration (nächste Zeile lesen)
  fi

  # Überspringe Kommentarzeilen (Zeilen, die mit # beginnen)
  # Hinweis: Verwendung von [[ $zeile == \#* ]] Mustererkennung
  if [[ "$zeile" == \#* ]]; then
    # echo "  (Überspringe Kommentar: $zeile)" # Auskommentieren für Debugging
    continue # Gehe zur nächsten Iteration
  fi

  # Wenn wir hier ankommen, ist es eine gültige Zeile
  echo "  Gültige Einstellung: $zeile"
done < config.conf

echo "Verarbeitung der Konfigurationsdatei abgeschlossen."
rm config.conf # Aufräumen
```

Führe es aus:

```
$ ./continue_demo.sh
Verarbeite config.conf, überspringe Kommentare und Leerzeilen:
  Gültige Einstellung: benutzer=alice
  Gültige Einstellung: db_host=localhost
  Gültige Einstellung: port=3306
Verarbeitung der Konfigurationsdatei abgeschlossen.
```

Verschachtelte Schleifen und `break n` / `continue n`

Wenn du Schleifen in anderen Schleifen hast (verschachtelte Schleifen), wirken sich `break` und `continue` normalerweise nur auf die Schleife aus, in der sie sich unmittelbar befinden. Wenn du aus mehreren Schleifenebenen ausbrechen oder eine äußere Schleife von einer inneren aus fortsetzen musst, kannst du optional eine Zahl n angeben (`break n` oder `continue n`), um anzugeben, aus wie vielen umschließenden Schleifen ausgebrochen oder fortgefahren werden soll. Die Verwendung tief verschachtelter Schleifen und `break n`/`continue n` kann Skripte oft schwerer verständlich machen, daher sollte diese Funktion sparsam eingesetzt werden. Oft ist eine Umstrukturierung der Logik oder die Verwendung von Funktionen (Kapitel 14) ein klarerer Ansatz.

Kapitelzusammenfassung

Dieses Kapitel hat das essentielle Konzept der Wiederholung im Shell-Skripting durch Schleifen eingeführt. Du hast die vielseitige **for-Schleife** kennengelernt, perfekt zum Iterieren über Listen von Elementen, Dateinamen (mit Wildcards), Befehlsausgaben oder zur Verwendung der C-artigen Syntax für numerisches Zählen. Wir haben die bedingungsgesteuerte `while`-**Schleife** erkundet, die wiederholt wird, solange eine Bedingung wahr ist, und das entscheidende `while read`-Idiom zum sicheren, zeilenweisen Verarbeiten von Dateien gemeistert. Du hast auch die `until`-**Schleife** kennengelernt, die wiederholt wird, solange eine Bedingung falsch ist. Schließlich hast du eine feinere Kontrolle über die Schleifenausführung erlangt, indem du `break` zum vorzeitigen Verlassen einer Schleife und `continue` zum Springen zur nächsten Iteration verwendet hast.

Schleifen sind das Rückgrat der Automatisierung im Shell-Skripting und ermöglichen es dir, repetitive Aufgaben effizient durchzuführen und große Datenmengen systematisch zu verarbeiten. Mit Bedingungen (Kapitel 12) und Schleifen nun in deinem Werkzeugkasten können deine Skripte recht komplexes Verhalten zeigen. Wenn

Skripte jedoch wachsen, wird die Organisation des Codes immer wichtiger. Im nächsten Kapitel werden wir **Funktionen** vorstellen, eine Möglichkeit, zusammengehörige Befehle in wiederverwendbare Blöcke zu gruppieren, um deine Skripte modularer, lesbarer und wartbarer zu machen.

14

Code mit Funktionen organisieren

Wenn deine Skripte über einfache Befehlssequenzen hinauswachsen und die Variablen, Eingabeverarbeitung, bedingte Logik (Kapitel 12) und Schleifen (Kapitel 13), die wir besprochen haben, integrieren, können sie lang und schwierig zu verwalten werden. Du könntest feststellen, dass du denselben Codeblock an mehreren Stellen wiederholst, oder ein einzelnes Skript versucht vielleicht, zu viele verschiedene Dinge zu tun, was es schwer lesbar und debuggbar macht. Genauso wie das Organisieren von physischen Werkzeugen in einer Werkstatt Aufgaben erleichtert, ist das Organisieren von Code innerhalb deiner Skripte entscheidend für die Wartbarkeit. Dieses Kapitel führt **Funktionen** ein, ein fundamentales Programmierkonzept, das es dir ermöglicht, zusammengehörige Befehle unter einem einzigen Namen zu gruppieren und so wiederverwendbare, modulare Codeblöcke innerhalb deiner Skripte zu erstellen. Das Erlernen der effektiven Nutzung von Funktionen wird deine Skripte sauberer, organisierter und viel einfacher zu bearbeiten machen.

Warum Funktionen verwenden?

Stell dir vor, du baust etwas Komplexes, vielleicht montierst du Möbel. Du hast mehrere verschiedene Schritte: Beine anbringen, Rückwand befestigen, Regale einbauen. Anstatt eine riesige Anleitung zu haben, die jede einzelne Schraubendrehung auflistet,

183

ist es oft klarer, separate Anleitungen für jede Teilaufgabe zu haben: „Beineinheit montieren", „Rückwand anbringen" usw. Funktionen im Shell-Skripting erfüllen einen ähnlichen Zweck.

Hier sind die Gründe, warum sie so vorteilhaft sind:

1. **Modularität:** Funktionen ermöglichen es dir, ein großes Skript in kleinere, logische, in sich geschlossene Einheiten zu zerlegen. Jede Funktion erfüllt eine spezifische, gut definierte Aufgabe. Dies macht die Gesamtstruktur des Skripts viel leichter verständlich.

2. **Wiederverwendbarkeit (DRY - Don't Repeat Yourself / Wiederhole dich nicht):** Wenn du dieselbe Befehlssequenz mehrmals in deinem Skript ausführen musst, kannst du diese Befehle in eine Funktion packen und diese Funktion dann einfach bei Bedarf „aufrufen". Dies vermeidet Code-Duplizierung, macht dein Skript kürzer und reduziert die Fehlerwahrscheinlichkeit (wenn du einen Fehler beheben musst, behebst du ihn nur an einer Stelle – der Funktion).

3. **Lesbarkeit:** Indem du Codeblöcken aussagekräftige Namen gibst (die Funktionsnamen), liest sich dein Skript eher wie eine Reihe von übergeordneten Schritten als eine dichte Sequenz von untergeordneten Befehlen. Dies verbessert die Klarheit erheblich.

4. **Wartbarkeit & Debugging:** Wenn Code in Funktionen modularisiert ist, ist es einfacher, einzelne Teile zu testen und zu debuggen. Wenn etwas schief geht, kannst du das Problem oft auf eine bestimmte Funktion eingrenzen. Änderungen oder Aktualisierungen an einem bestimmten Logikteil müssen nur innerhalb der relevanten Funktion vorgenommen werden.

Die Verwendung von Funktionen ist ein Kennzeichen gut strukturierter Programmierung, selbst in Shell-Skripten.

Eine einfache Funktion definieren

Es gibt zwei gängige Syntaxen zum Definieren einer Funktion in Bash:

Syntax 1 (Bevorzugt):

```
funktionsname() {
  # Befehle, die den Funktionskörper bilden
  befehl1
  befehl2
  ...
```

```
  # Optionale 'return'-Anweisung (mehr dazu später)
}
```

Syntax 2 (Älter, KornShell-kompatibel):

```
function funktionsname {
  # Befehle, die den Funktionskörper bilden
  befehl1
  befehl2
  ...
}
```

Die erste Syntax, funktionsname() { ... }, wird im modernen Bash-Skripting generell bevorzugt, da sie visuell deutlicher ist und näher an Funktionsdefinitionen in anderen Programmiersprachen liegt. Wir werden diese Syntax in diesem Buch durchgehend verwenden.

Definieren wir eine sehr einfache Funktion in einem Skript namens funktion_hallo.sh:

```
#!/bin/bash
# funktion_hallo.sh - Grundlegende Funktionsdefinition und Aufruf

# --- Funktionsdefinition ---
# Diese Funktion gibt eine einfache Begrüßung aus.
begruesse_benutzer() {
    echo "-------------------"
    echo "Hallo Benutzer!"
    echo "Willkommen im Skript."
    echo "-------------------"
}
# --- Ende der Funktionsdefinition ---

# --- Hauptskriptausführung beginnt hier ---
echo "Skript startet..."

# Rufe die Funktion auf
begruesse_benutzer

echo "Skript beendet."
# --- Ende des Hauptskripts ---
```

Wichtige Punkte:

- Die Funktionsdefinition (begruesse_benutzer() { ... }) definiert nur, *was* die Funktion tut; sie führt die Befehle darin **noch nicht aus**.
- Die Befehle innerhalb der geschweiften Klammern { ... } bilden den **Funktionskörper**.
- Du definierst deine Funktionen typischerweise am Anfang deines Skripts, vor dem Hauptteil des Skripts, der sie aufruft (obwohl Bash hier flexibel ist).

Eine Funktion aufrufen

Sobald eine Funktion definiert ist, wie führst du die Befehle darin aus? Du verwendest einfach den Namen der Funktion, als wäre er ein regulärer Befehl.

Schau zurück auf funktion_hallo.sh. Die Zeile begruesse_benutzer im Hauptteil des Skripts ist der **Funktionsaufruf**. Wenn die Shell auf diese Zeile trifft, findet sie die Definition der begruesse_benutzer-Funktion und führt die Befehle innerhalb ihres Körpers aus.

Machen wir das Skript ausführbar (chmod +x funktion_hallo.sh) und führen es aus:

```
$ ./funktion_hallo.sh
Skript startet...
--------------------
Hallo Benutzer!
Willkommen im Skript.
--------------------
Skript beendet.
```

Du siehst, die Ausgabe der echo-Befehle *innerhalb* der begruesse_benutzer-Funktion erschien genau dort, wo die Funktion im Hauptskriptfluss aufgerufen wurde. Du kannst dieselbe Funktion mehrmals aufrufen:

```
#!/bin/bash
# funktion_multi_aufruf.sh

begruesse_benutzer() {
  echo ">>>>> Betrete Begrüßungsfunktion <<<<<"
}

echo "Vor dem ersten Aufruf."
begruesse_benutzer
echo "Zwischen den Aufrufen."
begruesse_benutzer
echo "Nach dem zweiten Aufruf."
```

Führe es aus (chmod +x funktion_multi_aufruf.sh && ./
funktion_multi_aufruf.sh):

```
$ ./funktion_multi_aufruf.sh
Vor dem ersten Aufruf.
>>>>> Betrete Begrüßungsfunktion <<<<<
Zwischen den Aufrufen.
>>>>> Betrete Begrüßungsfunktion <<<<<
Nach dem zweiten Aufruf.
```

Jeder Aufruf führt den Funktionskörper unabhängig aus. Dies demonstriert den
Aspekt der Wiederverwendbarkeit.

Argumente an Funktionen übergeben

Genau wie Skripte Kommandozeilenargumente akzeptieren können (Kapitel 11),
können Funktionen Argumente akzeptieren, die ihnen beim Aufruf übergeben werden. Innerhalb der Funktion wird auf diese Argumente mit denselben Positionsparametern zugegriffen, die wir zuvor gesehen haben, aber sie sind **lokal für die Ausführung der Funktion**:

- $1, $2, $3, ...: Das erste, zweite, dritte usw. Argument, das an die Funktion
  übergeben wird.
- $0: Bleibt der Name des Skripts selbst (nicht der Funktionsname).
- $#: Die Anzahl der Argumente, die an die *Funktion* übergeben wurden.
- $*, $@, "$@": Repräsentieren alle Argumente, die an die *Funktion* übergeben
  wurden (denke daran, "$@" wird normalerweise bevorzugt).

Erstellen wir eine Funktion, die Argumente entgegennimmt:

```
#!/bin/bash
# funktion_args.sh

# Funktionsdefinition: Nimmt einen Namen und eine Stadt als Argumente entgegen
drucke_standort_info() {
  # Prüfe, ob die korrekte Anzahl von Argumenten *an die Funktion* übergeben
wurde
  if [[ "$#" -ne 2 ]]; then
    echo "Verwendungsfehler (innerhalb Funktion): drucke_standort_info <name>
<stadt>"
    # Wir besprechen 'return' bald ausführlich
    return 1 # Zeigt an, dass innerhalb der Funktion ein Fehler aufgetreten ist
  fi
```

```
    local personen_name="$1" # Weise Argumente beschreibenden lokalen Variablen zu
    local personen_stadt="$2"

    echo "Funktion empfing:"
    echo "  Name: $personen_name"
    echo "  Stadt: $personen_stadt"
    echo "  Anzahl der Args an Funktion: $#"
}

# Hauptskript
echo "Rufe Funktion mit Argumenten auf..."
drucke_standort_info "Alice" "Wunderland" # Aufruf mit 2 Argumenten

echo ""
echo "Rufe Funktion mit anderen Argumenten auf..."
drucke_standort_info "Bob" # Aufruf mit nur 1 Argument (wird Fehler auslösen)

echo ""
echo "Skript beendet."
```

Führe es aus (`chmod +x funktion_args.sh && ./funktion_args.sh`):

```
$ ./funktion_args.sh
Rufe Funktion mit Argumenten auf...
Funktion empfing:
  Name: Alice
  Stadt: Wunderland
  Anzahl der Args an Funktion: 2

Rufe Funktion mit anderen Argumenten auf...
Verwendungsfehler (innerhalb Funktion): drucke_standort_info <name> <stadt>

Skript beendet.
```

Beobachtungen:

- Innerhalb von `drucke_standort_info` bezog sich `$1` im ersten Aufruf auf „Alice" und im zweiten auf „Bob". `$2` war im ersten Aufruf „Wunderland", aber im zweiten leer.
- `$#` innerhalb der Funktion meldete korrekt die Anzahl der Argumente, die *an diesen spezifischen Funktionsaufruf* übergeben wurden.
- Die `if`-Prüfung innerhalb der Funktion validierte die Anzahl der an die Funktion selbst übergebenen Argumente.

Die Verwendung von Argumenten macht Funktionen viel flexibler und ermöglicht es ihnen, mit unterschiedlichen Daten zu arbeiten, die zum Zeitpunkt ihres Aufrufs bereitgestellt werden. Die Verwendung beschreibender lokaler Variablen (wie `personen_name`) für $1, $2 usw. innerhalb der Funktion verbessert die Lesbarkeit.

Werte von Funktionen zurückgeben

Funktionen geben, wie jeder Befehl oder jedes Skript, nach Beendigung einen **Exit-Status** zurück (0 für Erfolg, ungleich Null für Fehler). Dies ist die primäre Methode, mit der eine Funktion signalisiert, *ob sie erfolgreich war oder fehlgeschlagen ist*. Manchmal möchtest du jedoch, dass eine Funktion einen Wert berechnet oder Daten produziert, die das Hauptskript dann verwenden kann. Es gibt zwei Hauptwege, wie Funktionen Informationen „zurückgeben":

Methode 1: Exit-Status (`return`)

Der `return`-Befehl wird *innerhalb* einer Funktion verwendet, um explizit ihren Exit-Status zu setzen und die Ausführung der Funktion sofort zu stoppen.

Syntax:

```
return N # Wobei N eine Ganzzahl zwischen 0 und 255 ist
```

- `return 0`: Signalisiert Erfolg (konventionell).
- `return 1` (oder ein beliebiger Wert ungleich Null bis 255): Signalisiert Fehler. Unterschiedliche Werte ungleich Null können optional verwendet werden, um verschiedene Fehlertypen anzuzeigen.

Wenn eine Funktion ohne eine explizite `return`-Anweisung endet, ist ihr Exit-Status der Exit-Status des *letzten ausgeführten Befehls* im Funktionskörper.

Der Aufrufer (das Hauptskript) kann den Exit-Status der Funktion mithilfe von $? unmittelbar nach dem Funktionsaufruf überprüfen oder, was häufiger vorkommt, direkt innerhalb einer `if`-Anweisung.

```
#!/bin/bash
# funktion_return_status.sh

# Funktion prüft, ob eine Datei existiert und nicht leer ist
pruefe_datei() {
  local dateiname="$1"
```

```bash
  echo "Prüfe Datei: $dateiname"

  if [[ ! -e "$dateiname" ]]; then
    echo "Fehler: Datei existiert nicht."
    return 1 # Fehlercode 1: Nicht gefunden
  fi

  if [[ ! -s "$dateiname" ]]; then
    echo "Fehler: Datei existiert, ist aber leer."
    return 2 # Fehlercode 2: Leere Datei
  fi

  # Wenn wir hier ankommen, sind die Prüfungen bestanden
  echo "Datei ist gültig."
  return 0 # Erfolg
}

# Hauptskript
echo "--- Test 1: Gültige Datei ---"
if pruefe_datei "planeten.txt"; then # Prüft, ob Exit-Status 0 ist
  echo "Prüfung erfolgreich!"
else
  echo "Prüfung fehlgeschlagen! Exit-Status: $?"
fi

echo ""
echo "--- Test 2: Nicht existente Datei ---"
if pruefe_datei "keine_solche_datei.txt"; then
  echo "Prüfung erfolgreich!"
else
  echo "Prüfung fehlgeschlagen! Exit-Status: $?"
fi

echo ""
echo "--- Test 3: Leere Datei ---"
touch leere_test_datei.txt
if pruefe_datei "leere_test_datei.txt"; then
  echo "Prüfung erfolgreich!"
else
  echo "Prüfung fehlgeschlagen! Exit-Status: $?"
fi
rm leere_test_datei.txt # Aufräumen
```

Führe es aus:

```bash
$ ./funktion_return_status.sh
```

```
--- Test 1: Gültige Datei ---
Prüfe Datei: planeten.txt
Datei ist gültig.
Prüfung erfolgreich!

--- Test 2: Nicht existente Datei ---
Prüfe Datei: keine_solche_datei.txt
Fehler: Datei existiert nicht.
Prüfung fehlgeschlagen! Exit-Status: 1

--- Test 3: Leere Datei ---
Prüfe Datei: leere_test_datei.txt
Fehler: Datei existiert, ist aber leer.
Prüfung fehlgeschlagen! Exit-Status: 2
```

Die Verwendung von `return` mit Exit-Status ist die Standardmethode für Funktionen, um Erfolg oder Misserfolg anzuzeigen, genau wie bei regulären Linux-Befehlen.

Methode 2: Standardausgabe

Was ist, wenn du möchtest, dass eine Funktion tatsächliche Daten „zurückgibt", wie eine berechnete Zahl oder eine verarbeitete Zeichenkette, nicht nur einen Erfolgs-/Fehlercode? Das häufigste Shell-Idiom dafür ist, dass die Funktion das **gewünschte Ergebnis auf ihre Standardausgabe** (`stdout`) **ausgibt** und der Aufrufer diese Ausgabe mithilfe von **Befehlssubstitution** (`$(...)`) erfasst.

```bash
#!/bin/bash
# funktion_return_data.sh

# Funktion berechnet die Summe zweier Zahlen
berechne_summe() {
  local zahl1=$1
  local zahl2=$2
  local summe=$((zahl1 + zahl2))
  echo "$summe" # Gib das Ergebnis nach stdout aus
  # Gibt implizit Exit-Status 0 (Erfolg) zurück, da 'echo' erfolgreich war
}

# Funktion holt das erste Wort einer Zeichenkette
hole_erstes_wort() {
  local eingabe_string="$1"
  # Verwende cut, um das erste Feld (Wort) zu holen
  echo "$eingabe_string" | cut -d ' ' -f 1
}
```

```
# Hauptskript
echo "Rufe berechne_summe auf..."
# Erfasse die stdout der Funktion in der Variable 'ergebnis'
ergebnis=$(berechne_summe 15 30)
echo "Die Summe ist: $ergebnis"

echo ""
echo "Rufe hole_erstes_wort auf..."
mein_satz="Dies ist ein Satz."
erstes=$(hole_erstes_wort "$mein_satz") # Erfasse das erste Wort
echo "Original: '$mein_satz'"
echo "Erstes Wort: '$erstes'"

# --- Fallstrick: Umgang mit anderer Ausgabe ---
# Wenn eine Funktion Diagnosemeldungen UND das Ergebnis ausgibt, erfasst die
Erfassung beides!
laute_funktion() {
  echo "Debug: Starte Berechnung..." >&2 # Sende Debug an stderr
  local ergebnis=100
  echo "Debug: Berechnung abgeschlossen." >&2 # Sende Debug an stderr
  echo "$ergebnis" # Sende tatsächliches Ergebnis an stdout
}

echo ""
echo "Rufe laute_funktion auf..."
laerm_ergebnis=$(laute_funktion)
echo "Ergebnis von lauter Funktion: '$laerm_ergebnis'"
```

Führe es aus:

```
$ ./funktion_return_data.sh
Rufe berechne_summe auf...
Die Summe ist: 45

Rufe hole_erstes_wort auf...
Original: 'Dies ist ein Satz.'
Erstes Wort: 'Dies'

Rufe laute_funktion auf...
Debug: Starte Berechnung...
Debug: Berechnung abgeschlossen.
Ergebnis von lauter Funktion: '100'
```

Wichtige Punkte zur Rückgabe von Daten über stdout:

- Die Funktion sollte idealerweise *nur* die genauen Daten, die du erfassen möchtest, auf die Standardausgabe ausgeben.
- Alle anderen Diagnose- oder Fortschrittsmeldungen sollten auf die **Standardfehlerausgabe** (`stderr`) unter Verwendung von Umleitung (`>&2`) ausgegeben werden, wie in `laute_funktion` gezeigt. Dies hält `stdout` sauber für die aufrufende Befehlssubstitution.
- Befehlssubstitution `$(...)` erfasst nur `stdout`.
- Diese Methode eignet sich hauptsächlich zur Rückgabe eines einzelnen Teils von String-Daten. Die Rückgabe mehrerer unterschiedlicher Werte oder komplexer Datenstrukturen erfordert normalerweise fortgeschrittenere Techniken oder andere Skriptsprachen.

Wähle die Rückgabemethode basierend darauf, was die Funktion kommunizieren muss: Exit-Status für Erfolg/Misserfolg, Standardausgabe für Datenergebnisse.

Variablen-Gültigkeitsbereich erneut betrachtet

Wir haben früher gesehen, dass in einem Skript definierte Variablen standardmäßig lokal für den Prozess dieses Skripts sind, es sei denn, sie werden exportiert. Was ist mit Variablen, die *innerhalb* einer Funktion definiert werden? Standardmäßig sind Variablen, die innerhalb einer Funktion definiert werden, **global** innerhalb des Skripts! Das bedeutet, sie sind sichtbar und können von Code außerhalb der Funktion geändert werden, nachdem die Funktion aufgerufen wurde. Dies kann zu unerwarteten Nebeneffekten und Fehlern führen, insbesondere in größeren Skripten.

Beispiel (Problematisch):

```
#!/bin/bash
# scope_problem.sh

meine_funktion() {
  # 'zaehler' ist hier implizit global!
  zaehler=10
  echo "[Innerhalb Funktion] Zähler ist: $zaehler"
}

# Globale Variable
zaehler=1
echo "[Vor Aufruf] Zähler ist: $zaehler"
```

```
meine_funktion # Rufe die Funktion auf

echo "[Nach Aufruf] Zähler ist: $zaehler" # Autsch! Die Funktion hat unsere
globale Variable geändert!
```

Führe es aus:

```
$ ./scope_problem.sh
[Vor Aufruf] Zähler ist: 1
[Innerhalb Funktion] Zähler ist: 10
[Nach Aufruf] Zähler ist: 10
```

Die Variable zaehler, die innerhalb von meine_funktion definiert wurde, überschrieb den globalen zaehler, der außerhalb definiert wurde. Dies ist im Allgemeinen eine schlechte Praxis.

Um dies zu verhindern und Variablen wirklich lokal für die Funktion zu machen, in der sie definiert sind, verwende das Schlüsselwort local bei ihrer Deklaration *innerhalb* der Funktion.

Beispiel (Korrigiert mit local):

```
#!/bin/bash
# scope_fixed.sh

meine_funktion() {
  # Deklariere 'zaehler' als lokal für diese Funktion
  local zaehler=10
  local temp_var="Funktionsspezifisch" # Ebenfalls lokal
  echo "[Innerhalb Funktion] Lokaler Zähler ist: $zaehler"
  echo "[Innerhalb Funktion] Temp var ist: $temp_var"
}

# Globale Variable
zaehler=1
echo "[Vor Aufruf] Globaler Zähler ist: $zaehler"

meine_funktion # Rufe die Funktion auf

echo "[Nach Aufruf] Globaler Zähler ist: $zaehler" # Unverändert!
echo "[Nach Aufruf] Versuche Zugriff auf temp_var: $temp_var" # Existiert hier
nicht
```

Führe es aus:

194

```
$ ./scope_fixed.sh
[Vor Aufruf] Globaler Zähler ist: 1
[Innerhalb Funktion] Lokaler Zähler ist: 10
[Innerhalb Funktion] Temp var ist: Funktionsspezifisch
[Nach Aufruf] Globaler Zähler ist: 1
[Nach Aufruf] Versuche Zugriff auf temp_var:
```

Regel: Verwende immer das `local`-Schlüsselwort, um Variablen innerhalb deiner Funktionen zu deklarieren, es sei denn, du hast einen ganz bestimmten Grund, absichtlich eine globale Variable zu ändern (was selten und sorgfältig überlegt sein sollte). Diese Praxis verbessert die Robustheit und Vorhersagbarkeit deiner Skripte erheblich, indem sie verhindert, dass Funktionen versehentlich über gemeinsame globale Variablen miteinander oder mit der Hauptskriptlogik interagieren.

Code aus anderen Dateien einbinden

Wenn du mehr Skripte schreibst und nützliche Funktionen entwickelst (wie Protokollierung, Fehlerbehandlung, allgemeine Aufgaben), möchtest du diese Funktionen möglicherweise über *mehrere* verschiedene Skripte hinweg wiederverwenden, ohne die Funktionsdefinitionen überallhin zu kopieren und einzufügen.

Der `source`-Befehl (der eine Abkürzung hat: ein einzelner Punkt `.`) führt Befehle aus einer angegebenen Datei *in der aktuellen Shell-Umgebung* aus. Dies unterscheidet sich vom direkten Ausführen eines Skripts (`./skript.sh`), das normalerweise in einer Subshell läuft. Wenn du eine Datei `source`st, die Funktionsdefinitionen enthält, werden diese Funktionen in deinem *aktuellen* Skript definiert und verfügbar.

Schritte:

1. **Erstelle eine „Bibliotheksdatei":** Erstelle eine separate Datei (z. B. `meine_lib.sh`), die nur Funktionsdefinitionen (und vielleicht gemeinsame Variablenexporte) enthält.

   ```
   # meine_lib.sh - Eine Bibliothek nützlicher Funktionen

   # Funktion zum Protokollieren von Nachrichten mit Zeitstempel
   log_nachricht() {
     local zeitstempel=$(date +"%Y-%m-%d %H:%M:%S")
     # Gib an stderr aus, damit es die stdout-Erfassung nicht stört
     echo "[$zeitstempel] $1" >&2
   }
   ```

```
# Funktion zum Addieren zweier Zahlen (gibt über stdout zurück)
addiere_zahlen() {
  local summe=$(($1 + $2))
  echo "$summe"
}
```

2. **Source die Bibliotheksdatei in deinem Hauptskript:** Verwende source oder .
   gefolgt vom Pfad zur Bibliotheksdatei.

```
#!/bin/bash
# hauptskript.sh - Verwendet Funktionen aus meine_lib.sh

# Source die Bibliotheksdatei (Annahme: im selben Verzeichnis)
# Verwende '.' oder 'source'
. ./meine_lib.sh
# Alternativ: source ./meine_lib.sh

# Jetzt können wir die in meine_lib.sh definierten Funktionen verwenden
log_nachricht "Starte das Hauptskript."

zahl1=50
zahl2=75

log_nachricht "Berechne Summe von $zahl1 und $zahl2..."
gesamt=$(addiere_zahlen $zahl1 $zahl2) # Erfasse Ergebnis von Funktion

log_nachricht "Berechnung abgeschlossen."
echo "Die Gesamtsumme ist: $gesamt"

log_nachricht "Hauptskript beendet."
```

Mache beide Dateien ausführbar (optional für die Bibliothek, benötigt für das
Hauptskript) und führe hauptskript.sh aus:

```
$ chmod +x hauptskript.sh
$ ./hauptskript.sh
[2024-07-23 22:45:10] Starte das Hauptskript.
[2024-07-23 22:45:10] Berechne Summe von 50 und 75...
[2024-07-23 22:45:10] Berechnung abgeschlossen.
Die Gesamtsumme ist: 125
[2024-07-23 22:45:10] Hauptskript beendet.
```

Die Verwendung von `source` zur Erstellung von Funktionsbibliotheken ist eine leistungsstarke Technik zur Organisation größerer Skripting-Projekte und zur Förderung der Wiederverwendung von Code.

Kapitelzusammenfassung

In diesem Kapitel hast du gelernt, wie du deine Shell-Skripte mithilfe von **Funktionen** effektiver strukturieren kannst. Wir haben die Vorteile untersucht: **Modularität**, **Wiederverwendbarkeit**, **Lesbarkeit** und **Wartbarkeit**. Du hast die Syntax zum Definieren (`meine_funktion() { ... }`) und Aufrufen von Funktionen gelernt. Wir haben gesehen, wie Funktionen **Argumente** (`$1`, `$@`, etc.) ähnlich wie Skripte empfangen, aber spezifisch für den Funktionsaufruf. Du hast die beiden primären Wege gelernt, wie Funktionen Informationen „zurückgeben": über den **Exit-Status** mittels `return N` (zur Signalisierung von Erfolg/Misserfolg) und über die **Standardausgabe** in Kombination mit Befehlssubstitution `ergebnis=$(...)` (zur Rückgabe von Daten). Entscheidend ist, dass du die Bedeutung des Variablen-Gültigkeitsbereichs verstanden hast und warum du **immer `local` verwenden** solltest, um Variablen innerhalb von Funktionen zu deklarieren. Schließlich haben wir gesehen, wie der `source`- (oder `.`) Befehl es dir ermöglicht, Funktionsdefinitionen aus externen Bibliotheksdateien zu laden, was eine bessere Code-Organisation und Wiederverwendung über mehrere Skripte hinweg ermöglicht.

Funktionen sind essentielle Bausteine für das Schreiben nicht-trivialer Shell-Skripte. Sie ermöglichen es dir, Komplexität zu abstrahieren und robustere, verständlichere Automatisierungswerkzeuge zu bauen. Wenn deine Skripte jedoch komplexer werden, wird das Finden und Beheben von Fehlern zunehmend herausfordernder. Im nächsten Kapitel werden wir uns der essentiellen Fähigkeit des **Debuggens** deiner Shell-Skripte widmen und Techniken und Werkzeuge untersuchen, die dir helfen, Probleme effektiv aufzuspüren und zu lösen.

15

Skripte debuggen und Fehler behandeln

Wenn du anfängst, anspruchsvollere Skripte mit Funktionen (Kapitel 14), Schleifen (Kapitel 13) und Bedingungen (Kapitel 12) zu schreiben, wirst du unweigerlich auf etwas stoßen, dem jeder Programmierer begegnet: Fehler (Bugs). Kleine Kobolde scheinen sich in den Code einzuschleichen und bewirken, dass Skripte sich unerwartet verhalten, seltsame Ausgaben produzieren oder einfach abstürzen. Keine Sorge – das ist ein völlig normaler Teil des Prozesses! Zu lernen, wie man diese Fehler findet und behebt, bekannt als **Debugging**, ist genauso wichtig wie das Erlernen, wie man das Skript überhaupt schreibt. Darüber hinaus beinhaltet das Schreiben robuster Skripte, potenzielle Probleme vorherzusehen und sie elegant zu behandeln, anstatt das Skript einfach abrupt fehlschlagen zu lassen. Dieses Kapitel rüstet dich mit essentiellen Techniken zum Debuggen deiner Bash-Skripte und Strategien zur effektiven Fehlerbehandlung aus, wodurch deine Automatisierungswerkzeuge zuverlässiger und leichter zu beheben werden.

Fehler finden

Bevor wir uns Debugging-Werkzeuge ansehen, werfen wir einen Blick auf einige häufige Fallstricke, die oft zu Fehlern in Shell-Skripten führen:

1. **Fehler bei Anführungszeichen:** Das Vergessen von Anführungszeichen um Variablen ("$meine_var") oder die Verwendung des falschen Typs von Anführungszeichen (einfach '...' vs. doppelt "...") ist vielleicht die häufigste Fehlerquelle, insbesondere wenn Variablen Leerzeichen, Zeilenumbrüche oder Sonderzeichen enthalten. Dies kann dazu führen, dass Befehle falsche Argumente erhalten oder ganz fehlschlagen. Wiederhole Kapitel 11, wenn du dir bei den Quoting-Regeln unsicher bist.

2. **Leerzeichen um = bei Zuweisungen:** Denke daran, `meine_var="wert"` ist korrekt, während `meine_var = "wert"` falsch ist und wahrscheinlich zu einem „command not found"-Fehler führt.

3. **Vergessene Leerzeichen in `[` oder `[[`:** Der Testbefehl `[` und das Compound Command `[[` benötigen Leerzeichen unmittelbar nach der öffnenden Klammer(n) und vor der schließenden Klammer(n) (z. B. `[[ "$a" == "$b" ]]`). Das Fehlen dieser Leerzeichen führt zu Syntaxfehlern.

4. **Verwechslung von String- und Ganzzahlvergleichen:** Die Verwendung von String-Operatoren (`=`, `!=`) für Zahlen oder Ganzzahloperatoren (`-eq`, `-ne`) für Nicht-Ganzzahl-Strings führt zu falschen Ergebnissen oder Fehlern.

5. **Pfadprobleme:** Die Annahme, dass ein Befehl oder eine Datei sich im aktuellen Verzeichnis oder im `$PATH` befindet, obwohl dies nicht der Fall ist. Verwende immer geeignete Pfade (`./skript.sh`, `/usr/local/bin/meinwerkzeug`, `$HOME/daten/datei.txt`).

6. **Berechtigungen:** Das Vergessen, ein Skript ausführbar zu machen (`chmod +x`) oder der Versuch, Dateien oder Verzeichnisse ohne die erforderlichen Berechtigungen zu lesen/schreiben (Kapitel 5).

7. **Off-by-One-Fehler:** In Schleifen, insbesondere C-artigen `for`-Schleifen oder `while`-Schleifen mit Zählern, das inkorrekte Setzen der Start-/Endbedingung oder des Inkrementierungsschritts.

8. **Probleme mit Befehlssubstitution:** Das Vergessen der `$(...)`-Syntax oder das stille Fehlschlagen von Befehlen innerhalb der Substitution oder deren unerwartete Ausgabe.

9. **Fehler im Gültigkeitsbereich:** Versehentliches Ändern globaler Variablen innerhalb von Funktionen, weil das `local`-Schlüsselwort weggelassen wurde (Kapitel 14).

Das Bewusstsein für diese häufigen Fehler kann dir helfen, potenzielle Probleme zu erkennen, noch bevor du dein Skript ausführst.

Debugging-Techniken

Wenn dein Skript nicht wie erwartet funktioniert, wie findest du heraus, *warum*? Hier sind mehrere Techniken, von einfach bis leistungsstärker.

Variablen ausgeben

Dies ist die einfachste und oft die erste Debugging-Technik, die Leute verwenden – manchmal liebevoll „Höhlenmenschen-Debugging" genannt. Füge einfach echo-Anweisungen an verschiedenen Stellen in dein Skript ein, um die Werte von Variablen oder einfache Statusmeldungen auszugeben. Dies hilft dir, den Fluss des Skripts zu verfolgen und zu sehen, ob Variablen die Werte enthalten, die du erwartest.

```bash
#!/bin/bash
# fehlerhaftes_skript.sh - Benötigt Debugging

quell_verz="/pfad/zum/quellverz" # Könnte falscher Pfad sein
ziel_datei="backup.tar.gz"

# --- Echo für Debugging hinzufügen ---
echo "Debug: Quellverzeichnis gesetzt auf: $quell_verz"
echo "Debug: Zieldatei gesetzt auf: $ziel_datei"
# ---------------------------

# Prüfen, ob Quelle existiert
if [[ ! -d "$quell_verz" ]]; then
  # --- Echo für Debugging hinzufügen ---
  echo "Debug: Quellverzeichnisprüfung fehlgeschlagen!"
  # ---------------------------
  echo "Fehler: Quellverzeichnis '$quell_verz' nicht gefunden." >&2
  exit 1
fi

echo "Versuche, Archiv zu erstellen..."
# Der 'tar'-Befehl könnte fehlschlagen, wenn quell_verz falsch ist
tar czf "$ziel_datei" "$quell_verz"

# --- Echo für Debugging hinzufügen ---
echo "Debug: tar-Befehl Exit-Status: $?"
# ---------------------------

echo "Archiverstellung abgeschlossen."
```

Durch Hinzufügen dieser echo "Debug: ..."-Zeilen kannst du das Skript ausführen und die tatsächlich verwendeten Werte sehen und wo die Logik möglicherweise falsch läuft (z. B. entdecken, dass $quell_verz nicht das war, was du dachtest, oder den Nicht-Null-Exit-Status von tar sehen). Sobald du den Fehler behoben hast, denke daran, deine Debug-echo-Anweisungen zu entfernen oder auszukommentieren.

Ausführung verfolgen (Tracing)

Während echo für spezifische Punkte nützlich ist, benötigst du manchmal einen breiteren Überblick darüber, *genau welche* Befehle die Shell ausführt und *wie* Variablen und Wildcards erweitert werden. Bash bietet hierfür die **Ausführungsverfolgung**, aktiviert durch die Option set -x.

Wenn set -x aktiv ist, gibt Bash jeden Befehl auf die Standardfehlerausgabe aus, *bevor* er ihn ausführt, und zeigt den Befehl *nachdem* alle Expansionen (Variablen, Befehlssubstitution, Wildcards) stattgefunden haben. Dies gibt dir eine detaillierte Spur der Aktionen des Skripts.

Du kannst es für das gesamte Skript aktivieren, indem du set -x am Anfang hinzufügst, oder es nur für einen bestimmten Abschnitt aktivieren und dann mit set +x deaktivieren.

```bash
#!/bin/bash
# trace_demo.sh

dateinamens_muster="*.txt"
ausgabe_datei="zusammenfassung.log"

echo "Starte Skript..."

# Aktiviere Tracing für den kritischen Abschnitt
set -x

# Zähle die passenden Dateien
anzahl=$(ls $dateinamens_muster | wc -l)

# Hat ls oder wc -l funktioniert? Was wurde aus $anzahl?
echo "Fand $anzahl Dateien passend zu '$dateinamens_muster'." > "$ausgabe_datei"

# Deaktiviere Tracing
set +x

echo "Skript beendet. Prüfe $ausgabe_datei."
```

Führen wir dies aus (angenommen, `planeten.txt`, `daten.txt` usw. existieren):

```
$ ./trace_demo.sh
Starte Skript...
# Tracing-Ausgabe beginnt hier (Zeilen normalerweise mit '+' präfigiert)
+ ls --color=auto himmelskoerper.txt daten.txt datei_a.txt meinedaten.txt
planeten.txt planeten_beschr.txt planeten_innen.txt planeten_sicherung.txt
planeten_v1.txt spielwiese_inhalt.txt # ls-Befehl nach Wildcard-Expansion
+ wc -l # wc-Befehl erhält Ausgabe von ls über Pipe
+ anzahl=10 # Zuweisung nachdem Befehlssubstitution abgeschlossen ist
+ echo 'Fand 10 Dateien passend zu '\''*.txt'\''.' # echo-Befehl nach
Variablen-/Anführungszeichen-Expansion
# Tracing-Ausgabe endet hier
Skript beendet. Prüfe zusammenfassung.log.
```

Die Zeilen, die mit + beginnen (das Präfixzeichen kann variieren, oft durch die Variable `PS4` gesetzt), zeigen die exakten Befehle, die ausgeführt wurden, nachdem die Shell alle ihre Substitutionen durchgeführt hat. Du kannst sehen, wie der Wildcard `*.txt` erweitert wurde, das Ergebnis `anzahl` zugewiesen wurde und der endgültige `echo`-Befehl mit der Variable `$anzahl` durch `10` ersetzt wurde. Dies ist unglaublich nützlich zur Diagnose von Problemen im Zusammenhang mit Variablenexpansion, Wildcard-Matching oder Befehlssubstitution.

Bei Fehler beenden

Standardmäßig, wenn ein Befehl innerhalb deines Skripts fehlschlägt (einen Nicht-Null-Exit-Status zurückgibt), fährt das Skript einfach mit der Ausführung der nachfolgenden Befehle fort. Dies kann zu seltsamem Verhalten oder späteren Fehlern führen, wenn nachfolgende Befehle vom Erfolg des fehlgeschlagenen abhingen.

Die Option `set -e` weist Bash an, **sofort zu beenden**, wenn irgendein einfacher Befehl mit einem Nicht-Null-Status endet. Dies kann Skripte sicherer machen, indem es verhindert, dass sie nach einem unerwarteten Fehlschlag weitermachen.

```
#!/bin/bash
# set_e_demo.sh

# Aktiviere Beenden bei Fehler
set -e

echo "Schritt 1: Erstelle Verzeichnis..."
mkdir /definitiv/nicht/schreibbar # Dieser Befehl wird wahrscheinlich
fehlschlagen
```

```
echo "Schritt 2: Diese Nachricht wird wahrscheinlich NICHT ausgegeben."
ls

echo "Skript beendet? (Nur wenn mkdir erfolgreich war)"
```

Führe es aus:

```
$ ./set_e_demo.sh
Schritt 1: Erstelle Verzeichnis...
mkdir: cannot create directory '/definitiv': Permission denied
# Skript endet hier wegen 'set -e' und dem mkdir-Fehler.
# Die 'Schritt 2'-echo- und ls-Befehle werden nie erreicht.
```

Vorteile: Hilft, Fehler frühzeitig zu erkennen und verhindert kaskadierende Fehler.
Nachteile:

- Kann das Debuggen erschweren, wenn das Skript beendet wird, bevor du den Zustand untersuchen kannst.
- Könnte unerwartet beenden, wenn ein Befehl manchmal nicht kritisch fehlschlägt.
- Gilt nicht für Befehle, deren Exit-Status Teil eines bedingten Tests ist (if, while, until, &&, ||). In diesen Fällen benötigst du weiterhin explizite Fehlerprüfungen.

Verwende set -e mit Bedacht und verstehe seine Auswirkungen. Du kannst es mit set +e deaktivieren.

Nicht gesetzte Variablen als Fehler behandeln

Einen Variablennamen falsch zu tippen ist ein häufiger Fehler (echo "$benutzer_nmae" statt echo "$benutzer_name"). Standardmäßig behandelt Bash eine nicht gesetzte Variable als leer, was den Tippfehler verschleiern und zu unerwartetem Verhalten führen kann.

Die Option set -u weist Bash an, den Verweis auf eine nicht gesetzte Variable (außer speziellen Parametern wie $* oder $@) als Fehler zu behandeln und das Skript sofort zu beenden.

```
#!/bin/bash
# set_u_demo.sh
```

```
# Aktiviere Beenden bei nicht gesetzten Variablen
set -u

korrekte_var="Hallo"
echo "Korrekte Variable: $korrekte_var"

echo "Versuche nun, auf einen Tippfehler zuzugreifen..."
echo "Tippfehler-Variable: $korrekte_avr" # Falsch geschriebener Variablenname

echo "Diese Nachricht wird NICHT ausgegeben."
```

Führe es aus:

```
$ ./set_u_demo.sh
Korrekte Variable: Hallo
Versuche nun, auf einen Tippfehler zuzugreifen...
./set_u_demo.sh: line 10: korrekte_avr: unbound variable
# Skript endet hier wegen 'set -u' und dem Zugriff auf die nicht gesetzte
Variable.
```

Die Verwendung von set -u wird während der Entwicklung dringend empfohlen, da sie Tippfehler in Variablennamen sehr effektiv aufdeckt. Du kannst es mit set +u deaktivieren.

Optionen kombinieren: Du kannst diese set-Optionen kombinieren: set -eux aktiviert gleichzeitig Exit-bei-Fehler, Fehler-bei-nicht-gesetzter-Variable und Befehlsverfolgung, was eine leistungsstarke Kombination zum Debuggen darstellt.

Exit-Status verstehen

Wir haben Exit-Status häufig erwähnt. Formalisieren wir ihre Rolle beim Debugging und der Fehlerbehandlung. Jeder Befehl, der die Ausführung beendet, gibt einen ganzzahligen **Exit-Status**-Code zurück.

- **Exit-Status 0:** Bedeutet konventionell **Erfolg**.
- **Exit-Status 1-255:** Bedeutet konventionell **Fehlschlag**. Unterschiedliche Werte ungleich Null *können* verwendet werden, um verschiedene Fehlertypen zu signalisieren, obwohl viele Befehle einfach 1 für jeden allgemeinen Fehler zurückgeben.

Die Shell speichert den Exit-Status des *zuletzt ausgeführten Vordergrundbefehls* automatisch in der speziellen Variablen $?. Du kannst dies unmittelbar nach der Ausführung eines Befehls überprüfen.

```
$ ls /etc/passwd # Befehl erfolgreich
/etc/passwd
$ echo $?
0

$ ls /etc/keine_solche_datei # Befehl fehlgeschlagen
ls: cannot access '/etc/keine_solche_datei': No such file or directory
$ echo $?
2 # 'ls' verwendet spezifische Nicht-Null-Codes für verschiedene Fehler

$ grep "root" /etc/passwd > /dev/null # Muster gefunden, grep erfolgreich
$ echo $?
0

$ grep "keinsolcherbenutzer" /etc/passwd > /dev/null # Muster nicht gefunden,
grep fehlgeschlagen
$ echo $?
1

$ true # Befehl, der immer erfolgreich ist
$ echo $?
0

$ false # Befehl, der immer fehlschlägt
$ echo $?
1
```

Die Überprüfung von $? ist fundamental, um festzustellen, ob ein kritischer Befehl in deinem Skript erfolgreich war oder fehlgeschlagen ist.

Befehlserfolg in Skripten prüfen

Wie verwendest du $? effektiv innerhalb eines Skripts?

Methode 1: Direkte Prüfung mit if (Am häufigsten)

Die if-Anweisung prüft natürlich den Exit-Status des Befehls, der als ihre Bedingung angegeben wird. Dies ist der sauberste und häufigste Weg, um den Erfolg eines Befehls zu prüfen.

```
if cp quelle.txt ziel.txt
then
  echo "Datei erfolgreich kopiert."
else
  echo "Fehler: Dateikopie fehlgeschlagen! Exit-Status: $?" >&2
  # Optional das Skript beenden, wenn die Kopie kritisch war
  # exit 1
fi
```

Hier wird der else-Block nur ausgeführt, wenn der cp-Befehl einen Nicht-Null-Exit-Status zurückgibt.

Methode 2: Explizite Prüfung von $?

Du kannst den Befehl ausführen und dann sofort den Wert von $? prüfen.

```
tar czf backup.tar.gz /meine/daten
tar_exit_status=$? # Sofort speichern! $? ändert sich nach jedem Befehl.

if [[ "$tar_exit_status" -ne 0 ]]; then
  echo "Fehler: tar-Befehl fehlgeschlagen mit Status $tar_exit_status" >&2
  exit 1
fi

echo "Backup erfolgreich abgeschlossen."
```

Dies ist etwas ausführlicher, aber notwendig, wenn du den spezifischen Exit-Code für detaillierte Fehlerberichte benötigst oder wenn du andere Befehle zwischen dem kritischen Befehl und der Prüfung ausführen musst (was $? überschreiben würde). Denke daran, $? *sofort* in einer anderen Variablen zu speichern, wenn du ihn erhalten musst.

Fehler elegant behandeln

Ein Skript einfach bei einem Fehler beenden zu lassen (set -e) oder $? zu prüfen, ist nicht immer ausreichend. Ein robustes Skript sollte idealerweise:

1. Kritische Fehler **erkennen**.
2. Den Fehler dem Benutzer klar **melden** (normalerweise auf stderr).
3. Notwendige **Aufräumarbeiten** durchführen (z. B. temporäre Dateien entfernen).
4. Mit einem angemessenen Nicht-Null-Statuscode **beenden**, um den Fehler an aufrufende Prozesse oder Skripte zu signalisieren.

Wir können Bedingungen und Funktionen kombinieren, um wiederverwendbare Fehlerbehandler zu erstellen.

```bash
#!/bin/bash
# elegante_fehlerbehandlung.sh

# Funktion zum Ausgeben von Fehlermeldungen an stderr und Beenden
fehler_exit() {
  local nachricht="$1"
  local exit_code="${2:-1}" # Standard-Exit-Code ist 1, falls nicht angegeben

  echo "FEHLER: $nachricht" >&2
  exit "$exit_code"
}

# --- Hauptskript ---
TEMP_VERZ="/tmp/meinskript_temp_$$" # $$ ist die PID des aktuellen Skripts

echo "Erstelle temporäres Verzeichnis: $TEMP_VERZ"
mkdir "$TEMP_VERZ"
if [[ "$?" -ne 0 ]]; then
  fehler_exit "Konnte temporäres Verzeichnis '$TEMP_VERZ' nicht erstellen." 5
fi

echo "Versuche, kritische Konfiguration zu kopieren..."
cp /etc/wichtig.conf "$TEMP_VERZ/"
if [[ "$?" -ne 0 ]]; then
  # Aufräumen vor dem Beenden
  echo "Führe Aufräumarbeiten durch..." >&2
  rm -rf "$TEMP_VERZ"
  fehler_exit "Kopieren der wichtigen Konfigurationsdatei fehlgeschlagen." 6
fi

echo "Verarbeite Daten (Simulation)..."
sleep 2
# Stelle dir hier einen Fehler vor
if false; then # Ersetze 'false' durch einen echten Befehl, der fehlschlagen
könnte
    # Aufräumen vor dem Beenden
  echo "Führe Aufräumarbeiten durch..." >&2
  rm -rf "$TEMP_VERZ"
  fehler_exit "Datenverarbeitungsschritt fehlgeschlagen!" 7
fi


echo "Räume temporäres Verzeichnis auf..."
rm -rf "$TEMP_VERZ"
```

```
if [[ "$?" -ne 0 ]]; then
    # Kann hier nicht fehler_exit verwenden, da es beendet, vielleicht nur warnen
    echo "Warnung: Temporäres Verzeichnis '$TEMP_VERZ' konnte nicht entfernt
werden." >&2
fi


echo "Skript erfolgreich abgeschlossen."
exit 0
```

Dieses Skript definiert eine `fehler_exit`-Funktion für konsistente Fehlerbericht-erstattung und Beendigung. Es prüft den Status kritischer Befehle (`mkdir`, `cp`) und ruft `fehler_exit` bei einem Fehler auf, wobei sichergestellt wird, dass Aufräumaktionen (`rm -rf`) vor dem Beenden versucht werden.

Signale abfangen (`trap`) zum Aufräumen

Was ist, wenn der Benutzer dein Skript mit `Strg+C` (`SIGINT`) unterbricht oder das System versucht, es herunterzufahren (`SIGTERM`), bevor es normal endet? Wenn dein Skript temporäre Dateien erstellt oder Sperren erworben hat, könnten diese zurückbleiben und später Probleme verursachen.

Der `trap`-Befehl ermöglicht es deinem Skript, spezifische Signale zu erkennen und abzufangen (**trap**), wobei eine vordefinierte Liste von Befehlen ausgeführt wird, bevor es tatsächlich beendet wird. Dies ist von unschätzbarem Wert, um sicherzustellen, dass ordnungsgemäße Aufräumarbeiten stattfinden, unabhängig davon, wie das Skript beendet wird.

Grundlegende Syntax:

```
trap 'auszufuehrende_befehle' SIGNAL1 [SIGNAL2 ...]
```

- `'auszufuehrende_befehle'`: Eine Zeichenkette, die den/die Befehl(e) enthält, die ausgeführt werden sollen, wenn eines der angegebenen Signale empfangen wird.
- `SIGNAL1 [SIGNAL2 ...]`: Die Signalnamen (z. B. `INT`, `TERM`, `HUP`) oder Nummern (z. B. `2`, `15`, `1`), die abgefangen werden sollen.

Ein sehr gebräuchlicher und nützlicher Signalname ist `EXIT`. Dies ist ein von Bash bereitgestelltes Pseudo-Signal, das den trap-Befehl auslöst, *wann immer das Skript aus irgendeinem Grund beendet wird* – sei es normal, über einen `exit`-Befehl oder aufgrund eines Signals.

Beispiel mit Aufräumen:

```bash
#!/bin/bash
# trap_demo.sh

TEMP_DATEI="/tmp/meine_temp_daten.$$" # Eindeutige Temp-Datei mit PID

# --- Aufräumfunktion ---
# Es ist gute Praxis, Aufräumaktionen in eine Funktion zu packen
aufräumen() {
  echo "" # Neue Zeile nach potentiellem Strg+C
  echo "Räume temporäre Datei auf: $TEMP_DATEI"
  # Verwende 'rm -f', um Fehler zu vermeiden, wenn die Datei nicht existiert
  rm -f "$TEMP_DATEI"
}

# --- Trap-Setup ---
# Führe die 'aufräumen'-Funktion aus, wenn das Skript endet (normal oder per
Signal)
# oder die Signale INT (Strg+C) oder TERM empfängt.
trap aufräumen EXIT INT TERM

# --- Hauptskript ---
echo "Erstelle temporäre Datei: $TEMP_DATEI"
date > "$TEMP_DATEI"
if [[ "$?" -ne 0 ]]; then
  echo "FEHLER: Konnte temporäre Datei nicht erstellen." >&2
  exit 1 # Trap führt die Aufräumfunktion beim Beenden trotzdem aus
fi

echo "Skript läuft... PID: $$"
echo "Temporäre Daten:"
cat "$TEMP_DATEI"
echo ""
echo "Drücke Strg+C oder warte 15 Sekunden zum Beenden..."

sleep 15

echo "Skript normal beendet."
# Aufräumfunktion wird hier automatisch durch den EXIT-Trap aufgerufen.
```

Wie man testet:

1. Führe ./trap_demo.sh aus. Lass es nach 15 Sekunden normal enden. Beobachte, wie die „Räume auf…"-Nachricht ganz am Ende erscheint.

2. Führe `./trap_demo.sh` erneut aus. Drücke diesmal `Strg+C`, während es schläft. Beobachte, dass die „Räume auf..."-Nachricht *trotzdem* erscheint, bevor das Skript vollständig beendet wird.

Die Zeile `trap aufräumen EXIT INT TERM` stellt sicher, dass die `aufräumen`-Funktion zuverlässig ausgeführt wird und verhindert, dass temporäre Dateien zurückbleiben. Dies macht deine Skripte viel sauberer und weniger anfällig für Probleme durch übrig gebliebene Artefakte.

Kapitelzusammenfassung

In diesem Kapitel hast du gelernt, dass Debugging eine essentielle Fähigkeit für jeden Skripter ist. Wir haben häufige Fehler wie Quoting-Fehler und Pfadprobleme identifiziert. Du wurdest mit praktischen **Debugging-Techniken** ausgestattet, darunter einfache Variablenausgaben mit `echo`, detaillierte Befehlsverfolgung mit `set -x`, das frühzeitige Beenden von Skripten bei Fehlern mit `set -e` und das Abfangen von Tippfehlern mit `set -u`. Wir haben die Bedeutung der Überprüfung von Befehls-**Exit-Status** (`$?`) bekräftigt und demonstriert, wie dies sauber mit `if` oder expliziten Prüfungen erfolgen kann. Du hast Strategien zur **eleganten Fehlerbehandlung** gelernt, indem du Fehler erkennst, sie klar meldest (an `stderr`), Aufräumarbeiten durchführst und mit Nicht-Null-Statuscodes beendest, möglicherweise unter Verwendung von Hilfsfunktionen. Schließlich hast du den mächtigen `trap`-Befehl entdeckt, insbesondere `trap aufräumen EXIT`, um sicherzustellen, dass kritische **Aufräumaktionen** zuverlässig ausgeführt werden, auch wenn das Skript unterbrochen wird oder unerwartet endet.

Durch die Anwendung dieser Debugging- und Fehlerbehandlungstechniken kannst du Skripte schreiben, die nicht nur funktional, sondern auch robust, zuverlässig und leichter zu warten sind. Nachdem du nun den Skriptfluss steuern und Fehler behandeln kannst, müssen wir uns komplexeren Textmanipulationen widmen. Obwohl `grep`, `sed` und `awk` (Kapitel 9) mächtig sind, benötigst du manchmal noch präzisere Mustererkennungsfähigkeiten, insbesondere zur Validierung von Eingaben oder zum Extrahieren spezifischer Daten aus komplexen Zeichenketten. Im nächsten Kapitel werden wir tief in die faszinierende Welt der **Regulären Ausdrücke (Regex)** eintauchen.

16

Reguläre Ausdrücke
(Regex)

Du hast dir ein beeindruckendes Werkzeugset aufgebaut: Navigieren, Dateien verwalten, Berechtigungen verstehen, Prozesse steuern, Funktionen schreiben, Entscheidungen treffen und Aufgaben in Schleifen durchlaufen. Du hast auch mächtige Textverarbeitungswerkzeuge wie grep, sed und awk back in Kapitel 9 kennengelernt. Wir haben kurz erwähnt, dass diese Werkzeuge „Muster" verwenden können, aber wir sind nicht tief darauf eingegangen, *was* diese Muster wirklich sind. Jetzt ist es an der Zeit, eines der wirkungsvollsten Konzepte zur Textmanipulation auf der Kommandozeile freizuschalten: **Reguläre Ausdrücke**, oft abgekürzt als **Regex** oder **Regexp**. Stelle dir Regex als super-aufgeladene Suchmuster vor, weitaus flexibler und präziser als die einfachen Wildcards (*, ?), die du für Dateinamen gelernt hast. Die Beherrschung von Regex wird deine Fähigkeit, Text zu durchsuchen, Daten zu validieren, spezifische Informationen zu extrahieren und komplexe Substitutionen durchzuführen, dramatisch verbessern und deine Kommandozeilen- und Skripting-Fähigkeiten auf ein neues Niveau heben.

Was sind reguläre Ausdrücke?

Im Kern ist ein regulärer Ausdruck eine **Zeichensequenz, die ein Suchmuster definiert**. Dieses Muster ist normalerweise nicht dazu gedacht, buchstäblich übereinzustimmen; stattdessen verwendet es spezielle Zeichen, sogenannte **Metazeichen**, zusammen mit literalen Zeichen, um zu beschreiben, *welche Art* von Textsequenz du suchst.

Stell dir vor, du musst nicht nur das literale Wort „color" finden, sondern auch seine britische Schreibweise „colour". Oder vielleicht musst du jede Zeile finden, die mit einem Datum im Format JJJJ-MM-TT beginnt, oder validieren, ob eine Benutzereingabe wie eine gültige E-Mail-Adresse aussieht. Einfache String-Übereinstimmung oder Dateinamen-Wildcards sind für diese Aufgaben nicht präzise genug. Reguläre Ausdrücke bieten die Grammatik, die benötigt wird, um diese komplexen Muster zu beschreiben.

Warum sind sie in Linux so wichtig? Weil sich so viel in Linux um Text dreht:

- Konfigurationsdateien (`/etc/`)
- Protokolldateien (`/var/log/`)
- Befehlsausgaben
- Skriptsprachen
- Datendateien (CSV, benutzerdefinierte Formate)

Regex ermöglicht es dir, mit all diesen Textdaten auf unglaublich ausgefeilte Weise direkt von der Kommandozeile oder innerhalb deiner Skripte zu interagieren, unter Verwendung von Werkzeugen wie `grep`, `sed`, `awk` und vielen anderen (einschließlich Programmiersprachen wie Python, Perl, JavaScript usw.).

Stell dir die einfache String-Suche wie die Suche nach einer exakten Hausadresse vor. Stell dir Dateinamen-Wildcards (`*.txt`) wie die Suche nach allen Häusern in einer bestimmten Straße vor, die auf „.txt" enden. Reguläre Ausdrücke sind wie detaillierte Baupläne für die Suche – „finde alle zweistöckigen Häuser, die zwischen 1980 und 1990 gebaut wurden, mit einer roten Tür und genau drei Fenstern an der Vorderseite". Sie bieten weitaus mehr Beschreibungsmacht.

Basic vs. Extended Regular Expressions (BRE vs. ERE)

Da sich reguläre Ausdrücke in der Unix-Welt weiterentwickelten, übernahmen verschiedene Werkzeuge leicht unterschiedliche Syntaxen oder „Dialekte" von Regex. Die beiden Hauptdialekte, denen du in traditionellen Kommandozeilenwerkzeugen begegnen wirst, sind:

1. **Basic Regular Expressions (BRE):** Dies ist der ältere Stil. In BRE werden die meisten Zeichen buchstäblich behandelt, und nur wenige Metazeichen (`.` `*` `[` `]` `^` `$`) haben standardmäßig eine besondere Bedeutung. Andere Metazeichen, wie die für Gruppierung `()` oder zur Angabe von Mengen `{}`, *müssen* mit einem Backslash (`\`) vorangestellt werden, um ihre besondere Bedeutung zu erhalten (z. B. `\( \) \{ \}`). Werkzeuge wie Standard-`grep` und Standard-`sed` verwenden standardmäßig BRE.

2. **Extended Regular Expressions (ERE):** Dies ist ein modernerer Stil, bei dem mehr Metazeichen (`?`, `+`, `(`, `)`, `{`, `}`, `|`) standardmäßig eine besondere Bedeutung haben, was *weniger* Backslashes erfordert. Dies macht ERE-Muster im Allgemeinen sauberer und leichter lesbar. Werkzeuge wie `egrep` (oder `grep -E`), `awk` und `sed -E` (oder `sed -r` auf einigen Systemen) verwenden ERE.

Welche solltest du lernen? Obwohl es gut ist, sich BRE bewusst zu sein, da du darauf stoßen wirst, **werden wir uns in diesem Kapitel hauptsächlich auf die ERE-Syntax konzentrieren.** Sie ist im Allgemeinen weniger umständlich und konsistenter mit der Regex-Nutzung in modernen Programmiersprachen. Denke nur daran, dass du, wenn du Standard-`grep` oder `sed` ohne die `-E`-Option verwendest, möglicherweise Backslashes vor Zeichen wie `(`, `)`, `{`, `}`, `?`, `+` oder `|` hinzufügen musst, damit sie als Metazeichen funktionieren.

Wichtige Metazeichen (ERE-Fokus)

Tauchen wir ein in die Bausteine regulärer Ausdrücke. Diese speziellen Zeichen und Sequenzen ermöglichen es dir, deine Muster zu definieren. Wir werden hauptsächlich die ERE-Syntax verwenden.

Anker

Anker passen nicht auf Zeichen selbst, sondern auf *Positionen* innerhalb der Zeile.

- `^` (Caret/Zirkumflex): Passt auf den **Anfang** der Zeile.
    - `^Fehler`: Passt auf Zeilen, die mit dem Wort „Fehler" *beginnen*.
- `$` (Dollar): Passt auf das **Ende** der Zeile.
    - `fertig$` : Passt auf Zeilen, die mit dem Wort „fertig" *enden*.
    - `^NurDies$` : Passt auf Zeilen, die *nur* den exakten Text „NurDies" und nichts anderes enthalten.

Zeichenklassen

Diese passen auf spezifische Typen oder Mengen von Zeichen.

- `.` (Punkt): Passt auf **jedes einzelne Zeichen** außer, normalerweise, einem Zeilenumbruchzeichen.
  - `k.t`: Passt auf „kat", „kot", „k@t", „k5t" usw., aber nicht auf „kt" oder „kolt".
- `[...]` (Eckige Klammern): Passt auf **jedes einzelne Zeichen**, das innerhalb der Klammern aufgeführt ist. Dies definiert eine **Zeichenmenge**.
  - `[aeiou]`: Passt auf jeden einzelnen Kleinbuchstaben-Vokal.
  - `[Gg]`: Passt auf ein großes 'G' oder ein kleines 'g'.
  - **Bereiche:** Du kannst Bereiche mit einem Bindestrich angeben.
    - `[a-z]`: Passt auf jeden einzelnen Kleinbuchstaben.
    - `[A-Z]`: Passt auf jeden einzelnen Großbuchstaben.
    - `[0-9]`: Passt auf jede einzelne Ziffer.
    - `[a-zA-Z0-9]`: Passt auf jedes einzelne alphanumerische Zeichen.
  - **Negierte Mengen:** Wenn das erste Zeichen innerhalb der Klammern ein Caret `^` ist, passt es auf jedes einzelne Zeichen, das *nicht* in der Menge enthalten ist.
    - `[^0-9]`: Passt auf jedes einzelne Zeichen, das *keine* Ziffer ist.
    - `[^aeiou]`: Passt auf jedes einzelne Zeichen, das *kein* Kleinbuchstaben-Vokal ist.
- **POSIX-Zeichenklassen:** Dies sind spezielle Notationen, die innerhalb von `[[]]` innerhalb der Haupt-`[...]` geschrieben werden. Sie sind oft portabler als explizite Bereiche, insbesondere über verschiedene Spracheinstellungen (Locales) hinweg.
  - `[[:alnum:]]`: Alphanumerische Zeichen (`[a-zA-Z0-9]`).
  - `[[:alpha:]]`: Alphabetische Zeichen (`[a-zA-Z]`).
  - `[[:digit:]]`: Ziffern (`[0-9]`). Entspricht `\d` in einigen Regex-Dialekten.
  - `[[:lower:]]`: Kleinbuchstaben (`[a-z]`).
  - `[[:upper:]]`: Großbuchstaben (`[A-Z]`).
  - `[[:space:]]`: Leerraumzeichen (Leerzeichen, Tabulator, Zeilenumbruch usw.). Entspricht `\s` in einigen Regex-Dialekten.
  - `[[:punct:]]`: Satzzeichen.
  - `[[:xdigit:]]`: Hexadezimale Ziffern (`[0-9a-fA-F]`).

- Beispiel: `[[:digit:]]{3}` passt auf genau drei Ziffern. `[^[:alpha:]]` passt auf jedes nicht-alphabetische Zeichen.

Quantifizierer

Quantifizierer geben an, wie oft das *unmittelbar vorangehende* Zeichen, die Zeichenmenge oder die Gruppe vorkommen muss, um zu passen.

- `*` (Sternchen): Passt auf das vorangehende Element **null oder mehr** Mal.
  - `ab*c`: Passt auf „ac", „abc", „abbc", „abbbc" usw.
  - `.*`: Passt auf *jede* Zeichensequenz (null oder mehr), oft als „alles finden"-Wildcard innerhalb einer Zeile verwendet.
- `+` (Plus): Passt auf das vorangehende Element **ein oder mehr** Mal.
  - `ab+c`: Passt auf „abc", „abbc", „abbbc" usw., aber *nicht* auf „ac".
- `?` (Fragezeichen): Passt auf das vorangehende Element **null oder ein** Mal (macht es optional).
  - `colou?r`: Passt auf „color" oder „colour" (in Englisch).
- `{n}`: Passt auf das vorangehende Element genau n Mal.
  - `[0-9]{5}`: Passt auf genau fünf Ziffern (wie eine deutsche Postleitzahl).
- `{n,}`: Passt auf das vorangehende Element n oder mehr Mal.
  - `a{3,}`: Passt auf „aaa", „aaaa", „aaaaa" usw.
- `{n,m}`: Passt auf das vorangehende Element mindestens n Mal, aber nicht mehr als m Mal.
  - `x{2,4}`: Passt auf „xx", „xxx" oder „xxxx".

Gierigkeit (Greediness): Standardmäßig sind `*`, `+` und `?` **gierig**. Sie versuchen, die längstmögliche Zeichenkette zu finden, die dem Muster entspricht. Zum Beispiel würde bei dem Text `<h1>Titel</h1>` der Regex `<.+>` die gesamte Zeichenkette `<h1>Titel</h1>` finden, nicht nur `<h1>`. Quantifizierer „faul" oder „nicht-gierig" zu machen (um die kürzestmögliche Zeichenkette zu finden), beinhaltet oft das Hinzufügen eines `?` nach dem Quantifizierer (z. B. `*?`, `+?`), aber die Unterstützung dafür variiert je nach Werkzeug und Regex-Engine. Für die grundlegende Verwendung gehe von Gierigkeit aus.

Alternation (ODER-Verknüpfung)

- `|` (Pipe/Vertikaler Strich): Fungiert wie ein **ODER**. Passt auf den Ausdruck links *oder* den Ausdruck rechts davon.
  - `Katze|Hund`: Passt auf Zeilen, die „Katze" oder „Hund" enthalten.

- `^(Fehler|Warnung)`: Passt auf Zeilen, die entweder mit „Fehler" oder „Warnung" beginnen. Verwende Klammern `()`, um den Geltungsbereich der Alternation bei Bedarf einzuschränken.

Gruppierung und Erfassung

- `(...)` (Runde Klammern):
    1. **Gruppieren** Teile des Ausdrucks zusammen, sodass du einen Quantifizierer auf die gesamte Gruppe anwenden kannst.
        - `(ab)+`: Passt auf „ab", „abab", „ababab" usw.
        - `^(Warnung|Fehler)::` Passt auf Zeilen, die mit „Warnung:" oder „Fehler:" beginnen.
    2. **Erfassen** den Text, der durch den Teil des Musters innerhalb der Klammern gefunden wurde. Dieser erfasste Text kann später wiederverwendet werden, insbesondere bei Substitutionen (`sed`) oder durch Programmiersprachen. Diese werden **erfassende Gruppen** (capturing groups) genannt. (Nicht-erfassende Gruppen `(?:...)` existieren, sind aber fortgeschrittener).

Escapen von Metazeichen

Was ist, wenn du ein Zeichen finden möchtest, das normalerweise eine besondere Bedeutung hat? Zum Beispiel, wie findest du einen literalen Punkt (`.`) oder ein literales Sternchen (`*`)? Du **escapest** es mit einem Backslash (`\`).

- `\.`: Passt auf einen literalen Punkt.
- `\*`: Passt auf ein literales Sternchen.
- `\?`: Passt auf ein literales Fragezeichen.
- `\\`: Passt auf einen literalen Backslash.
- `\$`: Passt auf ein literales Dollarzeichen (normalerweise nur notwendig, wenn es nicht am Ende steht).
- `\^`: Passt auf ein literales Caret (normalerweise nur notwendig, wenn es nicht am Anfang steht).
- `\[` und `\]`: Passt auf literale eckige Klammern.
- `\(` und `\)`: Passt auf literale runde Klammern (in ERE notwendig, wenn du keine Gruppierung möchtest).

Regex mit `grep` verwenden

grep ist das primäre Werkzeug zum *Finden* von Zeilen, die einem Regex entsprechen.

- `grep 'REGEX' datei...` **(BRE)**: Denke daran, (,), {, } usw. zu escapen, wenn du ihre besondere Bedeutung benötigst. Oft funktionieren einfachere Muster gut.
- `grep -E 'REGEX' datei...` **oder** `egrep 'REGEX' datei...` **(ERE)**: Empfohlen für komplexe Muster, die +, ?, |, (), {} beinhalten.

Beispiele (mit `grep -E`):

Erstellen wir eine Beispiel-Logdatei `app.log`:

```
2024-07-24 10:00:15 INFO: Anwendungsstart erfolgreich.
2024-07-24 10:01:02 WARN: Festplattenspeicher knapp auf /dev/sda1 (95% belegt).
2024-07-24 10:01:30 INFO: Benutzer 'alice' angemeldet von 192.168.1.100.
2024-07-24 10:02:05 ERROR: Datenbankverbindung fehlgeschlagen:
Zeitüberschreitung.
2024-07-24 10:03:00 INFO: Benutzer 'bob' hat Profil aktualisiert.
2024-07-24 10:03:15 WARN: Konfigurations-Neuladen angefordert.
```

- **Finde Zeilen, die mit einem Datum (JJJJ-MM-TT) beginnen:**

```
$ grep -E '^[0-9]{4}-[0-9]{2}-[0-9]{2}' app.log
# Alle Zeilen sollten passen
```

- **Finde nur ERROR- oder WARN-Meldungen:**

```
$ grep -E '^(ERROR|WARN):' app.log # Passt nicht auf Beispieldaten!
Warum? (Am Anfang verankert)
# Keine Ausgabe oder Fehler

$ # Korrektur: Datum/Uhrzeit kommt zuerst! Suche vorerst irgendwo in der
Zeile:
$ grep -E '(ERROR|WARN):' app.log
2024-07-24 10:01:02 WARN: Festplattenspeicher knapp auf /dev/sda1 (95%
belegt).
2024-07-24 10:02:05 ERROR: Datenbankverbindung fehlgeschlagen:
Zeitüberschreitung.
2024-07-24 10:03:15 WARN: Konfigurations-Neuladen angefordert.

$ # Präziser: Finde Datum, Uhrzeit, dann ERROR oder WARN
```

```
$ grep -E '^[0-9]{4}(-[0-9]{2}){2} [0-9]{2}(:[0-9]{2}){2} (ERROR|WARN):'
app.log
2024-07-24 10:01:02 WARN: Festplattenspeicher knapp auf /dev/sda1 (95%
belegt).
2024-07-24 10:02:05 ERROR: Datenbankverbindung fehlgeschlagen:
Zeitüberschreitung.
2024-07-24 10:03:15 WARN: Konfigurations-Neuladen angefordert.
```

- **Finde Login-Meldungen, die eine IP-Adresse enthalten (vereinfachte Regex):**

```
# Sehr einfache IP-Regex: 1-3 Ziffern, Punkt, 4 mal wiederholt
$ grep -E '[0-9]{1,3}\.[0-9]{1,3}\.[0-9]{1,3}\.[0-9]{1,3}' app.log
2024-07-24 10:01:30 INFO: Benutzer 'alice' angemeldet von 192.168.1.100.
```

(Hinweis: Echte IP-Adressvalidierungs-Regex ist viel komplexer!)

- **Extrahiere nur die IP-Adressen (Option -o):**

```
$ grep -o -E '[0-9]{1,3}\.[0-9]{1,3}\.[0-9]{1,3}\.[0-9]{1,3}' app.log
192.168.1.100
```

Regex mit `sed` verwenden

sed verwendet Regex hauptsächlich im Adressteil (um Zeilen auszuwählen) und im FINDEMUSTER des s (substitute)-Befehls.

- `sed '/REGEX/befehl' datei...` **(BRE):** Wählt Zeilen aus, die dem BRE REGEX entsprechen, für den Befehl (z. B. d für delete/löschen).
- `sed 's/BRE_REGEX/ERSETZUNG/FLAGS' datei...` **(BRE):** Führt Substitution unter Verwendung von BRE durch. Denke an \(\) zur Erfassung.
- `sed -E ...` **(ERE):** Verwende -E, um erweiterte Regex in Adressen und im s-Befehl zu aktivieren. Die Erfassung verwendet (...).

Substitution mit Rückverweisen (Backreferences):

Hier werden erfassende Gruppen (...) mächtig. In der ERSETZUNGs-Zeichenkette des s-Befehls bezieht sich \1 auf den Text, der von der *ersten* (...)-Gruppe im Regex erfasst wurde, \2 auf die zweite, und so weiter.

Beispiele (mit sed -E):

*   **Tausche Benutzername und IP-Adresse in Login-Meldungen:**

    ```
    $ grep -E "angemeldet" app.log | sed -E "s/Benutzer '([^']*)' angemeldet
    von (.*)\./Benutzer '\1' angemeldet von IP: \2/"
    2024-07-24 10:01:30 INFO: Benutzer 'alice' angemeldet von IP:
    192.168.1.100
    ```

    *   `'([^']*)'`: Erfasst den Benutzernamen (jedes Zeichen außer `'`) in Gruppe `\1`.
    *   `(.*)`: Erfasst den Rest der Zeichenkette (die IP-Adresse) in Gruppe `\2`.
    *   `Benutzer '\1' ... IP: \2`: Baut die Zeichenkette unter Verwendung der erfassten Gruppen neu auf.

*   **Füge Anführungszeichen um den Prozentsatz in der WARN-Meldung hinzu:**

    ```
    $ grep WARN app.log | sed -E 's/([0-9]+%) belegt/"\1" belegt/'
    2024-07-24 10:01:02 WARN: Festplattenspeicher knapp auf /dev/sda1
    ("95%") belegt.
    ```

    *   `([0-9]+%)`: Erfasst eine oder mehrere Ziffern gefolgt von `%` in Gruppe `\1`.
    *   `"\1"`: Ersetzt die Übereinstimmung durch die erfasste Gruppe in Anführungszeichen.

Regex mit awk verwenden

awk verwendet inhärent ERE für seine Mustererkennung, was die Verwendung von Regex sehr natürlich macht.

*   **Zeilenauswahl:** `/REGEX/ { aktion }` - Führt die Aktion nur für Zeilen aus, die dem ERE REGEX entsprechen.

    ```
    $ awk '/WARN:|ERROR:/ { print $0 }' app.log
    2024-07-24 10:01:02 WARN: Festplattenspeicher knapp auf /dev/sda1 (95%
    belegt).
    2024-07-24 10:02:05 ERROR: Datenbankverbindung fehlgeschlagen:
    Zeitüberschreitung.
    2024-07-24 10:03:15 WARN: Konfigurations-Neuladen angefordert.
    ```

*   **Feldabgleich (~-Operator):** Prüft, ob ein spezifisches Feld einem Regex entspricht.

```
# Gib die Nachricht (ab $4) für Zeilen aus, in denen Feld 3 WARN oder
ERROR ist
$ awk '$3 ~ /^(WARN|ERROR):$/ { $1=$2=$3=""; print substr($0,4) }'
app.log
 Festplattenspeicher knapp auf /dev/sda1 (95% belegt).
 Datenbankverbindung fehlgeschlagen: Zeitüberschreitung.
 Konfigurations-Neuladen angefordert.
```

- **Eingebaute Funktionen:** awk hat Funktionen wie gsub(/REGEX/, "ersetzung", ziel_string) für globale Substitution innerhalb von Zeichenketten im Aktionsblock, was manchmal mehr Flexibilität als sed bietet.

Praktische Regex-Beispiele

Verfestigen wir das mit ein paar weiteren gängigen Szenarien.

- **Validierung einer einfachen nordamerikanischen Telefonnummer (z.B. NNN-NNN-NNNN) oder deutschen (Vorwahl mit / oder -):** (Beispiele angepasst)

```
telefon="0123-4567890"
# Einfaches Muster für deutsche Nummern (kann stark variieren!)
if [[ "$telefon" =~ ^0[0-9]{2,4}[/-]?[0-9]{1,}$ ]]; then
  echo "'$telefon' sieht wie ein gültiges Format aus."
else
  echo "'$telefon' entspricht NICHT dem Format."
fi
```

(Hinweis: Der Operator =~ *wird innerhalb von* [[...]] *für ERE-Matching in Bash selbst verwendet).*

- **Extrahieren von URLs (Vereinfacht):**

```
# Annahme: URLs beginnen mit http:// oder https://
grep -o -E 'https?://[^[:space:]]+' irgendeine_webseite.html
```

- **Filtern von Apache-Logs nach POST-Anfragen:**

```
# Apache Combined Log Format hat Methode oft in Anführungszeichen
grep -E ' \"POST ' access.log
```

Fallstricke und Tipps

- **Komplexität tötet**: Regex kann extrem komplex und schwer lesbar werden (manchmal als „Zeilenrauschen" bezeichnet). Strebe nach Klarheit. Füge Kommentare in deinen Skripten hinzu, die nicht offensichtliche Regex-Muster erklären. Manchmal sind mehrere einfachere Schritte besser als ein monströser Regex.
- **Leistung**: Sehr komplexe Regex-Muster, insbesondere solche, die umfangreiches Backtracking beinhalten, können bei großen Eingaben langsam sein. Berücksichtige die Effizienzaspekte.
- **Gierigkeit**: Denke daran, dass Quantifizierer wie * und + gierig sind. .* wird so viel wie möglich finden. Sei dir dessen bewusst, wenn du versuchst, spezifische Segmente zu finden.
- **Anführungszeichen**: Schließe dein Regex-Muster immer in einfache ('...') oder doppelte ("...") Anführungszeichen ein, wenn du es als Argument an Befehle wie `grep` oder `sed` übergibst. Dies verhindert, dass die Shell versucht, Metazeichen wie * oder | zu interpretieren, bevor der Befehl sie sieht. Einfache Anführungszeichen sind oft sicherer, es sei denn, du *benötigst* Variablenexpansion innerhalb des Regex.
- **Testen, Testen, Testen**: Verwende Werkzeuge wie `grep -E` oder Online-Regex-Tester (wie regex101.com), um mit deinen Mustern auf Beispieldaten zu experimentieren, bevor du sie in kritische Skripte einbettest. Teste Randfälle!

Kapitelzusammenfassung

Reguläre Ausdrücke sind ein fundamentales und mächtiges Werkzeug zur Textmanipulation auf der Linux-Kommandozeile und im Skripting. Du hast den Unterschied zwischen **BRE** und **ERE** gelernt und dich auf die sauberere **ERE**-Syntax konzentriert. Wir haben wichtige **Metazeichen** untersucht, darunter **Anker** (^, $), verschiedene **Zeichenklassen** (., [...], [[:klasse:]]), **Quantifizierer** (*, +, ?, {}), **Alternation** (|), **Gruppierung/Erfassung** (()) und die Notwendigkeit des **Escapens** (\). Du hast praktische Beispiele für die Verwendung von Regex mit `grep -E` (zum Finden von Zeilen und Extrahieren von Treffern mit -o), `sed -E` (insbesondere für Substitutionen unter Verwendung von **Rückverweisen** wie \1) und `awk` (zur Auswahl von Zeilen und zum Abgleich von Feldern mit ~) gesehen. Denke daran, deine Muster zu testen und Klarheit zu priorisieren.

Die Beherrschung von Regex erfordert Übung, aber der Gewinn an Textverarbeitungskraft ist immens. Nachdem du nun komplexe Muster erstellen und gut strukturierte, fehlerbehandelte Skripte mit Funktionen, Schleifen und Bedingungen schreiben kannst, ist es an der Zeit, Best Practices zu berücksichtigen, die deine Skripte nicht nur funktional, sondern wirklich professionell machen. Im nächsten Kapitel werden wir Stil, Formatierung, Sicherheitsaspekte und Portabilität diskutieren, um dir zu helfen, bessere, wartbarere Shell-Skripte zu schreiben.

17

Bessere Skripte schreiben

Du hast eine beeindruckende Reise hinter dir! Angefangen bei deinen ersten zaghaften Schritten im Terminal in Kapitel 1, hast du gelernt, im Linux-Dateisystem zu navigieren, Dateien und Berechtigungen zu verwalten, die Macht von Pipes und Umleitungen zu nutzen, Prozesse zu zähmen, deine Shell-Umgebung anzupassen (Kapitel 8), bedingte Logik und Schleifen zu schreiben, Code mit Funktionen zu organisieren, effektiv zu debuggen (Kapitel 15), reguläre Ausdrücke zu verwenden (Kapitel 16), Best Practices zu befolgen (Kapitel 17) und sogar Aufgaben mit cron zu automatisieren (Kapitel 18). Du hast dir ein beachtliches Fundament in Linux-Kommandozeilenoperationen und Shell-Skripting aufgebaut.

Obwohl wir den essentiellen Kern abgedeckt haben, ist die Linux-Welt riesig und voller spezialisierter Werkzeuge. Dieses letzte Kapitel zielt darauf ab, kurz einige weitere unverzichtbare Dienstprogramme vorzustellen, denen du wahrscheinlich begegnen wirst, dir einen entscheidenden Hinweis zur Versionskontrolle mit git zu geben und einige Vorschläge zu machen, wohin deine Linux-Abenteuerreise dich als nächstes führen könnte. Betrachte dies als Startrampe für deine fortgesetzte Erkundung.

Lesbarkeit zählt

Ein Skript mag perfekt funktionieren, aber wenn es wie ein Durcheinander aussieht, wird es später ein Albtraum sein, es zu warten oder zu debuggen. Konsistente Formatierung und ein sauberer Stil machen deinen Code wesentlich leichter lesbar und auf einen Blick verständlich.

Einrückung

Einrückung ist entscheidend, um die Struktur deines Codes visuell darzustellen, insbesondere bei Kontrollflussanweisungen wie if, for, while, case und Funktionsdefinitionen. Codeblöcke, die mit diesen Strukturen verbunden sind, sollten konsistent eingerückt werden.

- **Wähle einen Stil:** Entscheide, ob du Leerzeichen (üblicherweise 2 oder 4) oder Tabulatoren zur Einrückung verwenden möchtest. Keiner ist von Natur aus „besser", aber **Konsistenz ist oberstes Gebot.** Wähle einen Stil und bleibe dabei in deinem gesamten Skript (und idealerweise über deine Projekte hinweg). Das Mischen von Tabs und Leerzeichen kann zu visuellen Inkonsistenzen in verschiedenen Editoren führen.
- **Wende ihn konsistent an:** Rücke den Code zwischen then und fi/else/elif, zwischen do und done, zwischen case-Mustern und ;; sowie innerhalb von Funktionsklammern { ... } ein.

Gut:

```
if [[ "$debug_modus" -eq 1 ]]; then
  echo "Debug-Modus aktiviert."
  set -x # Eingerückter Befehl
fi

for datei in *.log; do
  if [[ -f "$datei" ]]; then
    echo "Verarbeite $datei..." # Weitere Einrückung
    # Weitere Befehle...
  fi
done
```

Schlecht (Schwerer zu lesen):

```
if [[ "$debug_modus" -eq 1 ]]; then
echo "Debug-Modus aktiviert."
set -x
fi

for datei in *.log; do
if [[ -f "$datei" ]]; then
```

```
echo "Verarbeite $datei..."
# Weitere Befehle...
fi
done
```

Leerraum

Die angemessene Verwendung von Leerraum (Leerzeichen und Leerzeilen) verbessert die Lesbarkeit erheblich.

- **Um Operatoren:** Platziere Leerzeichen um Vergleichsoperatoren innerhalb von `[[ ... ]]` (z. B. ist `[[ "$a" == "$b" ]]` leichter zu lesen als `[["$a"=="$b"]]`) und um arithmetische Operatoren in `$((...))` (z. B. `$((anzahl + 1))` vs `$((anzahl+1))`).
- **Nach Schlüsselwörtern:** Setze ein Leerzeichen nach Schlüsselwörtern wie `if`, `while`, `for`, `case`, `function`.
- **Vor geschweiften Klammern:** Oft verbessert ein Leerzeichen vor einer öffnenden geschweiften Klammer `{` in Funktionsdefinitionen oder Befehlsgruppen die Klarheit.
- **Leerzeilen:** Verwende Leerzeilen (sparsam), um logische Codeblöcke zu trennen, z. B. zwischen Funktionsdefinitionen oder vor größeren Logikabschnitten innerhalb eines Skripts. Dies lockert dichten Code auf und signalisiert logische Trennung.

Zeilenlänge

Extrem lange Codezeilen sind schwer zu lesen und erfordern oft horizontales Scrollen. Strebe eine vernünftige maximale Zeilenlänge an, traditionell etwa 80 Zeichen, obwohl etwas länger (z. B. 100-120) auf modernen Displays oft akzeptabel ist.

Wenn ein Befehl oder Ausdruck von Natur aus lang ist, kannst du einen Backslash (\) am Ende einer Zeile verwenden, um den Befehl in der nächsten Zeile fortzusetzen. Verwende dies sparsam, da es Code manchmal schwerer nachvollziehbar machen kann, als die Aufgabe einfach in mehrere Befehle aufzuteilen oder Zwischenvariablen zu verwenden.

Beispiel für Zeilenfortsetzung:

```
# Langer 'find'-Befehl zur Lesbarkeit aufgeteilt
find /daten/archiv -type f \
```

```
-name "*.gz" \
-mtime +30 \
-print0 | \
xargs -0 --no-run-if-empty rm -f
```

Konsistenz

Sei vor allem **konsistent** mit deinem gewählten Stil für Einrückung, Leerraum, Benennung und Formatierung in deinem gesamten Skript und verwandten Projekten. Ein konsistenter Stil macht den Code vorhersehbar und für jeden (einschließlich dich selbst) leichter schnell zu scannen und zu verstehen.

Sinnvolle Variablen- und Funktionsnamen

Die Wahl guter Namen für deine Variablen und Funktionen ist eine der einfachsten, aber effektivsten Methoden, um deine Skripte verständlich zu machen. Kryptische Namen zwingen jeden, der den Code liest, ständig ihre Bedeutung zu entschlüsseln.

- **Sei beschreibend:** Namen sollten den Zweck oder Inhalt der Variablen oder Funktion klar angeben. `eingabe_dateiname` ist weitaus besser als `edn` oder `x`. `berechne_festplattennutzung` ist klarer als `bfn` oder `mach_es`.
- **Vermeide Mehrdeutigkeit:** Wähle Namen, die nicht leicht mit anderen Variablen, Funktionen oder Standardbefehlen verwechselt werden können.
- **Folge Konventionen:** Obwohl Bash keine strengen Regeln erzwingt, verbessern gängige Konventionen die Konsistenz:
  - **Lokale Variablen/Funktionen:** `kleinbuchstaben_mit_unterstrichen` (snake_case) ist sehr verbreitet und lesbar (z. B. `log_datei`, `verarbeite_eingabe`).
  - **Umgebungsvariablen/Konstanten:** `GROSSBUCHSTABEN_MIT_UNTERSTRICHEN` (SCREAMING_SNAKE_CASE) ist die Standardkonvention für Umgebungsvariablen (`PATH`, `HOME`) und wird oft für Konstanten verwendet, die innerhalb eines Skripts definiert werden (z. B. `readonly MAX_WIEDERHOLUNGEN=5`).
- **Länge:** Bevorzuge Klarheit gegenüber extremer Kürze, aber vermeide übermäßig lange Namen, wenn eine kürzere, klare Alternative existiert.

Denke an jemanden, der deinen Code zum ersten Mal liest. Werden die Namen ohne zusätzliche Erklärung Sinn ergeben?

Effektive Kommentierungsstrategien

Kommentare (# ...) erklären deinen Code für menschliche Leser; die Shell ignoriert sie. Gute Kommentare sind essentiell für die Wartbarkeit.

- **Erkläre das *Warum*, nicht nur das *Was***: Wiederhole nicht einfach den offensichtlichen Befehl. Kommentare sollten den *Zweck* oder die *Absicht* hinter einem Codeabschnitt erklären, besonders wenn die Logik komplex, nicht intuitiv ist oder eine Umgehungslösung beinhaltet.
    - **Schlecht**: `# Inkrementiere Zähler` gefolgt von `((zaehler++))`
    - **Gut**: `# Zähler verfolgt Anzahl erfolgreich verarbeiteter Dateien` gefolgt von `((zaehler++))`
- **Header-Block**: Beginne deine Skripte mit einem Kommentarblock, der Metadaten enthält:
    - Skriptzweck/Beschreibung.
    - Verwendungshinweise (Argumente, Optionen).
    - Autor (optional).
    - Erstellungs-/Änderungsdatum (optional).
    - Abhängigkeiten (optional).
- **Funktionskommentare**: Stelle jeder Funktionsdefinition Kommentare voran, die erklären:
    - Was die Funktion tut.
    - Welche Argumente (`$1`, `$2`, etc.) sie erwartet.
    - Was sie „zurückgibt" (Exit-Status oder Daten über stdout).
- **Inline-Kommentare**: Verwende Kommentare neben spezifischen Zeilen nur bei Bedarf, um einen bestimmten Schritt oder eine Variable zu klären. Überkommentiere keinen einfachen Code.
- **Halte Kommentare aktuell**: Das ist kritisch! Ein veralteter Kommentar, der Code beschreibt, der sich geändert hat, ist irreführend und schlimmer als gar kein Kommentar. Wenn du Code änderst, aktualisiere die relevanten Kommentare.
- **Verwende Leerzeilen und Kommentarblöcke**: Strukturiere Kommentare logisch, indem du Leerzeilen oder Kommentarblöcke (`# --- Abschnittsname ---`) zur Trennung von Abschnitten verwendest.

Wann man *kein* Shell-Skript verwenden sollte

Shell-Skripting ist unglaublich mächtig zur Automatisierung von Befehlssequenzen, zur Verwaltung von Dateien und zum Zusammenkleben anderer Programme. Es hat jedoch Grenzen. Zu wissen, wann man *kein* Shell-Skript verwenden sollte, ist genauso wichtig wie zu wissen, wie man eines schreibt. Shell-Skripte könnten das falsche Werkzeug sein, wenn deine Aufgabe Folgendes beinhaltet:

1. **Komplexe Datenstrukturen:** Bash-Arrays sind ziemlich einfach (meist indizierte Listen von Strings). Wenn du komplexe Strukturen wie verschachtelte Arrays, Dictionaries/Hashes/Maps, Bäume oder Objekte benötigst, bieten Sprachen wie Python, Perl oder Ruby eine viel bessere eingebaute Unterstützung.

2. **Umfangreiche mathematische Operationen:** Bash-Arithmetik ist auf Ganzzahlen beschränkt. Für Fließkomma-Mathematik, komplexe Berechnungen oder statistische Analysen sind dedizierte Werkzeuge (bc, awk) oder Sprachen wie Python (mit Bibliotheken wie NumPy/SciPy) weitaus besser geeignet.

3. **Komplexe String-Manipulation/Parsing:** Obwohl sed, awk und Regex mächtig sind, ist das Parsen strukturierter Formate wie JSON, XML oder komplexer Binärdaten oft viel einfacher und sicherer mit dedizierten Bibliotheken, die in anderen Sprachen verfügbar sind.

4. **Erstellung grafischer Benutzeroberflächen (GUIs):** Shell-Skripting ist grundlegend textbasiert.

5. **Große, komplexe Anwendungen:** Für Projekte, die komplexe Logik, viele Module, objektorientiertes Design oder umfangreiche Bibliotheken erfordern, ist eine Allzweck-Programmiersprache normalerweise besser geeignet.

6. **Leistungskritische Aufgaben:** Während Shell-Skripte für E/A-gebundene Aufgaben (Ausführen externer Befehle) schnell sein können, laufen rechenintensive Algorithmen im Allgemeinen viel langsamer als äquivalenter Code, der in einer kompilierten Sprache (wie C, Go) oder sogar schnelleren interpretierten Sprachen wie Python geschrieben wurde.

Versuche nicht, ein Shell-Skript zu zwingen, etwas zu tun, wofür es nicht gut geeignet ist. **Wähle das richtige Werkzeug für die Aufgabe.** Oft ist ein einfaches Shell-Skript perfekt, aber manchmal spart dir der Wechsel zu Python oder einer anderen Sprache auf lange Sicht erheblich Zeit und Mühe.

Portabilitätsbedenken

In diesem Buch haben wir uns auf **Bash**, die Bourne Again SHell, konzentriert, da sie die häufigste interaktive Shell unter Linux ist. Der Basisstandard für Shells auf UNIX-ähnlichen Systemen wird jedoch durch **POSIX** (Portable Operating System Interface) definiert. Der von POSIX spezifizierte Standard-Befehlsinterpreter wird typischerweise als /bin/sh bezeichnet. Auf vielen Systemen könnte /bin/sh Bash sein, die im

POSIX-Modus läuft, oder es könnte eine andere, einfachere Shell wie `dash` (üblich auf Debian/Ubuntu) oder `ksh` sein.

Warum ist das wichtig? Wenn du ein Skript schreibst, das spezifische Funktionen von Bash (**Bashismen**) verwendet, und versuchst, es mit `/bin/sh` auszuführen (z. B. durch Verwendung des Shebangs `#!/bin/sh` oder Ausführen von `sh dein_skript.sh`), könnte es auf Systemen fehlschlagen oder sich falsch verhalten, auf denen `/bin/sh` nicht Bash ist.

Häufige Bashismen, auf die man achten sollte:

- `[[ ... ]]`: Das doppelte Klammer-Compound-Command für Bedingungen. POSIX-Standard ist `[ ... ]` (der `test`-Befehl).
- `(( ... ))`: Arithmetische Auswertung. POSIX-Standard ist `$((...))` oder der externe `expr`-Befehl.
- `function`-**Schlüsselwort:** Optional in Bash, aber der POSIX-Standard ist nur `funktionsname() { ... }`.
- **Arrays (Fortgeschritten):** Während POSIX einfache indizierte Arrays definiert, auf die wie `${array[0]}` zugegriffen wird, sind viele erweiterte Array-Funktionen und assoziative Arrays Bash-spezifisch.
- **Prozess-Substitution:** `<(...)` und `>(...)`.
- **Here Strings:** `<<< "string"`.
- **Regulärer Ausdrucksabgleich:** Der `=~`-Operator innerhalb von `[[...]]`.
- **Bestimmte Optionen:** Einige Optionen zu eingebauten Befehlen wie `echo -e` (Interpretiere Escapes) oder `read -p` (Prompt) sind nicht durch POSIX garantiert.

Wann ist Portabilität wichtig:

- **Systemskripte:** Das Schreiben von Skripten, die während des Systemstarts oder als Teil von Kern-Systemdienstprogrammen (z. B. Init-Skripte, systemd Unit-Datei-Skripte) laufen sollen, erfordert oft das strikte Einhalten von POSIX sh-Funktionen für maximale Kompatibilität.
- **Plattformübergreifende Skripte:** Wenn dein Skript zuverlässig auf verschiedenen UNIX-ähnlichen Systemen (Linux-Distributionen, macOS, BSD-Varianten) laufen muss, wo `/bin/sh` möglicherweise nicht Bash ist.
- **Kollaborative Projekte:** Wenn Projektrichtlinien POSIX-Konformität erfordern.

Was zu tun ist:

- **Sei dir bewusst:** Erkenne, welche Funktionen Bash-spezifisch sind.

- **Verwende** `#!/bin/bash`: Wenn dein Skript auf Bashismen angewiesen ist, verwende explizit den `#!/bin/bash`-Shebang, um sicherzustellen, dass es mit Bash ausgeführt wird. Akzeptiere die Abhängigkeit von der Verfügbarkeit von Bash.
- **Halte dich an POSIX:** Wenn Portabilität oberste Priorität hat, beschränke dich bewusst auf Funktionen, die durch den POSIX-Standard für `sh` definiert sind.
- **Verwende** `shellcheck`: Dies ist ein ausgezeichnetes statisches Analysewerkzeug, das dein Skript untersuchen und dich vor Syntaxfehlern, semantischen Problemen, nicht portablen Konstrukten (potenzielle Bashismen bei Ziel `sh`) und häufigen Fallstricken warnen kann. Installiere es (`sudo apt install shellcheck`, `sudo dnf install ShellCheck`) und führe es regelmäßig für deine Skripte aus: `shellcheck dein_skript.sh`.

Sicherheitsaspekte beim Shell-Skripting

Wenn Skripte Benutzereingaben verarbeiten, Dateien bearbeiten oder insbesondere wenn sie mit erhöhten Rechten (`sudo`) laufen, wird Sicherheit kritisch. Nachlässiges Skripting kann Sicherheitslücken öffnen.

- **Variablen immer quoten:** Wir können das nicht genug betonen. Nicht in Anführungszeichen gesetzte Variablen, die Dateinamen oder Benutzereingaben enthalten, sind anfällig für **Worttrennung** und **Globbing** (Wildcard-Erweiterung). Ein Dateiname wie `"datei mit leerzeichen.txt"`, der ungequoted verwendet wird (`rm $dateiname`), wird zu `rm datei mit leerzeichen.txt`, was potenziell nicht verwandte Dateien löschen kann. Verwende immer doppelte Anführungszeichen: `rm "$dateiname"`. Verwende `"$@"` zur sicheren Handhabung von Argumenten.

- **Vermeide Command Injection:** Dies geschieht, wenn vom Benutzer bereitgestellte Eingaben als Teil eines auszuführenden Befehls behandelt werden. Konstruiere niemals Befehlsstrings durch direktes Einbetten roher Benutzereingaben.
  - **Gefährlich:** `BENUTZEREINGABE="; rm -rf /"; BEFEHL="echo $BENUTZEREINGABE"; eval "$BEFEHL"`
  - **Sicherer:** Übergib Benutzereingaben als eigenständige *Argumente* an Befehle. `BENUTZERMUSTER="..."; DATEINAME="..."; grep "$BENUTZERMUSTER" "$DATEINAME"` (Hier behandelt `grep $BENUTZERMUSTER` als Daten, nicht als Befehle).

- **Vermeide** eval: Der eval-Befehl führt seine Argumente als Shell-Befehl aus. Er ist mächtig, aber extrem gefährlich, wenn er mit nicht vertrauenswürdigen Eingaben verwendet wird. Vermeide ihn, es sei denn, er ist absolut notwendig und du hast die Eingabe zuerst rigoros validiert.

- **Sichere temporäre Dateien:** Verwende keine vorhersagbaren Dateinamen in gemeinsam genutzten Verzeichnissen wie /tmp (z. B. /tmp/meinskript.pid). Ein anderer Prozess könnte potenziell mit dieser Datei interagieren oder sie lesen/schreiben. Verwende den mktemp-Befehl, um temporäre Dateien oder Verzeichnisse sicher mit eindeutigen, unvorhersehbaren Namen zu erstellen. Verwende trap (Kapitel 15), um sicherzustellen, dass diese temporären Dateien aufgeräumt werden.

```
TEMP_DATEI=$(mktemp) || exit 1
trap 'rm -f "$TEMP_DATEI"' EXIT
echo "Daten" > "$TEMP_DATEI"
# ... verwende $TEMP_DATEI ...
```

- **Berechtigungen:**

  - Gib deinen Skripten die minimal notwendigen Berechtigungen. Mache Skripte nicht für alle schreibbar, es sei denn, dies ist erforderlich.
  - Vermeide es, Skripte als root auszuführen, es sei denn, dies ist absolut notwendig. Wenn nur bestimmte Befehle innerhalb des Skripts Root-Rechte benötigen, erwäge, nur diese Befehle über sudo innerhalb des Skripts auszuführen (und konfiguriere /etc/sudoers sorgfältig, um nach Möglichkeit nur diese spezifischen Befehle zu erlauben).

- **Umgebung:** Sei vorsichtig, wenn dein Skript mit erhöhten Rechten läuft (z. B. über sudo oder su). Ein Benutzer könnte Umgebungsvariablen wie PATH oder IFS manipulieren, bevor er das Skript ausführt, um sein Verhalten zu beeinflussen. Erwäge, am Anfang von privilegierten Skripten einen als sicher bekannten PATH zu setzen: export PATH="/bin:/sbin:/usr/bin:/usr/sbin".

Skripte wartbar halten

Wartbarkeit bedeutet, Skripte über die Zeit leicht verständlich, modifizierbar und debuggbar zu machen.

- **Verwende Funktionen:** Zerlege Logik in wiederverwendbare Funktionen (Kapitel 14).
- **Definiere Konstanten:** Speichere feste Werte (Pfade, URLs, Standardeinstellungen) in Variablen (oft großgeschrieben und vielleicht `readonly`) am Anfang des Skripts. Dies macht es einfach, sie bei Bedarf zu finden und zu ändern.

```
readonly LOG_VERZ="/var/log/meineapp"
readonly MAX_VERSUCHE=3
```

- **Robuste Fehlerbehandlung:** Prüfe Rückgabecodes (`$?`), verwende `set -e`/`set -u` angemessen, gib klare Fehlermeldungen an `stderr` aus, verwende `trap` zum Aufräumen (Kapitel 15).
- **Sinnvolle Exit-Codes:** Verwende `exit 0` für Erfolg und spezifische Nicht-Null-Codes (`exit 1`, `exit 2`, etc.), um verschiedene Fehlermodi anzuzeigen. Dies ermöglicht es anderen Skripten oder Überwachungssystemen festzustellen, *warum* dein Skript fehlgeschlagen ist.
- **Eingaben validieren:** Prüfe Benutzereingaben und Kommandozeilenargumente früh im Skript, um sicherzustellen, dass sie gültig sind, bevor du fortfährst. Scheitere schnell, wenn die Eingabe falsch ist.
- **Halte es einfach (KISS - Keep It Simple, Stupid):** Vermeide übermäßig komplexe Shell-Gymnastik oder obskure Syntax, wenn ein einfacher Ansatz das gleiche Ergebnis erzielt. Klarheit geht in Skripten oft vor geringfügigen Effizienzgewinnen.
- **Versionskontrolle:** Verwende ein Versionskontrollsystem wie `git` (kurz erwähnt in Kapitel 19), um Änderungen an deinen Skripten zu verfolgen, zusammenzuarbeiten und Fehler rückgängig zu machen.

Kapitelzusammenfassung

Funktionale Skripte zu schreiben ist nur der Anfang; *gute* Skripte zu schreiben erfordert Disziplin und Aufmerksamkeit für Best Practices. In diesem Kapitel haben wir die Bedeutung der **Lesbarkeit** durch konsistente Formatierung, Einrückung, Leerraum und sinnvolle Namenskonventionen betont. Wir haben effektives **Kommentieren** hervorgehoben, um das *Warum*, nicht nur das *Was* zu erklären. Du hast gelernt zu erkennen, wann Shell-Skripting möglicherweise nicht das beste Werkzeug ist, und **Portabilitäts**-Probleme im Zusammenhang mit Bashismen vs. POSIX `sh` betrachtet, wobei die Nützlichkeit von `shellcheck` hervorgehoben wurde. Wir haben kritische **Sicherheitsaspekte** behandelt, wobei wir uns auf korrektes Quoting, die Vermeidung von Command Injection, die Verwendung von `mktemp` und den sorgfältigen Umgang mit Berechtigungen konzentriert haben. Schließlich haben wir Strategien zur **Wartbarkeit** diskutiert, einschließlich der Verwendung von Funktionen, Konstanten, robuster Fehlerbehandlung, sinnvollen Exit-Codes, Eingabevalidierung und dem Einfachhalten der Dinge.

Indem du diese Praktiken anwendest, wirst du Skripte schreiben, die nicht nur mächtige Automatisierungswerkzeuge sind, sondern auch professionell, zuverlässig, sicher und für dich und andere langfristig leicht zu bearbeiten sind. Mit diesen gut gestalteten Skripten in der Hand bist du perfekt positioniert, um sie vom System automatisch für dich ausführen zu lassen. Im nächsten Kapitel werden wir cron erkunden, das Standard-Linux-Dienstprogramm zur Planung deiner Skripte und Befehle zur Ausführung zu bestimmten Zeiten oder Intervallen.

18

Die Zukunft automatisieren

Du hast dir ein solides Fundament aufgebaut. Du kannst navigieren, Dateien verwalten, Berechtigungen verstehen, Prozesse steuern, Funktionen schreiben, Fehler behandeln (Kapitel 15) und sogar anspruchsvolle Textverarbeitungstechniken anwenden (Kapitel 16). Du hast gelernt, Skripte zu schreiben (Kapitel 10), die Aufgabenabfolgen automatisieren, und dabei die Best Practices befolgt, die wir in Kapitel 17 besprochen haben. Aber Automatisierung wird erst richtig lebendig, wenn du deine Skripte nicht einmal mehr *manuell ausführen* musst. Was wäre, wenn du dein Backup-Skript so planen könntest, dass es jede Nacht automatisch läuft? Oder ein Aufräumskript jedes Wochenende ausführen lassen könntest? Oder vielleicht jede Stunde eine Systemprüfung durchführen lassen? Linux bietet einen standardmäßigen, zuverlässigen Mechanismus für genau diese Art von zeitbasierter Aufgabenplanung: das **cron**-System. Dieses Kapitel führt dich in cron ein und zeigt dir, wie du geplante Aufgaben (Jobs) definierst und das System deine Befehle und Skripte automatisch ausführen lässt, wodurch deine Automatisierungsbemühungen zu wirklich autonomen Operationen werden.

cron vorstellen

Im Herzen geplanter Aufgaben auf den meisten Linux- und UNIX-ähnlichen Systemen liegt der cron-**Daemon**. Ein Daemon ist einfach ein Programm, das kontinuierlich im Hintergrund läuft und darauf wartet, Aktionen durchzuführen. Der cron-Daemon wacht jede Minute auf, prüft seine Konfigurationsdateien auf Jobs, die für genau diese Minute geplant sind, und führt sie aus, wenn welche gefunden werden.

Stell dir cron als einen akribischen, unermüdlichen persönlichen Assistenten für deinen Computer vor. Du gibst ihm eine Liste von Anweisungen (deine Befehle oder Skripte) und einen präzisen Zeitplan für jede Anweisung. Der Assistent konsultiert dann jede Minute seinen Zeitplan und führt die Aufgaben genau dann aus, wenn du es angegeben hast, ohne dass du ihn daran erinnern musst.

cron ist unglaublich zuverlässig und seit Jahrzehnten der Standard-Scheduler. Es ist perfekt für die Automatisierung von Routine-Wartungsarbeiten, Datenverarbeitung, Berichterstellung und jeder anderen Aufgabe, die regelmäßig erledigt werden muss.

Die Crontab-Datei

Wie gibst du cron seine Liste geplanter Aufgaben? Du definierst sie in speziellen Konfigurationsdateien namens **crontabs** (kurz für „cron tables"). Es gibt zwei Haupttypen:

1. **Systemweite Crontabs:** Befinden sich hauptsächlich in /etc/crontab und dem Verzeichnis /etc/cron.d/. Diese werden normalerweise vom Systemadministrator (root) verwaltet und für Aufgaben auf Systemebene verwendet (wie Log-Rotation, Prüfung auf Systemupdates usw.). Das Format enthält oft ein zusätzliches Feld, das angibt, *welcher Benutzer* den Befehl ausführen soll.
2. **Benutzerspezifische Crontabs:** Jeder Benutzer auf dem System kann seine eigene persönliche Crontab-Datei haben, die typischerweise in einem Systemverzeichnis wie /var/spool/cron/crontabs/ gespeichert, aber über einen dedizierten Befehl (crontab) verwaltet wird. Befehle, die in der Crontab eines Benutzers aufgeführt sind, laufen *als dieser Benutzer*. Dies ist der Typ, auf den wir uns konzentrieren werden, da du ihn zum Planen deiner eigenen Skripte und Aufgaben verwenden wirst.

Struktur und Syntax

Der Kern der Verwendung von cron liegt im Verständnis des Formats eines Crontab-Eintrags. Jede Zeile in einer Crontab-Datei, die kein Kommentar (#) oder eine Umgebungseinstellung ist, definiert einen einzelnen geplanten Job. Eine Jobdefinition besteht aus sechs Feldern, getrennt durch Leerzeichen oder Tabulatoren, gefolgt von dem auszuführenden Befehl:

```
# Minute Stunde TagDesMonats Monat TagDerWoche Befehl
# ┌─────────── Minute (0 - 59)
# │ ┌───────── Stunde (0 - 23)
# │ │ ┌─────── Tag des Monats (1 - 31)
# │ │ │ ┌───── Monat (1 - 12) ODER jan,feb,mar,...
# │ │ │ │ ┌─── Wochentag (0 - 6) (Sonntag=0 oder 7) ODER sun,mon,tue,...
# │ │ │ │ │
# * * * * * auszuführender Befehl
```

Schlüsseln wir jedes Zeitfeld auf:

Feld	Beschreibung	Erlaubte Werte	Sonderzeichen
Minute	Minute der Stunde	0 - 59	`*, */n, n-m, a,b,c`
Stunde	Stunde des Tages	0 - 23 (24-Stunden-Format)	`*, */n, n-m, a,b,c`
TagDesMonats	Tag des Monats	1 - 31	`*, */n, n-m, a,b,c, L?, W?`
Monat	Monat des Jahres	1 - 12 ODER jan, feb, … dec	`*, */n, n-m, a,b,c`
TagDerWoche	Wochentag	0 - 7 (0 oder 7 ist Sonntag) ODER sun, mon, … sat	`*, */n, n-m, a,b,c, #?, L?`
Befehl	Der auszuführende Befehl oder Skriptpfad	Jeder gültige Shell-Befehl	N/A

(Hinweis: Sonderzeichen wie L und W sind möglicherweise in einigen cron-*Implementierungen verfügbar, aber weniger standardisiert).*

Sonderzeichen:

- `*` (Sternchen): Repräsentiert „jeden" Wert oder „alle". Ein Sternchen im Minutenfeld bedeutet „jede Minute". Ein Sternchen im Stundenfeld bedeutet „jede Stunde".
- `,` (Komma): Trennt mehrere spezifische Werte. `1,15,30` im Minutenfeld bedeutet „zur Minute 1, 15 UND 30".
- `-` (Bindestrich): Gibt einen Wertebereich an. `9-17` im Stundenfeld bedeutet „jede Stunde von 9 Uhr bis 17 Uhr (einschließlich)".

- `*/n` (Schrägstrich): Gibt Schrittwerte an. `*/15` im Minutenfeld bedeutet „alle 15 Minuten" (d. h. um 0, 15, 30, 45). `*/2` im Stundenfeld bedeutet „alle 2 Stunden".

Wichtiger Hinweis zu TagDesMonats vs. TagDerWoche: Wenn *sowohl* TagDesMonats als auch TagDerWoche angegeben sind (d. h. nicht `*`), wird der Befehl ausgeführt, wenn *eine der beiden* Bedingungen zutrifft. Zum Beispiel würde `0 0 1 * 1` um Mitternacht am 1. jedes Monats *UND* auch jeden Montag ausgeführt. Wenn du möchtest, dass es nur ausgeführt wird, wenn es *sowohl* der 1. als auch ein Montag ist, musst du diese Logik *innerhalb* deines Skripts handhaben oder systemspezifische `cron`-Funktionen verwenden, falls verfügbar. Normalerweise setzt man eines dieser Felder auf `*`, wenn man das andere angibt.

Beispiele:

- `0 5 * * * /home/jana/bin/taegliches_backup.sh`
  - Führt `/home/jana/bin/taegliches_backup.sh` jeden Tag um 5:00 Uhr morgens aus. (Minute 0, Stunde 5, jeder TagDesMonats, jeder Monat, jeder TagDerWoche).
- `*/15 * * * * /usr/local/bin/pruefe_status`
  - Führt `/usr/local/bin/pruefe_status` alle 15 Minuten, jede Stunde, jeden Tag aus. (Jede 15. Minute, jede Stunde, …).
- `0 0 1,15 * * /home/jana/bin/monatsbericht.sh`
  - Führt `/home/jana/bin/monatsbericht.sh` um Mitternacht (00:00) am 1. und 15. jedes Monats aus.
- `30 18 * * 1-5 /home/jana/skripte/feierabend.sh`
  - Führt `/home/jana/skripte/feierabend.sh` um 18:30 Uhr jeden Montag bis Freitag aus. (Minute 30, Stunde 18, jeder TagDesMonats, jeder Monat, TagDerWoche 1 bis 5).
- `@reboot /home/jana/skripte/beim_start_ausfuehren.sh`
  - Spezielle Zeichenkette `@reboot`: Führt den Befehl einmal kurz nach dem Hochfahren des Systems aus. Andere spezielle Zeichenketten wie `@hourly`, `@daily`, `@weekly`, `@monthly`, `@yearly` werden oft als Abkürzungen für gängige Zeitpläne unterstützt (z. B. entspricht `@daily` normalerweise `0 0 * * *`).

Deine Crontab bearbeiten

Du solltest die Crontab-Dateien in `/var/spool/cron/crontabs/` **niemals** direkt bearbeiten. Verwende stattdessen immer den `crontab`-Befehl, der Sperrmechanismen und eine grundlegende Syntaxprüfung bietet.

Der Befehl zum Bearbeiten deiner persönlichen Crontab lautet:

```
$ crontab -e
```

- Dieser Befehl öffnet deine Benutzer-Crontab-Datei im Standard-Texteditor, der durch dein System oder deine Umgebungsvariablen `VISUAL` oder `EDITOR` festgelegt ist (oft `nano` oder `vim`).
- Wenn du ihn zum ersten Mal ausführst, erstellt er möglicherweise eine neue, leere Datei für dich, eventuell mit einigen Kommentaren, die das Format erklären.
- Füge deine Jobdefinitionszeilen hinzu, eine pro Zeile, gemäß der Sechs-Felder-Syntax.
- Speichere die Datei und beende den Editor.
- Nach dem Beenden prüft der `crontab`-Befehl die Syntax deiner Änderungen. Wenn er Fehler findet, fordert er dich normalerweise auf, die Datei erneut zu bearbeiten. Wenn die Syntax in Ordnung ist, installiert er die neue Crontab, und du siehst typischerweise eine Meldung wie `crontab: installing new crontab`.

Beispiel: Fügen wir einen Job hinzu, der jede Minute das aktuelle Datum und die Uhrzeit an eine Protokolldatei anhängt.

1. Führe `crontab -e` aus.

2. Füge die folgende Zeile zur Datei hinzu (verwende zur Sicherheit einen absoluten Pfad für `date`, obwohl es normalerweise im Standard-Cron-Pfad liegt):

```
# Protokolliere die Zeit jede Minute
* * * * * /bin/date >> /home/jana/spielwiese/cron_log.txt
```

3. Speichere und beende den Editor.

Warte nun ein oder zwei Minuten und überprüfe den Inhalt der Protokolldatei:

```
$ tail ~/spielwiese/cron_log.txt
```

```
Di Jul 23 23:15:01 CEST 2024
Di Jul 23 23:16:01 CEST 2024
Di Jul 23 23:17:01 CEST 2024
```

Es hat funktioniert! cron führt den /bin/date-Befehl jede Minute aus und hängt seine Ausgabe an.

Cron-Jobs auflisten und entfernen

- crontab -l (List / **Auflisten**): Um die aktuell installierte Crontab für deinen Benutzer anzuzeigen, ohne den Editor zu öffnen, verwende:

  ```
  $ crontab -l
  # Protokolliere die Zeit jede Minute
  * * * * * /bin/date >> /home/jana/spielwiese/cron_log.txt
  ```

- crontab -r (**Remove** / **Entfernen**): Um deine gesamte Crontab-Datei **vollständig zu entfernen**, verwende:

  ```
  $ crontab -r
  ```

  Warnung: Dieser Befehl bietet standardmäßig **keine Bestätigung**! Er löscht sofort deine gesamte Crontab. Es ist im Allgemeinen viel sicherer, crontab -e zu verwenden und die spezifischen Zeilen, die du nicht mehr möchtest, manuell zu löschen und dann die Datei zu speichern. Verwende crontab -r mit äußerster Vorsicht.

Die Cron-Umgebung verstehen

Dies ist eine der häufigsten Fehlerquellen beim Planen von Jobs mit cron. Befehle, die perfekt laufen, wenn du sie in deiner interaktiven Shell eingibst, können auf mysteriöse Weise fehlschlagen, wenn sie über cron ausgeführt werden. Dies liegt normalerweise daran, dass cron **Befehle in einer sehr minimalen, eingeschränkten Umgebung ausführt**.

Im Vergleich zu deiner interaktiven Shell-Sitzung:

- **Minimaler** PATH: Die $PATH-Umgebungsvariable ist typischerweise viel kürzer und enthält oft nur grundlegende Systemverzeichnisse wie /usr/bin:/bin.

Sie enthält wahrscheinlich keine Verzeichnisse wie /usr/local/bin, /snap/ bin oder benutzerdefinierte Verzeichnisse in deinem Home-Verzeichnis (~/ bin, ~/skripte), es sei denn, sie werden explizit gesetzt.

- **Keine Shell-Startdateien:** cron führt typischerweise *nicht* deine .bashrc, .bash_profile oder .profile aus. Das bedeutet, dass alle dort definierten Aliase, Funktionen, Umgebungsvariablen (EDITOR, benutzerdefinierte PATH-Erweiterungen) oder Shell-Optionen für deine Cron-Jobs *nicht* verfügbar sind.
- **Anderes Arbeitsverzeichnis:** Über cron ausgeführte Befehle laufen normalerweise mit deinem **Home-Verzeichnis** als aktuellem Arbeitsverzeichnis, unabhängig davon, wo du dich befunden hast, als du die Crontab bearbeitet hast. Wenn dein Skript darauf angewiesen ist, in einem bestimmten Verzeichnis zu sein, um relative Dateien zu finden, wird es fehlschlagen.
- **Kein interaktives Terminal:** Es gibt kein verbundenes Terminal (tty), sodass Befehle, die interaktive Eingaben erwarten, hängen bleiben oder fehlschlagen.

Lösungen:

1. **Absolute Pfade verwenden:** Die zuverlässigste Lösung ist die Verwendung des vollständigen, absoluten Pfades für *jeden* Befehl und jedes Skript, das du im Befehlsfeld deiner Crontab aufrufst. Statt mein_backup_skript.sh, verwende /home/jana/skripte/mein_backup_skript.sh. Statt date, verwende /bin/ date (du kannst Pfade mit which befehlsname finden, z. B. which date).

2. **PATH in der Crontab setzen:** Du kannst Umgebungsvariablen direkt in der Crontab-Datei selbst definieren. Diese Definitionen gelten für alle nachfolgenden Befehle in dieser Crontab. Das Setzen eines PATH am Anfang ist gängige Praxis:

```
PATH=/usr/local/bin:/usr/bin:/bin:/home/jana/bin

# Jetzt kannst du möglicherweise Befehle ohne vollständige Pfade
verwenden, wenn sie im angegebenen PATH liegen
0 5 * * * taegliches_backup.sh
*/15 * * * * pruefe_status
```

Dies ist bequem, erfordert aber immer noch das Wissen, in welchen Verzeichnissen sich deine Befehle befinden.

3. **cd im Befehl:** Wenn dein Skript von einem bestimmten Verzeichnis aus ausgeführt werden muss, füge den cd-Befehl *als Teil der Cron-Befehlszeichenkette* ein und verwende &&, um ihn mit dem eigentlichen Befehl zu verketten.

```
0 1 * * * cd /pfad/zu/meinem/projekt && ./datenverarbeitung_starten.sh
```

Dies stellt sicher, dass das Skript im korrekten Arbeitsverzeichnis läuft.

4. **Umgebungsdateien sourcen (Vorsichtig verwenden):** Du *kannst* manchmal dein Profil innerhalb des Cron-Befehls sourcen (z. B. `. ~/.profile && befehl`), aber dies kann fragil sein und mehr Umgebung als nötig laden. Es ist normalerweise besser, erforderliche Variablen explizit zu setzen oder absolute Pfade zu verwenden.

Empfehlung: Die Verwendung von **absoluten Pfaden** für Befehle und Skripte in deinen Crontab-Einträgen ist im Allgemeinen der robusteste und am wenigsten überraschende Ansatz.

Ausgabe von Cron-Jobs umleiten

Standardmäßig wird jede Ausgabe (`stdout` oder `stderr`), die von einem über `cron` ausgeführten Befehl erzeugt wird, gesammelt und per E-Mail an den Besitzer der Crontab (normalerweise dich) gesendet. Wenn deine Jobs häufig laufen oder viel Ausgabe produzieren, kann dies schnell dein Postfach füllen.

Es ist oft besser, die Ausgabe in Protokolldateien umzuleiten, genau wie du es in Kapitel 6 gelernt hast.

- `stdout` **in eine Datei umleiten (überschreiben):**

  ```
  0 0 * * * /pfad/zum/skript.sh > /home/jana/logs/skript.log
  ```

- `stdout` **umleiten (anhängen):**

  ```
  0 0 * * * /pfad/zum/skript.sh >> /home/jana/logs/skript.log
  ```

- `stderr` **in eine separate Datei umleiten (anhängen):**

  ```
  0 0 * * * /pfad/zum/skript.sh >> /home/jana/logs/skript.log 2>>
  /home/jana/logs/skript.fehler.log
  ```

- **Sowohl** `stdout` **als auch** `stderr` **in dieselbe Datei umleiten (anhängen):** (Verwendung der traditionellen, portablen Syntax)

```
0 0 * * * /pfad/zum/skript.sh >> /home/jana/logs/skript.log 2>&1
```

Oder unter Verwendung der Bash/Zsh-Abkürzung, wenn dein `cron` eine solche Shell verwendet (prüfe die `SHELL`-Variable in `/etc/crontab` deines Systems):

```
# Funktioniert möglicherweise nicht auf allen Systemen
# 0 0 * * * /pfad/zum/skript.sh &>> /home/jana/logs/skript.log
```

- **Gesamte Ausgabe verwerfen (wenn du *sicher* bist, dass du sie nicht brauchst):**

```
0 0 * * * /pfad/zum/skript.sh > /dev/null 2>&1
```

`/dev/null` ist eine spezielle Systemdatei, die wie ein schwarzes Loch wirkt – alles, was dorthin gesendet wird, verschwindet. Die Umleitung hierhin unterdrückt jegliche Ausgabe und verhindert E-Mails. Verwende dies nur für Befehle, von denen du sicher bist, dass sie keine nützliche Ausgabe oder Fehler produzieren, oder nach gründlichen Tests. Das Protokollieren von Fehlern ist normalerweise vorzuziehen.

Die ordnungsgemäße Verwaltung der Ausgabeumleitung ist entscheidend, um dein System sauber zu halten und Probleme zu diagnostizieren, wenn Jobs nicht wie erwartet laufen.

Gängige Automatisierungsbeispiele

Welche Arten von Aufgaben werden typischerweise mit `cron` automatisiert?

- **Backups:** Ausführen deines benutzerdefinierten Backup-Skripts (`rsync`, `tar` usw.) nächtlich oder wöchentlich.

```
30 2 * * 0 /home/jana/bin/voll_backup.sh >> /home/jana/logs/backup.log
2>&1
```

- **Überprüfung von Systemupdates (Nicht-interaktiv):** Tägliches Prüfen auf Updates (spezifischer Befehl hängt von der Distribution ab).

```
# Beispiel für Debian/Ubuntu
```

```
0 4 * * * /usr/bin/apt update > /dev/null && /usr/bin/apt list --
upgradable > /home/jana/logs/updates_verfuegbar.txt
```

- **Logdatei-Rotation/Bereinigung**: Ausführen von Skripten zum Archivieren oder Löschen alter Protokolldateien.

  ```
  0 0 * * 0 /home/jana/skripte/alte_logs_bereinigen.sh
  ```

- **Ausführen von Überwachungsskripten**: Periodisches Überprüfen von Festplattenspeicher, Website-Verfügbarkeit oder Anwendungsgesundheit.

  ```
  */10 * * * * /home/jana/skripte/pruefe_webseite.sh || echo
  "Webseitenprüfung fehlgeschlagen um $(date)" >>
  /home/jana/logs/monitor_fehler.log
  ```

- **Daten abrufen**: Herunterladen von Berichten oder Daten-Feeds in regelmäßigen Intervallen.

  ```
  0 6 * * * /usr/bin/curl -o /home/jana/daten/taeglicher_bericht.csv
  https://example.com/berichte/heute
  ```

Cron-Jobs debuggen

Wenn ein Cron-Job nicht funktioniert:

1. **Cron-Daemon-Logs prüfen**: Suche in Systemprotokollen wie `/var/log/syslog`, `/var/log/messages` oder `/var/log/cron` (Ort variiert je nach Distribution). Suche nach Einträgen im Zusammenhang mit `CRON` oder dem spezifischen Befehl, der hätte laufen sollen. Diese Protokolle können grundlegende Ausführungsinformationen oder Fehler vom `cron`-Daemon selbst anzeigen.
2. **Mail prüfen**: Wenn du die Ausgabe nicht umgeleitet hast, überprüfe die lokale Mail für deinen Benutzer (oft mit dem `mail`-Befehl). Fehlermeldungen könnten dorthin gesendet worden sein.
3. **Ausgabe umleiten**: Ändere den Crontab-Eintrag, um *sowohl* `stdout` als auch `stderr` in eine Protokolldatei umzuleiten (`>> /pfad/zu/job.log 2>&1`). Führe den Job aus (oder warte darauf) und untersuche dann die Protokolldatei auf Fehlermeldungen, die von deinem Befehl oder Skript erzeugt wurden.

4. **Pfade überprüfen:** Überprüfe doppelt, ob du absolute Pfade für alle Befehle und Skripte im Crontab-Eintrag verwendest. Verwende `which befehlsname`, um Pfade zu bestätigen.

5. **Berechtigungen überprüfen:** Stelle sicher, dass der Benutzer, dessen Crontab es ist, die Berechtigung hat, das Skript und alle darin enthaltenen Befehle auszuführen, und die Berechtigung, alle Dateien zu lesen/schreiben, auf die es zugreift.

6. **Befehl manuell testen (Cron-Umgebung simulieren):** Versuche, die *exakte* Befehlszeichenkette aus dem Crontab-Eintrag direkt in deinem Terminal auszuführen, aber simuliere die Cron-Umgebung:
   - Verwende zuerst `cd $HOME`, um das wahrscheinliche Arbeitsverzeichnis anzupassen.
   - Verwende `env -i PATH=/usr/bin:/bin bash -c 'deine_vollstaendige_cron_befehlszeichenkette'`, um den Befehl mit einer minimalen Umgebung ähnlich der von Cron auszuführen. Dies kann oft pfad- oder umgebungsbezogene Probleme aufdecken.

Das Debuggen von Cron-Jobs läuft oft darauf hinaus, die eingeschränkte Umgebung zu verstehen, in der sie laufen, und sicherzustellen, dass Pfade, Berechtigungen und Ausgabeumleitung korrekt gehandhabt werden.

Kapitelzusammenfassung

Dieses Kapitel hat dich in `cron` eingeführt, den Standard-Linux-Mechanismus zur Planung von Befehlen und Skripten zur automatischen Ausführung zu bestimmten Zeiten oder Intervallen. Du hast den `cron`-Daemon und die Struktur von **crontab**-Dateien kennengelernt und die Sechs-Felder-Syntax (`*`, `*/n`, `n-m`, `a,b,c`) gemeistert, die zur Definition von Job-Zeitplänen verwendet wird. Wir haben die Standardbefehle zur Verwaltung deiner Benutzer-Crontab behandelt: `crontab -e` (Bearbeiten), `crontab -l` (Auflisten) und das vorsichtige `crontab -r` (Entfernen). Entscheidend ist, dass du die minimale **Cron-Umgebung** kennengelernt hast und warum die Verwendung von **absoluten Pfaden** oder das explizite Setzen von PATH für die Zuverlässigkeit entscheidend ist. Wir haben auch untersucht, wie die **Ausgabe** (`stdout` und `stderr`) von Cron-Jobs umgeleitet wird, um unerwünschte E-Mails zu vermeiden und die Protokollierung zu erleichtern. Schließlich haben wir uns gängige Automatisierungsbeispiele und Strategien zum Debuggen von Cron-Jobs angesehen, wenn sie sich nicht wie erwartet verhalten.

Du kannst nun die von dir geschriebenen Skripte nehmen und sie von deinem System automatisch ausführen lassen, was dich von repetitiver manueller Ausführung befreit. Dies bringt uns nahe ans Ende unserer Kernreise. Im letzten Kapitel werden wir über die Grundlagen hinausblicken, einige weitere essentielle Kommandozeilenwerkzeuge (wie `tar` und `ssh`) ansprechen, das wichtige Konzept der Versionskontrolle mit `git` vorstellen und Wege für weiterführendes Lernen in der riesigen Welt von Linux vorschlagen.

19

Jenseits der Grundlagen

Was für eine unglaubliche Reise wir hatten! Angefangen bei deinen ersten zaghaften Schritten im Terminal in Kapitel 1, hast du gelernt, im Linux-Dateisystem zu navigieren, Dateien und Berechtigungen zu verwalten, die Macht von Pipes und Umleitungen zu nutzen, Prozesse zu zähmen, deine Shell-Umgebung anzupassen (Kapitel 8), bedingte Logik und Schleifen zu schreiben, Code mit Funktionen zu organisieren, effektiv zu debuggen (Kapitel 15), reguläre Ausdrücke zu verwenden (Kapitel 16), Best Practices zu befolgen (Kapitel 17) und sogar Aufgaben mit cron zu automatisieren (Kapitel 18). Du hast dir ein beachtliches Fundament in Linux-Kommandozeilenoperationen und Shell-Skripting aufgebaut.

Obwohl wir den essentiellen Kern abgedeckt haben, ist die Linux-Welt riesig und voller spezialisierter Werkzeuge. Dieses letzte Kapitel zielt darauf ab, kurz einige weitere unverzichtbare Dienstprogramme vorzustellen, denen du wahrscheinlich begegnen wirst, dir einen entscheidenden Hinweis zur Versionskontrolle mit git zu geben und einige Vorschläge zu machen, wohin deine Linux-Abenteuerreise dich als nächstes führen könnte. Betrachte dies als Startrampe für deine fortgesetzte Erkundung.

Mit Archiven arbeiten

Wenn du mit Dateien arbeitest, insbesondere beim Teilen von Projekten, Erstellen von Backups oder Herunterladen von Software-Quellcode, wirst du häufig auf

Archive stoßen. Ein Archiv ist eine einzelne Datei, die mehrere andere Dateien und Verzeichnisse enthält und deren Struktur und Berechtigungen bewahrt. Oft werden Archive auch **komprimiert**, um ihre Größe zu reduzieren.

tar

Das klassische Linux/UNIX-Dienstprogramm zum Erstellen und Manipulieren von Archiven ist tar (ursprünglich **t**ape **ar**chiver / Bandarchivierer, obwohl es heute meist mit Festplattendateien verwendet wird). tar selbst komprimiert nicht; es bündelt nur Dateien. Es wird fast immer in Kombination mit einem Komprimierungsprogramm wie gzip oder bzip2 verwendet.

Gängige tar-Operationen:

Du steuerst tar mit Optionen, oft ohne führende Bindestriche aneinandergereiht. Die wichtigste Option ist -f, die den Archivdateinamen angibt; sie sollte fast immer die *letzte* Option in der Gruppe sein.

- **Archiv erstellen** (c):

    - -c: Erstellt (Create) ein neues Archiv.
    - -v: Listet verarbeitete Dateien ausführlich (Verbose) auf.
    - -f dateiname: Verwendet den angegebenen Archiv-dateinamen (File).
    - -z: Filtert das Archiv durch gzip (erstellt .tar.gz oder .tgz).
    - -j: Filtert das Archiv durch bzip2 (erstellt .tar.bz2).

    Beispiel: Erstellen eines gezippten Archivs:

```
$ # Archiviere die Verzeichnisse 'Notizen' und 'Textdateien' in
archiv.tar.gz
$ tar -czvf mein_spielwiesen_backup.tar.gz Notizen/ Textdateien/
Notizen/
Notizen/2024-07-23/
Notizen/2024-07-23/entwurfsnotizen.txt
Notizen/wichtige_notizen.txt
Textdateien/
Textdateien/bericht_feb.log
Textdateien/bericht_jan.log
Textdateien/zusammenfassung.txt
Textdateien/projektplan.doc
Textdateien/bericht.log
$ ls -lh mein_spielwiesen_backup.tar.gz
-rw-r--r-- 1 jana jana 1.5K Jul 24 10:15 mein_spielwiesen_backup.tar.gz
```

- **Archivinhalt auflisten (t):**

  - `-t`: Listet (Table) den Inhalt auf, ohne zu extrahieren.

```
$ tar -tvf mein_spielwiesen_backup.tar.gz
drwxr-xr-x jana/jana         0 2024-07-23 20:15 Notizen/
drwxr-xr-x jana/jana         0 2024-07-23 21:20 Notizen/2024-07-23/
-rw-r--r-- jana/jana         0 2024-07-23 21:20
Notizen/2024-07-23/entwurfsnotizen.txt
# ... Ausgabe geht weiter ...
```

- **Extrahieren (x) aus einem Archiv:**

  - `-x`: Extrahiert (Extract) Dateien aus dem Archiv.
  - `tar` erkennt gzip/bzip2-Komprimierung während der Extraktion automatisch anhand der Dateierweiterung, sodass du `-z` oder `-j` beim Extrahieren oft nicht explizit benötigst (obwohl es nicht schadet, sie anzugeben).

```
$ mkdir wiederherstellungsort
$ cd wiederherstellungsort
$ tar -xvf ../mein_spielwiesen_backup.tar.gz # Hier extrahieren
Notizen/
Notizen/2024-07-23/
Notizen/2024-07-23/entwurfsnotizen.txt
# ... Ausgabe geht weiter ...
$ ls
Notizen  Textdateien
```

tar ist fundamental für das Verpacken von Dateien unter Linux. Du wirst ständig auf `.tar.gz`- oder `.tar.bz2`-Dateien stoßen.

Andere Werkzeuge

- `gzip/gunzip`: Komprimiert/dekomprimiert einzelne Dateien (wird normalerweise mit `tar` verwendet). Erstellt/verwendet `.gz`-Dateien. `zcat` zeigt den Inhalt einer `.gz`-Datei an, ohne sie zu dekomprimieren.
- `bzip2/bunzip2`: Ein weiteres Komprimierungswerkzeug, oft mit besserer Kompression als `gzip`, aber potenziell langsamer. Erstellt/verwendet `.bz2`-Dateien. `bzcat` zeigt den Inhalt an.

- `zip`/`unzip`: Erstellt/extrahiert `.zip`-Archive, die Archivierung und Komprimierung kombinieren. Obwohl unter Linux nativ weniger verbreitet als `tar`, wird `zip` häufig zur Kompatibilität mit Windows-Systemen verwendet.

Grundlegende Netzwerkbefehle

Netzwerke sind ein riesiges Thema, aber hier sind einige essentielle Kommandozeilenwerkzeuge für grundlegende Netzwerkdiagnosen und Interaktionen.

ping

`ping` sendet ein kleines Datenpaket (ICMP ECHO_REQUEST) an einen Zielhost, um zu sehen, ob er antwortet. Es ist das grundlegende Werkzeug, um zu prüfen, ob eine Maschine über das Netzwerk erreichbar ist und um die grundlegende Umlaufzeit (Latenz) zu messen.

```
$ ping google.com
PING google.com (142.250.191.142) 56(84) bytes of data.
64 bytes from fra16s51-in-f14.1e100.net (142.250.191.142): icmp_seq=1 ttl=115
time=12.5 ms
64 bytes from fra16s51-in-f14.1e100.net (142.250.191.142): icmp_seq=2 ttl=115
time=12.8 ms
64 bytes from fra16s51-in-f14.1e100.net (142.250.191.142): icmp_seq=3 ttl=115
time=12.2 ms
^C # Drücke Strg+C zum Stoppen
--- google.com ping statistics ---
3 packets transmitted, 3 received, 0% packet loss, time 2003ms
rtt min/avg/max/mdev = 12.238/12.515/12.810/0.235 ms
```

Keine Antwort deutet normalerweise auf ein Netzwerkproblem hin (oder darauf, dass der Host Pings blockiert).

ip addr

Dieser Befehl zeigt Details zu den Netzwerkschnittstellen deines Systems an (Ethernet-Karten, WLAN-Adapter, Loopback). Er ersetzt auf den meisten modernen Linux-Systemen den älteren `ifconfig`-Befehl.

```
$ ip addr show
1: lo: <LOOPBACK,UP,LOWER_UP> mtu 65536 qdisc noqueue state UNKNOWN group
default qlen 1000
    link/loopback 00:00:00:00:00:00 brd 00:00:00:00:00:00
```

```
     inet 127.0.0.1/8 scope host lo
        valid_lft forever preferred_lft forever
     inet6 ::1/128 scope host
        valid_lft forever preferred_lft forever
2: eth0: <BROADCAST,MULTICAST,UP,LOWER_UP> mtu 1500 qdisc fq_codel state UP
group default qlen 1000
     link/ether 00:11:22:aa:bb:cc brd ff:ff:ff:ff:ff:ff
     inet 192.168.1.150/24 brd 192.168.1.255 scope global dynamic eth0
        valid_lft 85833sec preferred_lft 85833sec
     inet6 fe80::211:22ff:feaa:bbcc/64 scope link
        valid_lft forever preferred_lft forever
# ... andere Schnittstellen wie wlan0 ...
```

Suche nach `inet`-Zeilen, um IPv4-Adressen zu sehen, und `inet6` für IPv6-Adressen, die mit Schnittstellen wie `eth0` (Ethernet) oder `wlan0` (WLAN) verbunden sind.

hostname

Zeigt einfach den konfigurierten Namen deines Linux-Systems an.

```
$ hostname
mein-linux-pc
```

ssh

Secure **SH**ell (`ssh`) ist die standardmäßige, verschlüsselte Methode, um sich auf entfernten Linux/UNIX-Maschinen anzumelden und Befehle auszuführen.

Grundlegende Syntax:

```
ssh benutzername@remote_host_adresse
```

Ersetze `benutzername` durch deinen Benutzernamen auf der entfernten Maschine und `remote_host_adresse` durch deren IP-Adresse oder Hostnamen. Beim ersten Verbindungsaufbau wirst du aufgefordert, den Schlüssel des Hosts zu überprüfen. Dann wirst du normalerweise nach deinem Passwort auf der entfernten Maschine gefragt.

```
$ ssh jana@server.example.com
The authenticity of host 'server.example.com (10.0.5.20)' can't be established.
ED25519 key fingerprint is SHA256:xxxxxxxxxxxxxxxxxxxxxxxxxxxxxxxxxxxxxxxxxxx.
```

```
Are you sure you want to continue connecting (yes/no/[fingerprint])? yes
Warning: Permanently added 'server.example.com' (ED25519) to the list of known
hosts.
jana@server.example.com's password:
Letzte Anmeldung: Mi Jul 24 09:30:00 2024 von client.local
[jana@server ~]$ # Du bist jetzt auf dem entfernten Server angemeldet!
[jana@server ~]$ exit # Vom entfernten Server abmelden
logout
Connection to server.example.com closed.
$ # Du bist zurück auf deiner lokalen Maschine
```

Passwortlose Anmeldung: Für häufigen Zugriff oder Automatisierung wird die Einrichtung der **SSH-Schlüssel-basierten Authentifizierung** (mit ssh-keygen und ssh-copy-id) dringend empfohlen. Sie ist sicherer und bequemer als die Verwendung von Passwörtern.

scp

Auf ssh aufbauend, ermöglicht scp das sichere Kopieren von Dateien zwischen Maschinen.

Syntax:

*   **Lokal zu Remote:** scp /pfad/zur/lokalen/datei benutzername@remote_host:/pfad/zum/remote/ziel
*   **Remote zu Lokal:** scp benutzername@remote_host:/pfad/zur/remote/datei /pfad/zum/lokalen/ziel

Beispiel:

```
$ # Kopiere mein_skript.sh von lokaler Maschine in janas Home-Verz. auf Server
$ scp ./mein_skript.sh jana@server.example.com:~/skripte/
jana@server.example.com's password:
mein_skript.sh                      100%  512    15.3KB/s   00:00

$ # Kopiere remote Logdatei vom Server ins lokale aktuelle Verzeichnis (.)
$ scp jana@server.example.com:/var/log/app.log .
jana@server.example.com's password:
app.log                             100% 2048   100.5KB/s   00:00
```

rsync

rsync ist ein extrem vielseitiges und effizientes Werkzeug zum Synchronisieren von Dateien und Verzeichnissen, entweder lokal oder zwischen entfernten Systemen (oft über SSH). Sein Hauptmerkmal ist, dass es nur die *Unterschiede* zwischen Quelle und Ziel überträgt, was es bei nachfolgenden Übertragungen viel schneller als `scp` macht, wenn nur geringe Änderungen aufgetreten sind. Es ist ein Favorit für Backups und das Spiegeln von Daten.

Grundlegende Syntax (Remote-Synchronisierung über SSH):

```
# Synchronisiere lokalen Verzeichnisinhalt ZUM Remote-Verzeichnis
rsync -avz /pfad/zur/lokalen/quelle/
benutzername@remote_host:/pfad/zum/remote/ziel/

# Synchronisiere Remote-Verzeichnisinhalt VOM Remote-Verzeichnis
rsync -avz benutzername@remote_host:/pfad/zur/remote/quelle/
/pfad/zum/lokalen/ziel/
```

- `-a`: Archivmodus (bewahrt Berechtigungen, Besitz, Zeitstempel, rekursiv in Verzeichnisse usw.).
- `-v`: Ausführliche Ausgabe (Verbose).
- `-z`: Komprimiere Daten während der Übertragung.

rsync hat viele mächtige Optionen (wie `--delete`, um Dateien am Ziel zu entfernen, die an der Quelle nicht existieren) und ist es wert, studiert zu werden, wenn du robuste Dateisynchronisation benötigst.

Dateien herunterladen

Musst du eine Datei direkt von deinem Terminal aus dem Web holen?

curl

curl (client **URL**) ist ein Kraftpaket für die Datenübertragung mit verschiedenen Protokollen (HTTP, HTTPS, FTP, SCP usw.). Es wird häufig zum Testen von Web-APIs, zur Überprüfung von HTTP-Headern und zum Herunterladen von Dateien verwendet.

- **Download nach stdout:** `curl https://example.com/daten.txt` (Gibt Inhalt auf dem Bildschirm aus).
- **In Datei speichern (-o oder -O):**

- curl -o lokale_datei.txt https://example.com/daten.txt
  (Speichert in lokale_datei.txt).
- curl -O https://example.com/daten.txt (Speichert in einer Datei namens daten.txt im aktuellen Verzeichnis, unter Verwendung des Remote-Dateinamens).
- **Weiterleitungen folgen** (-L): curl -L https://kurz.link/ressource

```
$ curl -O https://raw.githubusercontent.com/torvalds/linux/master/README
  % Total    % Received % Xferd  Average Speed   Time    Time     Time  Current
                                 Dload  Upload   Total   Spent    Left  Speed
100  1116  100  1116    0     0   5048      0 --:--:-- --:--:-- --:--:--  5049
$ ls README
README
```

wget

wget ist speziell für das robuste, nicht-interaktive Herunterladen von Dateien aus dem Web (HTTP, HTTPS, FTP) konzipiert.

- **Einfacher Download**: wget https://example.com/archiv.zip (Speichert in archiv.zip).
- **Rekursiver Download** (-r): Kann ganze Websites herunterladen (mit Vorsicht verwenden und robots.txt respektieren).
- **Downloads fortsetzen** (-c): Kann unterbrochene Downloads fortsetzen.

```
$ wget https://ftp.gnu.org/gnu/bash/bash-5.2.tar.gz
--2024-07-24 11:05:10--  https://ftp.gnu.org/gnu/bash/bash-5.2.tar.gz
Auflösen von ftp.gnu.org (ftp.gnu.org)… 209.51.188.20, 2001:470:142:3::b
Verbindungsaufbau zu ftp.gnu.org (ftp.gnu.org)|209.51.188.20|:443 … verbunden.
HTTP-Anforderung gesendet, auf Antwort wird gewartet … 200 OK
Länge: 11813496 (11M) [application/x-gzip]
Wird in 'bash-5.2.tar.gz' gespeichert.

bash-5.2.tar.gz    100%[===================>]  11,27M  6,80MB/s    in 1,7s

2024-07-24 11:05:12 (6,80 MB/s) - 'bash-5.2.tar.gz' gespeichert
[11813496/11813496]

$ ls bash-5.2.tar.gz
bash-5.2.tar.gz
```

Wähle curl für Vielseitigkeit und API-Interaktion, wget für unkompliziertes Herunterladen von Dateien.

Eine kurze Einführung in die Versionskontrolle mit `git`

Wenn du mehr Skripte schreibst, Konfigurationsdateien änderst oder an irgendeinem textbasierten Projekt arbeitest, wird die Nachverfolgung von Änderungen essentiell. Wie sah dieses Skript gestern aus, bevor du diese „Verbesserungen" vorgenommen hast? Wie kannst du sicher ein neues Feature ausprobieren, ohne die funktionierende Version zu zerstören? Wie können mehrere Personen am selben Satz von Skripten zusammenarbeiten, ohne die Arbeit des anderen zu überschreiben? Die Antwort sind **Versionskontrollsysteme (VCS)**, und der unangefochtene Standard heute ist `git`.

Warum `git` verwenden (auch für persönliche Projekte)?

- **Historienverfolgung**: `git` zeichnet Schnappschüsse (genannt **Commits**) deines Projekts über die Zeit auf. Du kannst sehen, wer was, wann und warum geändert hat.
- **Fehler rückgängig machen**: Gehe einfach zu jeder früheren Version deiner Dateien zurück, wenn du einen Fehler machst oder deine Meinung änderst.
- **Branching und Merging**: Erstelle separate Entwicklungslinien (**Branches** oder Zweige), um an neuen Features oder Korrekturen zu arbeiten, ohne die stabile Hauptversion zu beeinträchtigen. Später kannst du deine Änderungen zurückführen (mergen).
- **Zusammenarbeit**: `git` ist für verteilte Zusammenarbeit konzipiert und ermöglicht es mehreren Personen, gleichzeitig am selben Projekt zu arbeiten und ihre Beiträge effizient zusammenzuführen. Plattformen wie GitHub, GitLab und Bitbucket bieten Hosting für `git`-Repositories.
- **Backup (gewissermaßen)**: Obwohl nicht sein Hauptzweck, bietet das Speichern deiner Projekthistorie in `git` (insbesondere wenn sie in ein Remote-Repository gepusht wird) eine Form von Backup.

Kernkonzepte von `git` (Ultra-vereinfacht):

1. **Repository (Repo)**: Ein Verzeichnis, das deine Projektdateien und ein spezielles verstecktes `.git`-Unterverzeichnis enthält, in dem `git` die gesamte Historie und Konfiguration speichert. Du erstellst eines mit `git init` in deinem Projektverzeichnis.
2. **Arbeitsverzeichnis (Working Directory)**: Deine tatsächlichen Projektdateien, die du bearbeitest.

3. **Staging-Bereich (Index):** Ein temporärer Haltebereich, in dem du Änderungen vorbereitest, bevor du sie committest. Du fügst Dateien mit `git add <dateiname>` zum Staging-Bereich hinzu.

4. **Commit:** Ein Schnappschuss deines Projekts (speziell der Dateien im Staging-Bereich) zu einem bestimmten Zeitpunkt, der dauerhaft im Repository-Verlauf mit einer beschreibenden Nachricht gespeichert wird. Du erstellst einen Commit mit `git commit -m "Deine beschreibende Nachricht"`.

5. **Branch (Zweig):** Eine unabhängige Entwicklungslinie. Der Standard-Branch heißt normalerweise `main` oder `master`. Du erstellst neue Branches mit `git branch <branch_name>` und wechselst zwischen ihnen mit `git checkout <branch_name>` (oder `git switch <branch_name>` in neueren Versionen).

6. **Remote:** Eine Version deines Repositorys, die woanders gehostet wird (wie GitHub). Du fügst Remotes mit `git remote add <name> <url>` hinzu.

7. **Push:** Sende deine lokalen Commits an ein Remote-Repository (`git push <remote_name> <branch_name>`).

8. **Pull:** Hole Änderungen von einem Remote-Repository und führe sie mit deinem lokalen Branch zusammen (`git pull <remote_name> <branch_name>`).

Erste Schritte:

```
$ cd ~/spielwiese/mein_skript_projekt # Gehe zu deinem Projektverzeichnis
$ git init # Initialisiere hier ein neues Git-Repository
Initialisierte leeres Git-Repository in
/home/jana/spielwiese/mein_skript_projekt/.git/
$ # Erstelle oder bearbeite dein(e) Skript(e), z.B. tolles_skript.sh
$ git add tolles_skript.sh # Füge das neue Skript zum Staging hinzu
$ git commit -m "Initialer Commit des tollen Skripts" # Erstelle den ersten
Schnappschuss
[main (root-commit) a1b2c3d] Initialer Commit des tollen Skripts
 1 file changed, 50 insertions(+)
 create mode 100755 tolles_skript.sh
$ # Mache weitere Änderungen...
$ git add tolles_skript.sh # Füge die Änderungen zum Staging hinzu
$ git commit -m "Fehlerbehandlung und Protokollierung hinzugefügt" # Erneut
committen
```

Dies ist lediglich ein winziger Einblick. `git` richtig zu lernen beinhaltet das Verständnis von Branching, Merging, Konfliktlösung, Arbeiten mit Remotes und vieles mehr. Es erfordert engagierte Übung und Studium (viele ausgezeichnete Online-Tutorials, Bücher und Ressourcen existieren). Beginne jedoch **jetzt mit der Verwendung von** `git`, auch für deine einfachen persönlichen Skripte, die lokal gespeichert sind. Die

Vorteile einer Historie und der Möglichkeit, Fehler rückgängig zu machen, sind von unschätzbarem Wert.

Wohin von hier aus?

Du hast das Ende des Kernpfads erreicht, der in diesem Buch dargelegt wurde, aber deine Linux-Reise beginnt gerade erst! Die Kommandozeile und das Skripting bieten endlose Möglichkeiten. Wohin du als nächstes gehst, hängt von deinen Interessen ab:

- **Shell-Wissen vertiefen:** Erkunde fortgeschrittenere Bash-Funktionen wie Arrays im Detail, komplexere Traps, Nuancen der Subshell- und Prozessverwaltung, Koprozesse, Tricks zur Shell-Parameter-Expansion und fortgeschrittene Skripting-Muster.
- **Textwerkzeuge meistern:** Tauche tiefer in die awk-Programmierung, fortgeschrittene sed-Techniken und komplexere reguläre Ausdrücke ein.
- **Andere Skriptsprachen:** Wenn deine Aufgaben für Shell-Skripting zu komplex werden (wie in Kapitel 17 diskutiert), ist Python eine extrem beliebte und mächtige Wahl unter Linux, mit umfangreichen Bibliotheken für fast alles. Perl und Ruby sind ebenfalls starke Anwärter im Sysadmin-Bereich.
- **Systemadministration:** Lerne mehr über die Verwaltung von Benutzern und Gruppen, Software-Paketverwaltung (z. B. apt, dnf, yum), Dienstverwaltung (systemd, systemctl), Speicher (Dateisysteme, LVM, Partitionierung), Netzwerkkonfiguration im Detail, Sicherheitshärtung und Überwachung.
- **Spezifische Distributionen:** Erkunde die einzigartigen Werkzeuge, Philosophien und Gemeinschaften rund um Distributionen wie Debian, Ubuntu, Fedora, CentOS/RHEL, Arch Linux, openSUSE usw.
- **Containerisierung:** Lerne Docker oder Podman kennen, um Anwendungen und ihre Abhängigkeiten in isolierte Container zu verpacken, was die Bereitstellung und Skalierung vereinfacht.
- **Cloud & DevOps:** Erkunde, wie Linux Cloud-Computing-Plattformen (AWS, Google Cloud, Azure) dominiert und die DevOps-Praktiken, die auf Automatisierung, Infrastructure-as-Code und CI/CD-Pipelines aufbauen, bei denen Shell-Skripting oft eine entscheidende Rolle spielt.
- **Kernel & Low-Level:** Für die wirklich Abenteuerlustigen: Tauche in die C-Programmierung ein und erkunde den Linux-Kernel selbst.

Am wichtigsten: Übe! Wende an, was du gelernt hast. Automatisiere Aufgaben in deinem täglichen Arbeitsablauf. Lies die Skripte anderer Leute. Scheue dich nicht zu experimentieren (in sicheren Umgebungen wie virtuellen Maschinen oder deinem spielwiese-Verzeichnis). Tritt Online-Communities, Foren (wie Stack Exchange-

Seiten, Linux-Subreddits auf Reddit) oder lokalen Linux User Groups (LUGs) bei, um Fragen zu stellen und von anderen zu lernen.

Kapitelzusammenfassung / Buchfazit

Dieses Kapitel rundete dein Werkzeugset ab, indem es essentielle Dienstprogramme für die Arbeit mit **Archiven** (tar, gzip, zip), die Durchführung grundlegender **Netzwerk**aufgaben (ping, ip addr, ssh, scp, rsync) und das **Herunterladen von Dateien** (curl, wget) vorstellte. Wir haben auch die kritische Bedeutung der **Versionskontrolle** hervorgehoben und dich nachdrücklich ermutigt, git zur Nachverfolgung von Änderungen in deinen Skripten und Konfigurationen zu verwenden. Schließlich haben wir auf zahlreiche spannende Wege für **weiterführendes Lernen** hingewiesen, abhängig von deinen spezifischen Interessen innerhalb des riesigen Linux-Ökosystems.

Vom ersten echo-Befehl bis zum Schreiben automatisierter, geplanter Aufgaben hast du dir ein mächtiges Set an Fähigkeiten angeeignet. Die Linux-Kommandozeile ist nicht nur ein Relikt der Vergangenheit; sie ist eine dynamische, effiziente und zutiefst lohnende Umgebung für die Interaktion mit Computern. Shell-Skripting ermöglicht es dir, diese Umgebung nach deinem Willen zu formen, das Alltägliche zu automatisieren und maßgeschneiderte Lösungen zu bauen.